Kohlhammer

Der Autor

Gert Kowarowsky, geb. 1953 in Karlsruhe, Diplom-Psychologe, Psychologischer Psychotherapeut, Lehrtherapeut und Supervisor für Verhaltenstherapie, arbeitete nach seinem Studienabschluss am Psychologischen Institut der Universität Heidelberg zunächst als klinischer Psychologe mit dem Schwerpunkt Verhaltensmedizin und insbesondere der Vermittlung von Stressbewältigungsstrategien. Seit 1999 tätig in eigener kassenzugelassener und als Lehrpraxis anerkannter Psychotherapiepraxis. Seit 2005 Fachbuchautor, Dozent, Selbsterfahrungsleiter und Supervisor an mehreren verhaltenstherapeutischen Ausbildungsinstituten zur Psychologischen Psychotherapeutin / zum Psychologischen Psychotherapeuten sowie Dozent bei zertifizierten verhaltenstherapeutischen Fortbildungsveranstaltungen für bereits approbierte Kolleginnen und Kollegen. Schwerpunkte seiner aktuellen Seminar- und Lehrtätigkeit:

- Die therapeutische Beziehung
- Das Konzept »Schwieriger Patient« überwinden durch gesteigerte Interaktionskompetenz in schwierigen Situationen im Klinik- und Praxisalltag
- Menschen mit Persönlichkeitsstörungen – bei klarem Störungsbildwissen auch keine schwierigen Patienten
- Grundlagen der Paartherapie bei Persönlichkeitsstörungen eines oder beider Partner
- Impact-Techniken sowie mehr Impact durch den Einsatz von kreativen Medien in der Verhaltenstherapie
- Individualisierte Burnout-Therapie im Einzel- und Gruppensetting erfolgreich durchführen können

Veröffentlichungen:
Der schwierige Patient: Kommunikation und Patienteninteraktion im Praxisalltag
(4. Aufl., ISBN 978-3-17-045560-3)
Individualisierte Burnout-Therapie (IBT): Ein multimodaler Behandlungsleitfaden
(ISBN 978-3-17-032341-4)

Für Fragen und Rückmeldungen an den Autor:
Praxis für Psychotherapie
Gert Kowarowsky
Wenzstr. 11
95138 Bad Steben
E-Mail: praxis@kowarowsky.de

Aktuelle Seminare des Autors unter:
www.kowarowsky.de/seminartermine

Gert Kowarowsky

Der schwierige Patient

Kommunikation und
Patienteninteraktion im Praxisalltag

4. Auflage

Verlag W. Kohlhammer

Dieses Werk einschließlich aller seiner Teile ist urheberrechtlich geschützt. Jede Verwendung außerhalb der engen Grenzen des Urheberrechts ist ohne Zustimmung des Verlags unzulässig und strafbar. Das gilt insbesondere für Vervielfältigungen, Übersetzungen, Mikroverfilmungen und für die Einspeicherung und Verarbeitung in elektronischen Systemen.

Pharmakologische Daten, d. h. u. a. Angaben von Medikamenten, ihren Dosierungen und Applikationen, verändern sich fortlaufend durch klinische Erfahrung, pharmakologische Forschung und Änderung von Produktionsverfahren. Verlag und Autoren haben große Sorgfalt darauf gelegt, dass alle in diesem Buch gemachten Angaben dem derzeitigen Wissensstand entsprechen. Da jedoch die Medizin als Wissenschaft ständig im Fluss ist, da menschliche Irrtümer und Druckfehler nie völlig auszuschließen sind, können Verlag und Autoren hierfür jedoch keine Gewähr und Haftung übernehmen. Jeder Benutzer ist daher dringend angehalten, die gemachten Angaben, insbesondere in Hinsicht auf Arzneimittelnamen, enthaltene Wirkstoffe, spezifische Anwendungsbereiche und Dosierungen anhand des Medikamentenbeipackzettels und der entsprechenden Fachinformationen zu überprüfen und in eigener Verantwortung im Bereich der Patientenversorgung zu handeln. Aufgrund der Auswahl häufig angewendeter Arzneimittel besteht kein Anspruch auf Vollständigkeit.

Die Wiedergabe von Warenbezeichnungen, Handelsnamen und sonstigen Kennzeichen in diesem Buch berechtigt nicht zu der Annahme, dass diese von jedermann frei benutzt werden dürfen. Vielmehr kann es sich auch dann um eingetragene Warenzeichen oder sonstige geschützte Kennzeichen handeln, wenn sie nicht eigens als solche gekennzeichnet sind.

Es konnten nicht alle Rechtsinhaber von Abbildungen ermittelt werden. Sollte dem Verlag gegenüber der Nachweis der Rechtsinhaberschaft geführt werden, wird das branchenübliche Honorar nachträglich gezahlt.

Dieses Werk enthält Hinweise/Links zu externen Websites Dritter, auf deren Inhalt der Verlag keinen Einfluss hat und die der Haftung der jeweiligen Seitenanbieter oder -betreiber unterliegen. Zum Zeitpunkt der Verlinkung wurden die externen Websites auf mögliche Rechtsverstöße überprüft und dabei keine Rechtsverletzung festgestellt. Ohne konkrete Hinweise auf eine solche Rechtsverletzung ist eine permanente inhaltliche Kontrolle der verlinkten Seiten nicht zumutbar. Sollten jedoch Rechtsverletzungen bekannt werden, werden die betroffenen externen Links soweit möglich unverzüglich entfernt.

4. Auflage 2025

Alle Rechte vorbehalten
© W. Kohlhammer GmbH, Stuttgart
Gesamtherstellung: W. Kohlhammer GmbH, Stuttgart
produktsicherheit@kohlhammer.de

Print:
ISBN 978-3-17-045560-3

E-Book-Formate:
pdf: ISBN 978-3-17-045561-0
epub: ISBN 978-3-17-045562-7

Inhalt

Geleitworte 7
    Geleitwort von Chandrika U. Carrivick-Zimmermann 7
    Geleitwort von Norbert Lotz 8

Vorwort zur 4. Auflage 11
    Vorwort zur 3. Auflage 11
    Vorwort zur 2. Auflage 12

Auf den Punkt gebracht 13

1 Der schwierige Patient 17
    1.1   Die Person des Patienten – Wir sind viele 17
            1.1.1   Persönlichkeitsstörungen – ein Überblick 26
    1.2   Die Handlungen des Patienten 46
    1.3   Die Motive des Patienten 53
            1.3.1   Die Grundmotive jedes Patienten 56
            1.3.2   Ein ganz besonderes Motiv besser verstehen 59
    1.4   Die Situation des Patienten 63

2 Der schwierige Helfer 73
    2.1   Die Person des Helfers – Auch 73
    2.2   Die Handlungen des Helfers 80
    2.3   Die Motive des Helfers 85
    2.4   Die Situation des Helfers 91

3 Es gehören immer mindestens zwei dazu 96
    3.1   Die Interaktion im Brennpunkt 96
    3.2   Übertragung, Gegenübertragung und Projektion 97
    3.3   Grundlagen hilfreicher Begegnungen mit Patienten 110
            3.3.1   Empathie: Einfühlendes, nicht wertendes Verstehen .. 110
            3.3.2   Akzeptanz: Wertschätzung 112
            3.3.3   Kongruenz: Echtheit 114
            3.3.4   Hilfreiche Begegnungen mit Patienten mit Migrationshintergrund 117

4	**Rezeptsammlung – das Beste aus Theorie und Praxis**		**129**
	4.1	Die Telefonanlage oder: Weshalb Manuel die wichtigsten Vorbehalte gegen Rezepte nie erfuhr	129
	4.1.1	Rezept Nr. 1: Ich will auf mich selbst achten und es soll mir Vergnügen machen	132
	4.1.2	Rezept Nr. 2: Während ich im Kontakt mit mir selbst bleibe, bleibe ich im Kontakt mit dem Patienten.	133
	4.1.3	Rezept Nr. 3: Gangbare Wege gehen	134
	4.1.4	Rezept Nr. 4: Viel über Kommunikation wissen und Spaß dabei haben, dieses Wissen anzuwenden	135
	4.1.5	Rezept Nr. 5: Lösungen statt Probleme	161
	4.1.6	Rezept Nr. 6: Flexibilität erhöhen	162
	4.1.7	Rezept Nr. 7: Vermeide die Gefahr, bevor sie eintritt	162
	4.1.8	Rezept Nr. 8: Mit Kritik richtig umgehen	165
	4.1.9	Rezept Nr. 9: Irrationale Überzeugungen über Bord werfen	169
	4.1.10	Rezept Nr. 10: Selbstfürsorge – ganz pragmatisch	173

Zum Abschluss ... **202**
Zugabe – Fragebogen zur Selbstsupervision ... 202
Auswertungshilfen und Kommentare zum SSF ... 209

Literatur ... **213**

Weiterführende Literatur ... **219**

Anhang ... **221**

Verzeichnis der Online-Zusatzmaterialien ... **228**

Stichwortverzeichnis ... **231**

Geleitworte

Geleitwort von Chandrika U. Carrivick-Zimmermann

Es ist eine der anspruchsvollsten Aufgaben für einen Therapeuten, mit einem schwierigen Patienten erfolgreich zu arbeiten. Der Therapeut kommt meistens an die Grenzen seiner Fähigkeiten, seiner Techniken, seines Wissens, und häufig auch seiner persönlichen Geduld, seines Mitgefühls und seiner Integrität.

Wie viele von uns Helfern haben nur Schweigen gehört oder die Worte »Ja, aber …«, als sie versucht haben, gut zu beraten, und sich hilflos gefühlt beim Versuch, eine Verbindung zum Patienten herzustellen.

Der schwierige Patient stellt vielleicht die größte Herausforderung dar herauszufinden, wie man einen Menschen erreichen kann, der nicht zu reagieren scheint. Ist er vielleicht so stark verstrickt in seine inneren Konflikte, dass er nicht antworten kann? Oder ist es vielleicht so, dass wir nicht feinfühlig genug sind, um ihn zu hören? Viele Fragen stellen sich: Ist es der Patient, ist es der Helfer oder sind es die Umstände, die eine therapeutische Situation schwierig machen?

Ein Buch, das erklärt, was alles berücksichtigt werden muss, wenn man mit einem schwierigen Patienten arbeitet, und das gleichzeitig praktische und nützliche Hilfsmittel und Anregungen gibt, ist ein wahres Geschenk für die helfenden Berufe.

Dieses Buch gibt eine breitgefächerte und klare Übersicht über die Komplexität der verschiedenen Ebenen und ihre Wechselwirkung, die im therapeutischen Prozess wirksam sind. Es macht uns bewusst, dass diese Vielschichtigkeit ein kompliziertes Gefüge ist, das sowohl die vielen verschiedenen Ebenen innerhalb des Patienten, des Helfers und der Situation, als auch die Beziehungen zwischen dem Patienten, dem Helfer und der jeweiligen Situation umfasst.

Zu irgendeinem Zeitpunkt realisiert jeder Therapeut, dass es in der Therapie neben der Wahl der richtigen Methode vor allem darauf ankommt, den Patienten auf der Ebene von Mensch zu Mensch zu erreichen.

Dieses Buch über den schwierigen Patienten ist so wichtig, weil es ein Licht auf die Interaktion zwischen Patient und Helfer wirft. Es stellt die Frage, was Veränderung auslöst und was den Patienten unterstützt, sich so sicher zu fühlen, dass er den Mut zur Veränderung aufbringt. Und wir werden daran erinnert, dass der Wendepunkt in der Arbeit mit einem schwierigen Patienten oft darauf zurückzuführen ist, dass der Patient die Kongruenz des Helfers wahrzunehmen beginnt und deshalb wieder anfängt zu vertrauen.

Denny Yuson-Sánchez fasst die Essenz seiner Art mit Menschen zu arbeiten so zusammen: »Sei menschlich; das wichtigste Werkzeug, das Du hast, um mit Menschen zu arbeiten, ist Dein Mitgefühl.«

Was ich in meinem Leben gelernt habe, ist, dass schwierige Patienten vor allem Liebe, Fürsorglichkeit und Mitgefühl brauchen. In dieser Sicht wurde ich unlängst erneut bestärkt, als ich das Buch von Viktor E. Frankl »Men's Search for Meaning« wieder zur Hand nahm, in dem er feststellt, dass sich Liebe in extrem schwierigen Situationen wie im Konzentrationslager als die stärkste sinngebende Überlebenskraft zeigte.

Ich habe seit vielen Jahren das Vergnügen, Gert Kowarowsky zu kennen, erst als eifrigen Studenten, der alles in seine praktische Arbeit umzusetzen vermochte, was er mit Herz und Verstand aufgenommen hatte; später lernte ich ihn als treuen Freund schätzen, auf den ich zählen konnte und der mich unterstützte, wenn es nötig war. Seine Fähigkeit, hinter das Offensichtliche zu schauen, seine nie endende Leidenschaft, zum Wesentlichen vorzudringen, seine Entschlossenheit, weiter zu forschen und neue Wege zu finden, um ein Thema zu beleuchten, machen dieses Buch zu einer echten Bereicherung nicht nur für die helfenden Berufe, sondern auch für jeden Hilfesuchenden. Es ist praxisorientiert und leicht verständlich geschrieben – in einer für dieses Feld auffallend unkomplizierten Ausdrucksweise.

Es hat mir Freude gemacht, dieses Buch zu lesen; öfters musste ich auch schmunzeln, weil ich mich darin wiederfinden konnte. Ich empfehle dieses Buch als nützliche und intelligente Fundgrube und bemerkenswerten Beitrag, diese Welt zu einer besseren Welt zu machen.

Egmond aan Zee, 8. Februar 2005, Prof. Chandrika U. Carrivick-Zimmermann, leitende Lehrtherapeutin Humaniversity

Geleitwort von Norbert Lotz

Wer kennt nicht den Ärger und die Aufregung mit ›schwierigen Patienten‹! Doch auch hier zeigt sich: Häufigkeit und Intensität von ›Wahr‹-nehmungen sind nicht notwendigerweise Belege für Tatsächlichkeit.

Der schwierige Patient – also nur ein Wahrnehmungsphänomen, eine optische Täuschung? Ja und nein; die Antwort: ein situationsabhängiges Interaktionsphänomen.

Der Autor führt Schritt für Schritt in die Relativität der ›Tatsachen‹ und damit des Erlebens. Dieser Weg ist sowohl diagnostisch hilfreich als auch entscheidend für die Vergrößerung des Handlungsspielraums bei den Helfenden; er führt außerdem aus emotionalen Sackgassen.

Ein Buch wie ein Brillenputztuch – es lässt klarer sehen, eröffnet neue Perspektiven, die sich zudem noch gut anfühlen. Und: Es macht bereits beim Lesen Spaß.

Frankfurt am Main, 11. März 2005, Prof. Norbert Lotz, Begründer und Leiter des FIRST, Frankfurter Institut für Rational Emotive und Kognitive Verhaltenstherapie

Vorwort zur 4. Auflage

Nach nunmehr weiteren sechs Jahren seit dem Erscheinen der dritten Auflage dieses Buches hat die hohe Nachfrage eine weitere Auflage erforderlich gemacht. Einige Fehler Teufelchen konnten ihren Weg in die Freiheit antreten und der Download der Arbeitsblätter ist jetzt noch anwenderfreundlicher.

Ich wünsche Ihnen wie bei den bisherigen Auflagen viel Vergnügen beim Lesen und viele positive Erfahrungen beim Anwenden dieses Wissens in Ihrem Praxis- oder Stationsalltag.

Ihnen das Allerbeste

Bad Steben im März 2025, Gert Kowarowsky

Vorwort zur 3. Auflage

Nach nunmehr weiteren sieben Jahren seit dem Erscheinen der zweiten Auflage dieses Buches hat sich zu einigen Ausführungen in den bereits vorliegenden Kapiteln die Notwendigkeit zu Aktualisierungen und Erweiterungen ergeben. Die eingegangenen Rückmeldungen und Nachfragen konnten berücksichtigt werden, was zu einigen wichtigen Präzisierungen und Formulierungsverbesserungen in dem nunmehr Ihnen hier vorliegenden Text geführt hat. Das Kapitel über die Persönlichkeitsstörungen wurde komplett neu bearbeitet. Der Begriff der Projektion wurde noch genauer beschrieben, die Kanfer'schen Teufelchen hielten ihren Einzug in die vertiefte Analyse der Helfer-Motive. Das Kapitel über Patienten mit Migrationshintergrund – dauerhaft oder vorübergehend auf der Flucht hier bei uns – wurde im Rahmen der zunehmenden beruflichen Alltagsrelevanz besonders genau sowie kritisch überarbeitet und inklusive der statistischen Angaben aktualisiert. Das Gleiche gilt für das Kapitel 4.1.4.1 über die Grundlagen der Kommunikation und die noch differenziertere Darstellung der Kommunikationstechniken in Kapitel 4.1.4.2. Auch hier wurden wesentliche Erweiterungen und Präzisierungen vorgenommen. Insbesondere wurde die konstruktive Kritik an dem Modell von Schulz von Thun durch Storch und Tschacher aufgenommen. Die aktuellen Grundlagen der EC-Theorie (Embodied Communication) konnten in ihrer Essenz und ihrer Bedeutung im Dialog mit den Patienten dargestellt werden. Das kommunikativinteraktive »Technikarsenal« wurde auf vielfachen Wunsch erweitert um Hinweise zum Umgang mit Patienten, die Sie nicht zu Wort kommen lassen, die schweigen oder die konstant Sie abwertenden sexualisierten Sprachgebrauch verwenden. Das Wissen um den noch bewussteren Umgang mit dem eigenen Sprachgebrauch wird in dieser dritten Auflage erweitert um die Informationen darüber, weshalb es so wichtig ist, von Personen zu sprechen, die eine Erkrankung haben, anstatt von kranken Personen. Mit dieser »Person-zuerst-Regel« verfügen Sie nunmehr hier in der dritten Auflage über die Strategie, die Erkenntnis praktisch anzuwenden, dass schwierige Krankheiten zu behandeln etwas anderes ist als Menschen zu behandeln, die schwierige Krankheitsbilder haben.

Ich wünsche Ihnen viel Vergnügen beim Lesen und viele positive Erfahrungen beim Anwenden dieses Wissens in Ihrem Praxis- oder Stationsalltag.

Ihnen das Beste

Bad Steben im September 2018, Gert Kowarowsky

Vorwort zur 2. Auflage

Der schwierige Patient wurde im letzten halben Jahrzehnt von vielen Lesern und in vielen Seminaren vielschichtig und konstruktiv reflektiert. Die 2. Auflage greift integrierend an vielen Stellen diese wertvollen Hinweise und Erweiterungen auf.

Es freut mich zu beobachten, dass schon die 1. Auflage dieses Buches ganz offensichtlich dazu beigetragen hat, dass viele Helfer und nachfolgende Autoren mehr und mehr von schwierigen Situationen im Klinik- und Praxisalltag sprechen, anstatt wie früher nur vom schwierigen Patienten. In dieser 2. Auflage wird die Landkarte, auf die die Leser sich in kritischen Situationen beziehen können, in vielen praktischen Details noch klarer dargestellt. Insbesondere die Details des interkulturellen Dialogs, des Dialogs, der schweigend Raum gibt, und des Dialogs unter aktuell geäußerter Kritik.

Wenn Karl Valentin meint: »Kunst ist schön, macht aber viel Arbeit« antworte ich ihm: »Arbeit mit Patienten ist zwar manchmal schwierig und anstrengend – aber mit klarem Wissen um Kommunikation, Lösungswege und achtsame Selbstfürsorge auch nach 30 Jahren noch schön.«

Bad Steben, 12. Januar 2011, Gert Kowarowsky

Auf den Punkt gebracht

Als Student in Heidelberg ärgerte ich mich immer über die 400 Seiten dicken Fachbücher, an deren Ende sich mir die Frage stellte: »Wieso hat der Autor[1] nicht auf 40 Seiten gesagt, was er über 400 Seiten langatmig ausgebreitet hat?« Deshalb das Ergebnis dieser Analyse über den schwierigen Patienten gleich zu Beginn: Den schwierigen Patienten gibt es nicht. Der schwierige Patient wird erlebt in einem intensiven Interaktionsprozess.

Eine Ordensschwester drückte es treffend in einem Gespräch mit mir so aus: »Ein schwieriger Patient ist für mich ein Patient, der mir meine Grenzen aufzeigt, zu dem ich emotional keinen Zugang habe, bei dem ich keinen Erfolg habe, dem ich Frustration erlebe. Er stellt das Wertesystem des Pflegeberufs infrage. Das ›Helfen-Müssen‹ wird von ihm infrage gestellt. Ganz innen drin fühle ich ›das Gute‹, dies ist meine Autoritätsgrundlage. Wer sich mir widersetzt, widersetzt sich dem Guten. Wenn ich angespannt bin und mich gestresst fühle, denke ich oft: Wieso stellt er sich nur so an, ich will ihm doch nur Gutes. Wenn ich meine klaren Tage habe, weiß ich, dass ich ihm etwas anbiete und er das Recht hat, es anzunehmen oder nicht. In meinen 40 Jahren Arbeit habe ich gelernt:
Den schwierigen Patienten gibt es nicht. Es gehören immer zwei dazu.«

M. Horlacher aus Basel formulierte es 1999 in der Zusammenfassung mehrerer vorliegender Untersuchungen zum Thema so:

> »Schwierige Patienten sind meistens Patienten, die bei den Helfern negative Gefühle auslösen, ihnen also Schwierigkeiten machen. Oft haben diese Patienten dicke Krankenblattakten, mehr Abklärungen als andere Patienten entwickelt und mehr konsiliarische Beurteilungen. Entwickelt sich die Beziehung zum Patienten zu einer schwierigen Beziehung, so sind immer beide Seiten daran beteiligt, der Helfer und der Patient. Aspekte der Persönlichkeit von Helfer und Patient beeinflussen diese Schwierigkeiten stark.« (Horlacher, 1999, S. 131)

Letztendlich wird der »schwierige Patient« also in einem Interaktionsprozess erlebt, an dem mindestens zwei Personen mit unterschiedlichen Rollen beteiligt sind. Auf der einen Seite beispielsweise Arzt oder Helfer, auf der anderen Seite der Patient.

Wenn es den schwierigen Patienten als solchen aber gar nicht gibt, dann stellt sich die Frage, was verbirgt sich hinter dem Begriff des »schwierigen Patienten«? Wirft man einen ersten spontanen Blick auf das Konstrukt vom schwierigen Patienten, so ergibt sich die Notwendigkeit, unsere Aufmerksamkeit nacheinander Folgendem zuzuwenden:

---

[1] Oder eine Autorin: Die maskuline Sprachform in diesem Buch schließt allzeit die Wahrnehmung der Rolle durch eine Frau mit ein.

1. die Persönlichkeitsaspekte des Patienten, den wir als schwierig erleben,
2. die Verhaltensweisen, mit denen wir uns schwertun und die wir daher als schwierig erleben,
3. die Motive, die wir dem Patienten für seine Verhaltensweisen zu Recht oder zu Unrecht unterstellen,
4. die konkrete Situation, in der wir dem Patienten begegnen: den Ort, die Zeit, die Rahmenbedingungen der Behandlung (▶ Abb. 0.1).

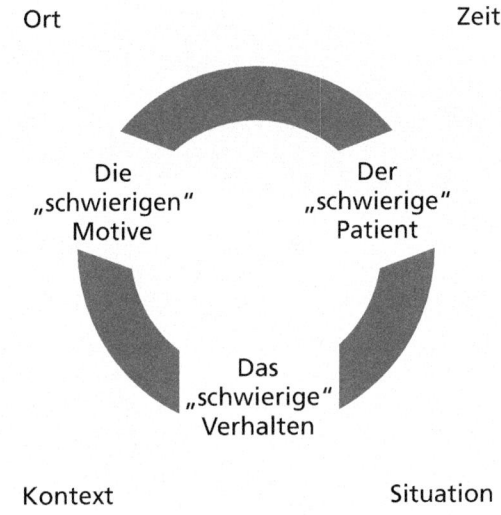

Abb. 0.1: Der »schwierige Patient« ist ein komplexes Konstrukt aus Persönlichkeit, Motiven und Handlungen, eingebettet in unterschiedlichste Ausgangssituationen und spezifische Kontexte.

Sobald vom »schwierigen Patienten« die Rede ist, ist klar, dass immer mindestens zwei dazugehören. Es stellt sich also sofort die Frage nach der Interaktion zwischen den beteiligten Personen.

Der schwierige Patient wird zuallererst als schwieriger Patient aus der Sicht des Helfers erlebt:

- Der Helfer sieht beim Patienten schwierige, problematische Persönlichkeitsanteile.
- Der Helfer erlebt die Handlungsweisen des Patienten als schwierig.
- Der Helfer tut sich schwer mit den real oder vermeintlich schwierigen Motiven des Patienten in der vorliegenden aktuellen Begegnungssituation (▶ Abb. 0.2).

Der Helfer wiederum tritt in der aktuellen Situation mit seinen eigenen spezifischen Persönlichkeitsanteilen, mit seinen eigenen spezifischen Handlungen und Motiven dem schwierigen Patienten gegenüber. Die Situation erscheint sofort ganz anders, wenn wir den Blickwinkel verändern. Vom Patienten aus betrachtet ergibt sich die Perspektive: »Wer ist hier schwierig? Ich habe es mit einem schwierigen Helfer zu tun. Seine Persönlichkeitsanteile erscheinen mir schwierig. Seine Handlungen empfinde ich als schwierig. Seine Motive erlebe ich als problematisch.«

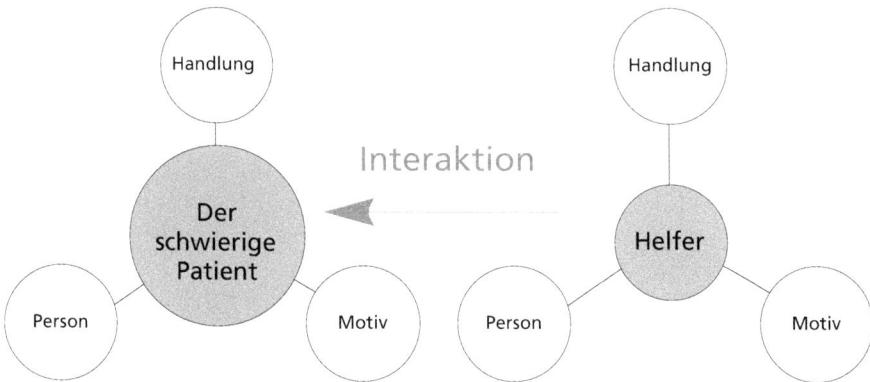

Abb. 0.2: Der Patient ist schwierig aus der Sicht des Helfers.

Somit steht hier also auch umgekehrt der »gesunde Patient« dem »schwierigen Helfer« gegenüber (▶ Abb. 0.3).

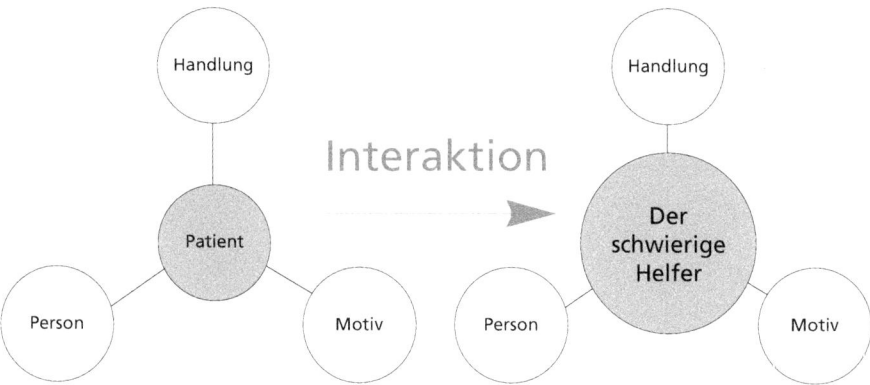

Abb. 0.3: Der Patient sieht sich einem schwierigen Helfer gegenüber.

Kehren wir jedoch in unserer Betrachtung wieder zur Ausgangssituation zurück: Der Helfer tritt einem Patienten gegenüber, der als schwierig erlebt wird – ganz gleich, ob nun der Helfer Arzt ist, Psychotherapeut, Kunsttherapeut, Physiotherapeut, Ergotherapeut, ob Sozialpädagoge, Logopäde, Diätassistent, medizinisch-technischer Assistent oder Angehöriger des Praxis- und Pflegepersonals. Lassen Sie uns die vier grundlegenden Ebenen detailliert betrachten, die wir in der Interaktion mit dem schwierigen Patienten für uns als Helfer erleben:

1. die Person des Patienten,
2. die Handlungen des Patienten,
3. die Motive des Patienten,
4. die aktuelle Situation, in der uns der Patient begegnet.

Bevor wir uns nun im ersten Kapitel der Person des Patienten zuwenden, noch eine wichtige Vorbemerkung zu den beiden Begriffen Patient und Helfer: Ich benutze diese Worte bei den weiteren Ausführungen nicht, um auf zwei völlig verschiedene Arten von Menschen hinzuweisen. Jeder Helfer kann jederzeit Patient werden. Sobald ich die Praxis eines Kollegen betrete, um ein persönliches Problem mit ihm zu bearbeiten, bin ich Patient. Wenn mir der Zahn weh tut und ich zum Zahnarzt gehe, bin ich Patient. Wenn der Zahnarzt sich beim Skifahren das Bein bricht, liegt er auf der chirurgischen Station und ist Patient. Der Arzt, der ihn dort behandelt, sitzt möglicherweise in drei Monaten bei einem Kollegen seines Patienten als Patient auf dem Behandlungsstuhl. Patient und Helfer sind austauschbare Rollenbegriffe. Viele Patienten sind professionelle Helfer und nahezu jeder Helfer befindet sich mehrmals in seinem Leben in der Rolle des Patienten.

1 Der schwierige Patient

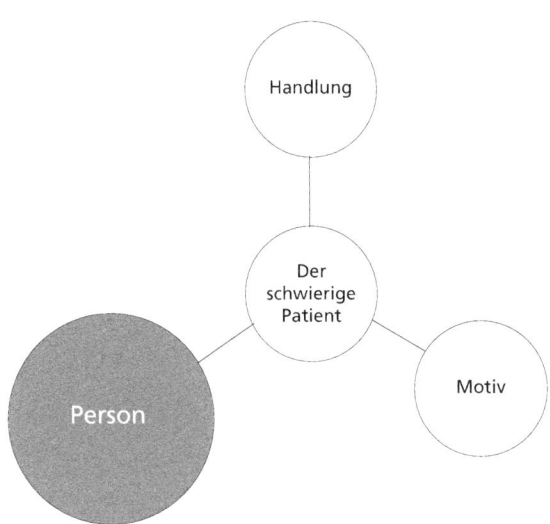

1.1 Die Person des Patienten – Wir sind viele

Im antiken Griechenland hielten die Schauspieler Masken vors Gesicht, hinter denen sie sprachen. Der Begriff »Person« ist vom lateinischen Wortstamm »personare« abgeleitet. Personare – hindurchtönen durch die Maske.

Die Persönlichkeit ist also jene Person, die ihre immer gleiche Maske verlässlich vor sich herträgt. Ein erfolgreicher Maskenträger. Bis heute besteht unser allgemeines Konzept einer Person darin, die Person als Einheit, als Singularität wahrzunehmen. Viel angemessener jedoch erscheint die Sichtweise, die Persönlichkeit als eine Ansammlung vieler Teilpersönlichkeiten zu sehen. Der Begriff »Ego States«, den Paul Federn schon vor 1950 prägte, versuchte die Vielschichtigkeit einer jeden Person in wissenschaftlich und therapeutisch anwendbare Sprache zu bringen. Watkins und Watkins entwickelten daraus später die Ego-State-Therapie. In der Schema-Therapie von Young werden die unterschiedlichen Teilpersönlichkeiten als Modi bezeichnet und Therapeuten darin geschult, den Patienten in seinem jeweils unterschiedlichen Denk-, Fühl- und Handlungsmodus auf die jeweils angemessenste Art und Weise zu erreichen. Hal und Sidra Stone haben diese Ansicht personaler Vielfalt in ihrem Buch »Du bist viele« bereits im gewählten Titel sehr treffend beschrieben. Virginia Satir widmete sich ebenfalls dem Thema der persönlichen Vielschichtigkeit in ihrem Buch »Meine vielen Gesichter«. Denny Yuson-Sánchez wiederum stellt diesen Sachverhalt so kreativ dar, in seinem Basistext zur Steigerung der Selbstakzeptanz für Helfende und Patienten, dass er Ihnen im Download-Bereich zur Verfügung steht. Der Titel »Auch« verweist bereits darauf, dass sowohl die eigene Person als auch die Person des Gegenübers immer mit grundlegender Akzeptanz betrachtet werden kann, da es niemals nur ein »Nur so und nicht anders« gibt. Friedemann Schulz von Thun erweitert seine Ausführungen über die Grundlagen der Kommunikation in Band 3 seiner Buchreihe »Miteinander reden« um das Konzept vom »Inneren Team«. Innerhalb jeder kommunizierenden Persönlichkeit ortet auch er eine Vielzahl von Teilpersönlichkeiten. Er zitiert Luise Rinser, die es so formulierte: »Manchmal habe ich das Bedürfnis etwas Schreckliches zu tun, ein Haus anzuzünden oder so etwas, aber das war nur der Eine in mir, der Andere wollte gut sein und helfen.«

Musikalisch ist die Botschaft »Wir sind viele« als Ohrwurm wohl durch Meredith Brooks 1997 in ihrem »Bitch-Song« bekannt geworden mit dem Refrain:

»I'm a bitch
I'm a lover
I'm a child
I'm a mother
I'm a sinner
I'm a saint
And I do not feel ashamed
I'm your hell
I'm your dream ...«

Udo Lindenberg wiederum beschreibt die Vielschichtigkeit jeder Person in seiner eigenen unnachahmlichen Art 2008 auf seiner CD »Stark wie Zwei« in dem Lied »Ganz anders« so:

»Eigentlich bin ich ganz anders
ich komm' nur viel zu selten dazu
Du machst hier grad' mit einem Bekanntschaft
den ich genauso wenig kenne wie du
Ich hab' so viel' Termine
in der Disco, vor Gericht und bei der Bank
Da schick' ich einfach meine Vize-Egos
und das wahre Ich bleibt lieber im Schrank«

Tatsache ist, nicht nur »zwei Seelen wohnen, ach! in meiner Brust«, wie Doktor Faustus beklagt, sondern viele! (▶ Abb. 1.1).

1.1 Die Person des Patienten – Wir sind viele

Abb. 1.1: Wir sind viele[2].

Wir sind tatsächlich viele. Jeder von uns hat sein kleines Teufelchen in sich. Jeder sein Engelchen. Der Wütende, der Traurige, der Sorgenvolle, der Clown, der Unbeschwerte, der entspannte Buddha in uns – dies sind ganz sicher nur einige wenige Teilaspekte unserer Gesamtpersönlichkeit.

Wir alle entsprechen einem ganzen Omnibus voller Teilpersönlichkeiten: Männer und Frauen, Erwachsene und Kinder, von denen jeweils eine andere am Lenkrad sitzt. Das Wort Omnibus ist in diesem Zusammenhang wortwörtlich zu nehmen, so wie es schon die alten Römer benutzten: Omnibus – mit allen zusammen. Die Frage in jeder alltäglichen Begegnungssituation mit anderen ist nun diese: »Wer von meinen vielen Persönlichkeitsanteilen sitzt heute am Lenkrad? Wer hat in diesem Moment der Interaktion mit meinem Gegenüber das Steuer in der Hand?« (▶ Abb. 1.2)

Wer steuert unsere Gesamtpersönlichkeit in diesem Moment? Und wohin geht die Reise? Nach welchen Regeln entscheiden diese Vielen in mir, wer gerade am Lenkrad sitzen darf? Demokratisch? Diktatorisch? Gewohnheitsrechtsmäßig? Fährt jeweils derjenige Fahrer durch den entsprechenden Alltagsabschnitt des Lebens, der hierfür die höchste Kompetenz besitzt und sich am besten auskennt? Wer in mir bestimmt, wohin die Reise geht und was die angemessene Fahrweise ist? Sind uns

---

2 Der Comic in Abbildung 1.1 »Wir sind viele« ist wie alle nachfolgenden Comics gezeichnet von Iris Schörner. Sie hat es hervorragend verstanden, meine Ideen bildlich sichtbar zu machen, wofür ich ihr an dieser Stelle noch einmal recht herzlich danken möchte. Die Darstellungen bei Friedemann Schulz von Thun in seinen drei Bänden »Miteinander reden« haben bei manchen meiner Ideen zur Illustration ganz sicher Pate gestanden.

immer alle Insassen unseres Persönlichkeitsomnibusses bekannt? Gibt es »Schwarzfahrer«? »Blinde Passagiere«? »Saboteure«? Hal und Sidra Stone sprechen von »Disowned-Self«-Anteilen, den Anteilen unserer Persönlichkeit, die wir nicht in unseren »Besitz« genommen haben, von denen wir behaupten, dass sie nicht zu uns gehören. Noch eindrücklicher schilderte es Gunther Schmidt, der als einer der maßgeblichen Pioniere für die Integration systemischer Modelle und der Konzepte Erickson'scher Hypnotherapie zu einem ganzheitlich-lösungsfokussierenden Konzept gilt. In einem seiner Seminare zur Vielschichtigkeit der Persönlichkeit erklärte er seinen Teilnehmern: »Es gibt Persönlichkeitsanteile in mir, die kenne ich nicht! Und wenn ich ihnen dennoch einmal aus Versehen begegnen sollte, würde ich sie ganz gewiss noch nicht einmal grüßen!«

Abb. 1.2: Wer sitzt im Moment am Lenkrad? Wohin geht die Reise?

Erleben wir einen Patienten als schwierigen Patienten, dann können wir realistischerweise höchstens sagen, dass ein Teil dieses Patienten – nennen wir ihn Teil-Persönlichkeit P1 – der schwierige Patient ist. Es gibt aber auch Teil-Persönlichkeit P2, den Patienten, der am Nachmittag auf dem Tennisplatz ein begehrter Tennispartner ist. Hier wird sich niemand über ihn als schwierig beklagen. Teil-Aspekt P3 ist vielleicht der Patient, der abends bei einem Konzert als kulturbeflissener Konzertbesucher erscheint, der in der Pause ein brillantes Feuerwerk von Hintergrundinformationen zu geben vermag.

Weitere Teilpersönlichkeiten sind beispielsweise: Teilpersönlichkeit P4 der erfahrene Gartenfreund, P5 der liebevolle Vater, P6 der unterstützende Bruder, P7 der freundliche Nachbar, P8 der exzellente PC-Experte, P9 der rücksichtsvolle Autofahrer, P10 der korrekte Bankkaufmann … und, und, und (▶ Abb. 1.3).

1.1 Die Person des Patienten – Wir sind viele

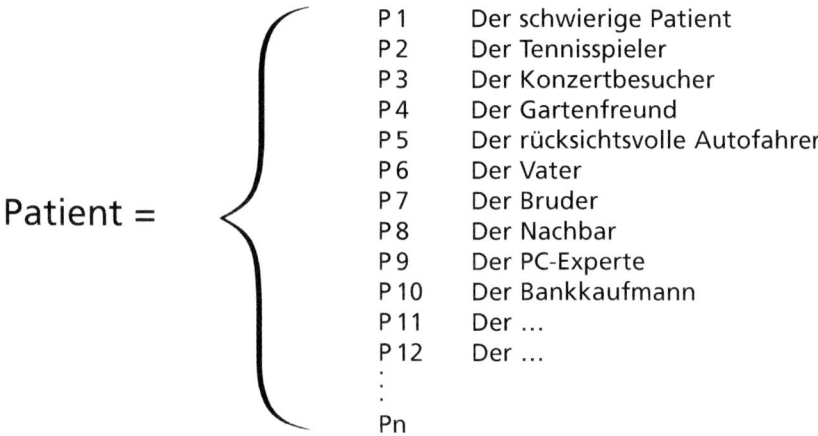

Abb. 1.3: Jeder – und somit auch jeder Patient – besteht aus vielen Teil-Persönlichkeiten.

Wer die Sprache der Mathematik liebt, kann sich jede Persönlichkeit P als Summe aller Teilpersönlichkeiten P1 bis P-unendlich zusammengefügt vorstellen (▶ Abb. 1.4).

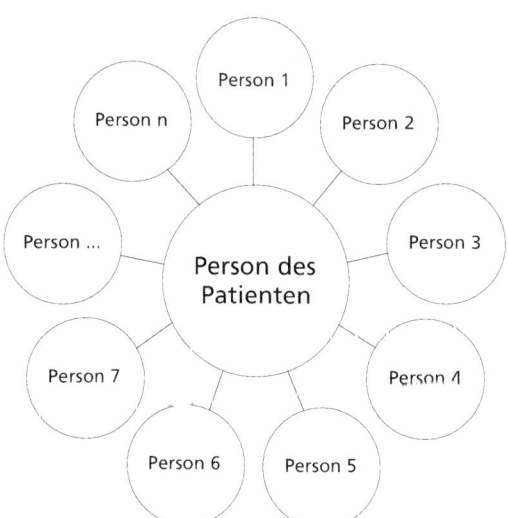

Abb. 1.4: Jede Person besteht aus unendlich vielen Teilpersönlichkeiten.

Es stellt sich somit die Frage: Auf welche Teilpersönlichkeit beziehe ich mich, wenn ich den anderen als schwierigen Patienten bezeichne? Bin ich mir bewusst, dass der andere niemals in seiner Gesamtheit als Person schwierig ist?

Alfred Korzybski (1879–1950) gab hierzu einen bemerkenswerten Hinweis. In einem adligen Elternhaus in Polen geboren, lernte er mühelos, sich auf Polnisch, Deutsch, Russisch und Englisch mitzuteilen. Als später die amerikanische Staatsbürgerschaft besitzender Ingenieur, Militäroffizier und außerordentlich genauer Beobachter menschlichen Verhaltens führte er seit 1921 Analysen der im Alltag und Therapie verwendeten Sprachmuster durch. Seine bekanntesten Bücher »Manhood of Humanity« (1921) und »Science and Sanity« (1933) enthalten die Grundlagen der »General Semantics«, die bis heute im Institute of General Semantics in New York City gelehrt werden (http://www.generalsemantics.org/). Korzybski entwickelte als sprachsensitiver Mensch eine interessante Anleitung für den Umgang mit Sprache, um sich in der Begegnung mit der Welt und vor allem mit anderen Menschen deren persönlicher Wirklichkeit und Vielschichtigkeit bewusst zu bleiben. Sein wichtigstes Anliegen war, davor zu warnen, Worte, die als Landkarten über Dinge und Menschen gebraucht werden, niemals mit dem realen vielschichtigen Sein des Gegenübers zu verwechseln. Um zu verhindern, dass durch Worte falsche oder begrenzende Vorstellungen erzeugt werden, schlug er vor, jeweils Zeitindizes in Verbindung mit der Namensnennung zu bringen. In der Situation »Oh, hier kommt Herr Meyer!« stellt sich somit die sprachanalytisch berechtigte Frage: »Welcher Meyer? Der Herr Meyer, den Sie vor 14 Tagen zum letzten Mal gesehen hatten, bevor seine Frau gestorben war? Der Herr Meyer, den Sie vor zehn Jahren zum letzten Mal auf einem Klassentreffen gesehen hatten? Der Herr Meyer, der gerade seine Beförderung bekommen hat?« Mit der Zeitindizierung: Herr Meyer, 02.09. 2018, 17.30 Uhr, wäre eine genauere Beschreibung des Herrn Meyer in der aktuellen Situation gegeben und könnte abgegrenzt werden von der Bezugnahme auf den Herrn Meyer mit der Indizierung 15.05.2018, 15.07 Uhr, oder auf Herrn Meyer mit der Indizierung 31.08.1983, 10.20 Uhr (▶ Abb. 1.5).

Welcher Herr Meyer ???
Herr Meyer ..., 02.09.2018, 17.30
Herr Meyer ..., 15.05.2018, 15.07
Herr Meyer ..., 31.08.1983, 10.20
Herr Meyer ..., ...

Abb. 1.5: Welcher Herr Meyer?

Anstatt schablonenhaft zu denken: »Ach ja, da kommt ja Gaby«, könnten wir uns angewöhnen, herzöffnender zu denken: »Aha, da kommt Gaby, jetzt um 12.35 Uhr«. Dann bliebe jedes Mal die interessante offene Frage: »Welche Gaby tritt jetzt gerade hier zur Tür ein?« (▶ Abb. 1.6)

In seiner Tagebuchskizze zu dem Stück »Andorra« mit der Überschrift »Du sollst Dir kein Bildnis machen« hat Max Frisch diesen Sachverhalt unserer Persönlichkeitsvielfalt ebenfalls treffend zum Ausdruck gebracht. Er meint:

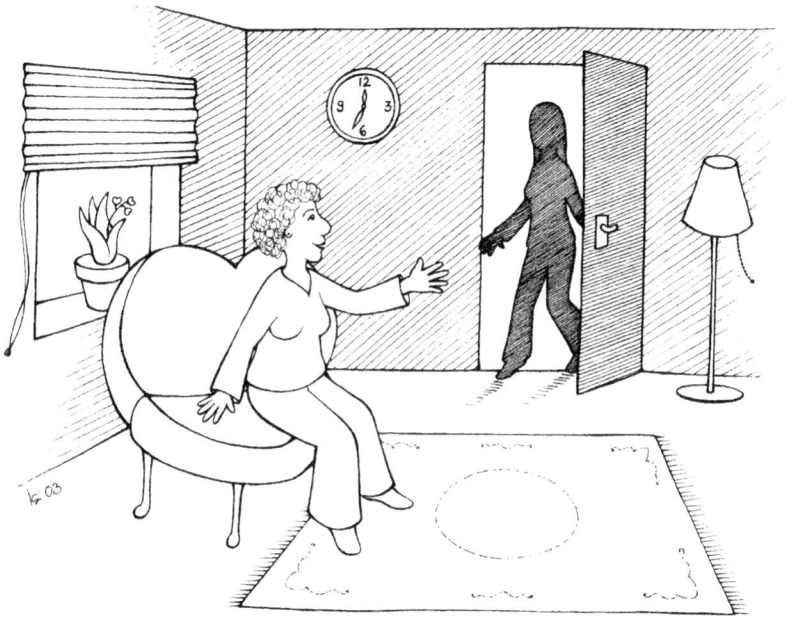

Abb. 1.6: »Da kommt Gaby, 12.35 Uhr«.

»Es ist bemerkenswert, dass wir gerade von dem Menschen, den wir lieben, am mindesten aussagen können, wie er sei. Wir lieben ihn einfach. Eben darin besteht ja die Liebe, das Wunderbare an der Liebe, dass sie uns in der Schwebe des Lebendigen hält, in der Bereitschaft, einem Menschen zu folgen in allen seinen möglichen Entfaltungen. Wir wissen, dass jeder Mensch, wenn man ihn liebt, sich wie verwandelt fühlt, wie entfaltet, und dass auch dem Liebenden sich alles entfaltet, das Nächste, das lange Bekannte. Vieles sieht er wie zum ersten Male. Die Liebe befreit es aus jeglichem Bildnis. Das ist das Erregende, das Abenteuerliche, das eigentlich Spannende, dass wir mit den Menschen, die wir lieben, nicht fertig werden: Weil wir sie lieben; solang wir sie lieben. Man höre bloß die Dichter, wenn sie lieben; sie tappen nach Vergleichen, als wären sie betrunken, sie greifen nach allen Dingen im All, nach Blumen und Tieren, nach Wolken, nach Sternen und Meeren. Warum? So wie das All, wie Gottes unerschöpfliche Geräumigkeit, schrankenlos, alles Möglichen voll, aller Geheimnisse voll, unfassbar ist der Mensch, den man liebt – nur die Liebe erträgt ihn so.

Warum reisen wir?

Auch dies, damit wir Menschen begegnen, die nicht meinen, dass sie uns kennen ein für alle Mal, damit wir noch einmal erfahren, was uns in diesem Leben möglich sei – es ist ohnehin schon wenig genug.

Unsere Meinung, dass wir das Andere kennen, ist das Ende der Liebe, jedes Mal, aber Ursache und Wirkung liegen vielleicht anders, als wir anzunehmen versucht sind – nicht weil wir das Andere kennen, geht unsere Liebe zu Ende, sondern umgekehrt: weil unsere Liebe zu Ende geht, weil ihre Kraft sich erschöpft hat, darum ist der Mensch fertig für uns. Er muss es sein. Wir können nicht mehr! Wir kündigen ihm die Bereitschaft, auf weitere Verwandlungen einzugehen. Wir verweigern ihm den Anspruch alles Lebendigen, das unfassbar bleibt, und zugleich sind wir verwundert und enttäuscht, dass unser Verhältnis nicht mehr lebendig sei. ›Du bist nicht‹, sagt der Enttäuschte oder die Enttäuschte, ›wofür ich Dich gehalten habe.‹

Und wofür hat man sich denn gehalten?

Für ein Geheimnis, das der Mensch ja immerhin ist, ein erregendes Rätsel, das auszuhalten wir müde geworden sind. Man macht sich ein Bildnis. Das ist das Lieblose, der Verrat.

Man hat darauf hingewiesen, das Wunder jeder Prophetie erkläre sich teilweise schon daraus, dass das Künftige, wie es in den Worten eines Propheten erahnt scheint und als Bildnis entworfen wird, am Ende durch eben dieses Bildnis verursacht, vorbereitet, ermöglicht oder mindestens befördert worden ist –

Unfug der Kartenleserei.

Urteile über unsere Handschrift.

Orakel bei den alten Griechen.

Wenn wir es so sehen, entkleiden wir die Prophetie wirklich ihres Wunders? Es bleibt immer noch das Wunder des Wortes, das Geschichte macht:

›Am Anfang war das Wort.‹

Kassandra, die Ahnungsvolle, die scheinbar Warnende und nutzlos Warnende, ist sie immer ganz unschuldig an dem Unheil, das sie vorausklagt?

Dessen Bildnis sie entwirft.

Irgendeine fixe Meinung unserer Freunde, unserer Eltern, unserer Erzieher, auch sie lastet auf manchem wie ein altes Orakel. Ein halbes Leben steht unter der heimlichen Frage: ›Erfüllt es sich oder erfüllt es sich nicht?‹ Mindestens die Frage ist uns auf die Stirn gebrannt, und man wird ein Orakel nicht los, bis man es zur Erfüllung bringt. Dabei muss es sich durchaus nicht im geraden Sinn erfüllen; auch im Widerspruch zeigt sich der Einfluss, darin, dass man so nicht sein will, wie der andere uns einschätzt. Man wird das Gegenteil, aber man wird es durch den anderen.

Eine Lehrerin sagte einmal zu meiner Mutter, niemals in ihrem Leben werde sie Stricken lernen. Meine Mutter erzählte uns jenen Ausspruch sehr oft; sie hat ihn nie vergessen, nie verziehen; sie ist eine leidenschaftliche und ungewöhnliche Strickerin geworden, und alle die Strümpfe und Mützen, die Handschuhe, die Pullover, die ich jemals bekommen habe, am Ende verdanke ich sie allein jenem ärgerlichen Orakel! …

In gewissem Grad sind wir wirklich das Wesen, das die anderen in uns hineinsehen, Freunde wie Feinde. Und umgekehrt: Auch wir sind die Verfasser der anderen; wir sind auf eine heimliche und unentrinnbare Weise verantwortlich für das Gesicht, das sie uns zeigen, verantwortlich nicht für ihre Anlage, aber für die Ausschöpfung dieser Anlage. Wir sind es, die dem Freunde, dessen Erstarrtsein uns bemüht, im Wege stehen und zwar dadurch, dass unsere Meinung, er sei erstarrt, ein weiteres Glied in jener Kette ist, die ihn fesselt und langsam erwürgt. Wir wünschen ihm, dass er sich wandle, oh ja, wir wünschen es ganzen Völkern!

Aber darum sind wir noch lange nicht bereit, unsere Vorstellung von ihnen aufzugeben. Wir selber sind die letzten, die sie verwandeln. Wir halten uns für den Spiegel und ahnen nur selten, wie sehr der andere seinerseits eben der Spiegel unseres erstarrten Menschenbildes ist, unser Erzeugnis, unser Opfer.«

(Textauszüge aus: Max Frisch, Tagebuch 1966–1971. © 1972, Suhrkamp Verlag AG Berlin. Alle Rechte vorbehalten.)

Zum gleichen Sachverhalt zitieren 2016 Fiedler und Herpertz in ihrem Buch mit dem Titel »Persönlichkeitsstörungen« den Philosophen Karl Jaspers auf Seite 22 mit den von ihm bereits 1913 veröffentlichten Worten: »Menschlich aber bedeutet die klassifikatorische Feststellung des Wesens eines Menschen eine Erledigung, die bei näherer Besinnung beleidigend ist und die Kommunikation abbricht« (Fiedler & Herpertz, 2016, S. 22).

Seien Sie deshalb vorsichtig damit, den anderen als schwierigen Patienten zu bezeichnen oder ihm gar eine Persönlichkeitsstörungsdiagnose zuzuordnen.

Die Herausforderung, vor die Sie gestellt sind, ist hoch. Mehrere gut belegte Studien konfrontieren uns mit der Tatsache, dass mindestens jeder fünfte Mensch psychische Störungen aufweist. In der ambulanten medizinischen Grundversorgung kann davon ausgegangen werden, dass jeder vierte Patient psychisch auffällig ist.

Ulrike Ehlert hat in ihrem Buch »Psychologie im Krankenhaus« 1998 sogar aufgezeigt, dass die Prävalenz psychischer Störungen bei internistischen und chirurgischen Patienten zwischen 30 und 50 Prozent variiert, ergo sogar jeder zweite bis dritte Patient neben seiner körperlichen, rein somatischen Erkrankung auch eine psychische Störung aufweist.

Bei ungefähr zehn Prozent aller Menschen – also sowohl bei allen Patienten insgesamt als auch bei allen Helfern insgesamt – werden Sie Merkmale beobachten können, die nach den bis Ende 2018 noch aktuellen Beschreibungen der ICD-10 und des DSM-5 als Persönlichkeitsstörungen zu diagnostizieren sind.

Bei Patienten mit internistischen oder chirurgischen Behandlungsnotwendigkeiten finden sich häufig deutlich höhere Prozentsätze als in der Normalbevölkerung. Insbesondere bei Patienten mit komorbid oder ausschließlichen depressiven Störungen finden sich regelhaft zusätzlich diagnostizierbare Persönlichkeitsstörungen. Verschiedene Untersucher kommen dabei zu verschiedenen Ergebnissen, die jedoch alle weit über zehn Prozent liegen und je nach Studie mit 50 bis 90 Prozent angegeben werden. Die entsprechenden Studien zu dieser hohen Gleichzeitigkeit des Auftretens von Depression und Persönlichkeitsstörungen wurden insbesondere durchgeführt und referiert von Farabaugh, Mischoulon, Fava, Guyker & Alpert, 2004, S. 217–224; Fava et al., 2002, S. 1049–1057; Friedman, Aronoff, Clarkin, Corn & Hurt, 1983, S. 226–235; Hardy et al., 1995, S. 997–1003; Pilkonis & Frank, 1988, S. 435–441; und Zimmermann, Pfohl, Coryell, Corenthal & Stangl, 1991.

Es ist somit nicht verwunderlich, dass S. Hahn in seiner Untersuchung 2001 darüber berichtete, dass Ärzte, bei allem Wohlwollen, im Praxisalltag jeden sechsten Patienten als schwierigen Patienten erleben.

Sie kennen sie alle, die im Praxis- oder Stationsalltag achtlos geäußerten Bemerkungen über Patienten wie: »Der hat doch einen Schuss – wie der hier auf Station rumläuft ...« Oder: »Draußen steht schon wieder die Patientin, die erst gestern hier war, Sie wissen schon, die mit der Macke ...«

Die Verlockung, jemanden abzustempeln, ihn als gestört, ja persönlichkeitsgestört zu bezeichnen, ist im täglichen Kontakt mit Patienten, die wir als schwierig empfinden, äußerst hoch. Dennoch sollten wir der wissenschaftlichen Exaktheit verbunden bleiben, wonach meist stigmatisierend gemeinte Persönlichkeitsstörungsdiagnosen nur vergeben werden dürfen, wenn mindestens eines der nachfolgenden Kriterien erfüllt ist:

- Die betreffende Person leidet selbst unter ihrer Persönlichkeit.
- Die Persönlichkeitsstörung beinhaltet das Risiko der Entwicklung einer psychischen Störung oder verschlimmert eine bereits bestehende psychische Störung.
- Das psychosoziale Funktionsniveau ist so verändert, dass Konflikte mit Ethik, Recht oder Gesetz entstanden sind (nach Fiedler, 2007, S. 34).

Insbesondere weisen Fiedler und Herpertz (2016, S. 42) darauf hin, dass auch im Sinne der aktuellen Diagnosesysteme die Diagnose »Persönlichkeitsstörung« nicht vergeben werden darf, selbst wenn zum Beispiel andere Menschen unter einem Patienten leiden. Die Ausnahme bestünde lediglich darin, dass das Leiden anderer

Personen auf unmoralische oder strafbare Handlungen infolge der Persönlichkeitseigenarten zurückgeführt werden könnte.

1.1.1 Persönlichkeitsstörungen – ein Überblick

Es gibt zwei große Klassifikationssysteme zur Einordnung psychischer Störungen. Das eine ist das internationale Klassifikationssystem der Weltgesundheitsorganisation der Vereinten Nationen: Die internationale statistische Klassifikation der Krankheiten und verwandter Gesundheitsprobleme (International Statistical Classification of Diseases and Related Health Problems), ICD. Die derzeit aktuelle in Deutschland gültige Ausgabe heißt noch ICD-10, bis spätestens Ende 2019 soll die ICD-11 fertiggestellt sein. Das andere Klassifikationssystem ist das Diagnostische und Statistische Handbuch Psychischer Störungen (Diagnostic and Statistical Manual of Mental Disorders), DSM. Es ist das Klassifikationssystem der American Psychiatric Association (Amerikanische Psychiatrische Vereinigung), das diese zum ersten Mal 1952 in den USA herausgegeben hat. Die aktualisierte seit 2013 gültige und seit 2015 in deutscher Übersetzung vorliegende Version heißt DSM-5.

Wird von Persönlichkeitsstörungen im engeren klinischen Sinne gesprochen, findet sich auch bei den wissenschaftlichen Experten immer wieder eine große Bandbreite oft sich widersprechender Betrachtungsweisen. Dies wurde auch wieder in der aktuellen wissenschaftlichen Diskussion um die ICD-11 und das DSM-5 offensichtlich. Über die neuen Kriterien geplanter zukünftiger Persönlichkeitsstörungs-Klassifikationen entbrannte zum Teil ein so heftiger Streit, dass einige Kommissionsmitglieder, erzürnt über ihre Kollegen, die DSM-5-Taskforce verließen. Ob wir uns nur auf drei Persönlichkeitsstörungen wie z. B. bei Sigmund Freud oder auf 246 Persönlichkeitsstörungen einigen, macht doch wohl einen nicht geringen Unterschied. Die Dreiteilung der »Charakterstörungen« von Freud ist bekannt: Der erotische, der zwanghafte und der narzisstische Charakter. Die von Prof. Peter Fiedler zusammengestellte Liste von ihm inzwischen vorliegenden insgesamt 246 beschriebenen Persönlichkeitsstörungen ist über eine Durchsicht der Stichwortverzeichnisse der inzwischen vorliegenden Auflagen seines Standardwerkes »Persönlichkeitsstörungen« nachvollziehbar (aktuell: Fiedler & Herpertz, 2016). Die Mitglieder der Taskforce zu den Persönlichkeitsstörungskriterien in der ICD-11 bemühen sich zurzeit um eine Reduktion auf fünf Persönlichkeitsdomänen:

die ungesellig-schizoide Domäne
die dissoziale Domäne
die ängstlich-abhängige Domäne
die emotional-instabile Domäne
die zwanghaft-anankastische Domäne

In der täglichen Arbeit mit Patienten werden Ihnen immer wieder Menschen begegnen, die, im Bild des Omnibusses gesprochen, nur einen einzigen oder sehr wenige Fahrer ans Interaktionssteuer ihres Persönlichkeitsomnibusses lassen.

Dies scheint eines der zentralen Themen zu sein, wenn wir über Patienten sprechen, die uns als Persönlichkeiten schwierig erscheinen: ihre **Interaktionsverhaltensrigidität**. Prof. Sulz aus München formulierte es in einem seiner Seminare über Menschen mit Persönlichkeitsstörungen treffend folgendermaßen:

»Menschen mit Persönlichkeitsstörungen haben einfach nur ›DRIBS‹ –
Dysfunktionale,
Repetitive
Interaktions- und
Beziehungs-
Stereotypien«,

d. h. wie verschieden auch das Gelände sein mag, durch das der Einzelne seinen Persönlichkeitsomnibus gerade fährt, es sitzt immer der gleiche Fahrer am Steuer.

Im Bild bleibend ist damit klar, dass es zu Schwierigkeiten kommen muss, wenn auf enger, geschwindigkeitsbegrenzter Gebirgsstraße der Rennfahrer hartnäckig das Steuer festhält oder auf der Autobahn der übervorsichtige jeden Moment mit Schlaglöchern rechnende Querfeldeinfahrer mit geringster Geschwindigkeit dahinzuckelt.

»Dysfunktional«, also der gegebenen Situation nicht angemessen, »Repetitiv« sich immer wieder wiederholende »Interaktions- und Beziehungs-Stereotypien«, also sich auf die gleiche Art und Weise verhaltend innerhalb beruflicher und privater Beziehungen und Begegnungssituationen.

Wichtig ist, sich als Helfer bewusst zu sein, dass das Gegenüber sich nicht so verhält, um uns zu ärgern, sondern weil ihm häufig einfach kein anderes, konstruktiv alternatives Verhalten zur Verfügung steht. Viele Menschen mit eingeschränkter Verhaltensflexibilität – und dies wäre die angemessenere Bezeichnung für Menschen mit Persönlichkeitsstörungen – haben im Rahmen ihrer Biographie einfach bisher noch kein anderes Verhaltensrepertoire erworben.

Im Einzelfall lässt sich nachvollziehen, dass das für den späteren Erwachsenen oftmals sehr dysfunktionale stereotype Verhalten zu einem bestimmten Zeitpunkt des Heranwachsens die intelligenteste Verhaltensweise dargestellt hat, um in einer problematischen Lebenssituation oder lang andauernden traumatisierenden Erziehungsumwelt emotional, und im Extremfall physisch, zu überleben.

Die komplexen Störungen im zwischenmenschlichen Beziehungsverhalten bei Menschen, für die die Diagnose Persönlichkeitsstörungen zutrifft, gehen nach Fiedler und Herpertz (2016) häufig auch einher mit und zurück auf **Störungen im emotionalen Erleben** und/oder werden durch diese verstärkt: übermäßige Ängstlichkeit, stark wechselnde Emotionen, Gefühlsarmut oder Überemotionalität, die das interaktionelle Verhalten deutlich belasten.

Haben sich in der Biographie besondere dysfunktionale Grundüberzeugungen herausgebildet, kann dies auch zu einer **Störung der Realitätswahrnehmung** führen: extremes Misstrauen, innere Gezwungenheit, sich an bestimmte moralische, logische oder soziale Regeln »immer« halten zu »müssen« oder die Unfähigkeit, sich mit anderen bei Sport, Spiel und Freizeitgestaltung ohne leistungsbezogene Wahrnehmungen und daraus resultierende Kränkungs- und Neidgefühle wohlfühlen zu können.

Störungen der Selbstwahrnehmung und Selbstdarstellung beeinflussen soziale Interaktionen dabei ebenso ungünstig wie **Störungen der Impuls- und Selbstkontrolle**, die oftmals zu massiven sozialen Problemen bis hin zu juristischen Konsequenzen führen können.

Haben sich persönliche ungünstige, dysfunktionale soziale Interaktionsstile repetitiv verfestigt und bestehen immer weniger Möglichkeiten zu situationsangemessenem, flexiblem Verhalten, dann sprechen wir vom Vorliegen einer Persönlichkeitsstörung.

Diese tiefsitzenden, meist in der frühen Biographie erworbenen und persistierenden Störungen des Beziehungsverhaltens gilt es im Blick zu haben, wenn Patienten sich stereotyp auf schwierige Art und Weise verhalten, und zwar sowohl uns als auch den allermeisten anderen gegenüber.

Hilfreich dabei, diesen Patienten gegenüber ganz besonders achtsam und empathisch zu begegnen, ist das Wissen um die besonders hohe Vulnerabilität von Menschen mit Persönlichkeitsstörungen. Ihre Verletzlichkeit und Sensibilität in sozialen Stress-Situationen ist uns oftmals durch das eigene Genervtsein über ihre unangemessenen Verhaltensweisen überhaupt nicht bewusst.

Fiedler und Herpertz (2016) beschreiben in der Darstellung einer Metaanalyse mehrerer Studien beeindruckend die psychisch und physisch erhöhte Vulnerabilität, die bei nahezu allen Betroffenen vorliegt, die nach den Kriterien der ICD-10 bzw. des DSM-5 eine diagnostizierte Persönlichkeitsstörung aufweisen: »Eines der bemerkenswertesten Ergebnisse dieser Studien ist, dass ein Mensch, auf den die Diagnose ›Persönlichkeitsstörung‹ zutrifft (d. h., wenn man über die Persönlichkeitsstörungen hinweg generalisiert), offensichtlich ›neurotische‹ Eigenarten besitzt. Im Sinne der ›Big-Five‹-Konstruktionen bedeutet dies, dass er

- sehr verletzbar ist,
- überempfindlich auf Anforderungen und Stress reagiert,
- in sozialen Kontexten Angst empfindet
- und sich schnell hilflos fühlt.« (Fiedler & Herpertz, 2016, S. 143)

Ferner führen Fiedler und Herpertz (2016) aus, dass das individuelle interaktionelle problematische Verhalten dieser für Stress deutlich anfälligeren Mitmenschen je nach zutreffendem Störungsbild natürlich sehr unterschiedlich ausfällt.

Introvertierte Menschen wie schizoide, selbstunsichere und zwanghafte Personen werden sich vorhersagbar eher belastet fühlen bei Kontaktreizüberflutung. Extravertiert histrionische Menschen werden sich vorhersagbar eher belastet fühlen bei mangelnder sozialer Beachtung. Bei Menschen mit antisozialer, paranoider, schizotypischer, zwanghafter und Borderline-Persönlichkeitsstörung werden sowohl in privaten als auch in beruflichen Interaktionen vorhersagbar soziale Konflikte auftreten.

Wichtig in Bezug auf die kompetente Behandlung von Personen mit Persönlichkeitsstörungen ist, sich als Behandelnder der Tatsache bewusst zu sein, dass der Therapieauftrag eines um Beratung, Behandlung oder Therapie Bittenden nicht darin besteht, die vorliegende, meist ich-syntone Persönlichkeitsstörung zu behandeln, sondern Hilfe zu leisten bei dem geklagten körperlichen oder psychischen Zustand, der Anlass war für die Kontaktaufnahme mit dem Helfer.

Es geht in den allermeisten Fällen nicht um die Behandlung der Persönlichkeitsstörung, sondern um eine gewünschte Behandlung *bei vorliegender Persönlichkeitsstörung.*

Dies bedeutet oftmals einen herausfordernden Balanceakt auf Seiten des Behandelnden: Um die vorliegenden Beschwerden, über die geklagt wird, dauerhaft zu senken, wird eine Flexibilisierung des sozialen Interaktionsverhaltens des Betroffenen in vielen Fällen unabdingbar sein. Für Pflegende, Beratende und physisch Behandelnde ist dies jedoch weder der Behandlungsauftrag, noch besteht von irgendeiner Seite der Anspruch dazu.

Ein psychotherapeutisches Behandlungsziel bei vorliegender Persönlichkeitsstörung bestünde prinzipiell darin, folgende Erkenntnis mit dem daraus resultierenden neuen Verhalten zu vermitteln: »**Ich erlebe nicht nur passiv Belastungen, sondern ich bin durch mein eigenes Verhalten Mitverursacher dieser sozialen Interaktionsbelastungen. Und ich habe die Wahl, mit Hilfe des Behandelnden neues, belastungsfreieres interaktionelles Verhalten zu erlernen und anzuwenden.**«

Dieses Ziel zu erreichen setzt voraus, die jeweils vorliegende Persönlichkeitsstörung und damit die individuell besonders ungünstige Interaktionsdynamik des Klienten differenzialdiagnostisch exakt zu erfassen. Zusätzlich ist es notwendig, die typischen Interaktionsmuster und die dazugehörigen »Beziehungstests« zu kennen.

Eine Behandlung, welcher Art auch immer, bei komorbider Persönlichkeitsstörung therapeutisch kompetent, souverän und erfolgreich durchführen zu können, wird wesentlich erleichtert, wenn sich Helfende der typischen Interaktionsmuster und der dazugehörigen »Beziehungstests« bewusst sind.

Betrachten wir deshalb die wichtigsten Persönlichkeitsstörungen im Einzelnen:

Paranoide Persönlichkeitsstörung
Fiedler (2007) fasste die Essenz der Interaktionsmuster paranoid denkender und handelnder Menschen folgendermaßen zusammen: »**fanatisch, querulatorisch, rechthaberisch.** Es finden sich eine Überempfindlichkeit gegenüber Kritik der Normorientierung eigenen Handelns sowie ein tiefgreifendes Misstrauen und Argwohn gegenüber anderen, so dass Motive dieser anderen als böswillig ausgelegt werden. Paranoide Persönlichkeiten fühlen sich von anderen extrem ausgenutzt oder benachteiligt. Einige neigen zum Querulantentum und zum Fanatismus und sie liegen häufig im (Rechts)-Streit mit anderen Menschen. In beruflich höherer

oder gleichrangiger Position kommt hinzu, dass die Loyalität anderer in Zweifel gezogen wird.« (Fiedler, 2007, S. 134)

Nach Sachse (2003, 2006b, c, 2007, 2011, 2012) werden Helfende massiv getestet, selbst wenn die Betroffenen aktiv und selbständig den Kontakt gesucht haben, um Hilfe zu erhalten. Da ein Mensch mit einer paranoiden Persönlichkeitsstörung, wie oben ausgeführt, annimmt, dass der Helfende genau so ist wie jeder andere, sucht er sich zu schützen. Er geht davon aus, dass dieser nur deshalb so freundlich und zugewandt ist, weil er sich hinterhältig Vertrauen erschmeicheln möchte, um dann früher oder später sein wahres negatives Gesicht zu zeigen und den Klienten massiv zu schädigen. Der eigentlich auf Hilfe angewiesene Patient – Sachse spricht konsequent vom Klienten – versucht deshalb, den Helfenden zu provozieren, damit er möglichst schnell sein »wahres Gesicht« zeigt und ungehalten, aggressiv, abwertend, bevormundend, restriktiv und einschränkend reagiert. Tut dies der Helfer tatsächlich, wird keine therapeutische Allianz zustande kommen. Die Therapie, sofern dies möglich ist, wird häufig abgebrochen, bevor sie beginnen konnte.

Wichtig ist, dass Sie als Helfende sich bewusst sind – sowohl hier, bei den Beziehungstests eines Menschen, dessen dysfunktionales Denk- und Beziehungsmuster in massivem paranoidem Argwohn liegt, als auch bei all den folgenden spezifischen Denk- und Beziehungsmustern der Klienten mit anderen Persönlichkeitsstörungen –, **dass der Klient sich nicht so verhält, um Sie zu ärgern, sondern weil sein Verhalten ein Teil seiner Störung ist.** Es wäre in etwa so, als ob ein Hausarzt zu einem Patienten, der ihn wegen Husten und Schnupfen aufsucht, sagen würde: »Ich behandle Sie aber nur, wenn Sie hier in der Sprechstunde weder husten noch sich schnäuzen!« Das eben genau ist ja sein Problem, dass er Husten hat und ihm ständig die Nase läuft. Bleiben Sie deshalb bei den für Persönlichkeitsstörungen typischen anfänglich unvermeidlichen Beziehungstests stets weiterhin gelassen und zugewandt.

Wichtig ist, bei der paranoiden Persönlichkeitsstörung wie bei allen anderen Persönlichkeitsstörungen davon auszugehen, dass durch die Stereotypie und Repetitivität des Verhaltens in Bezug auf »normale« Interaktionsstrategien immer Defizite bestehen, die es zu berücksichtigen gilt. Die erfolgreichste Strategie zu einer schwierigkeitsreduzierenden Interaktion mit paranoid interagierenden Patienten liegt darin, sich als Behandelnder als Solidarpartner des Patienten im *gemeinsamen* Bemühen um eine Veränderung der Ausgangsbeschwerden zu verstehen. Einen Solidarpartner an seiner Seite zu haben, um partizipativ erwünschte Ziele zu erreichen, wird diesen Patienten eine größtmögliche interaktionelle Misstrauensreduktion ermöglichen.

Schizoide Persönlichkeitsstörung
Scheue zurückgezogen lebende Menschen, denen soziale Beziehungen gleichgültig sind, die nur über eine geringe emotionale Erlebnis- und Ausdrucksfähigkeit verfügen, werden als Personen mit schizoider Persönlichkeitsstörung diagnostiziert.

Fiedler (2007) fasste die Essenz der Interaktionsmuster schizoid denkender und handelnder Menschen folgendermaßen zusammen: »**soziale Isolation, Einsamkeit.** Zentral ist eine Distanziertheit in sozialen Beziehungen und eine eingeschränkte Bandbreite des Gefühlsausdrucks im zwischenmenschlichen Erleben. Die Betroffenen haben keine engen Freunde und Bekannten, erscheinen scheu und verschlossen, und persönliches Feedback durch andere ist ihnen egal. Werden sie in ihrer Neigung zur Zurückgezogenheit heftig kritisiert oder angegriffen, kann es gelegentlich zu Zornesausbrüchen und Gegenangriffen kommen.« (Fiedler, 2007, S. 142)

Die Herausforderung im professionellen Kontakt mit Menschen mit schizoidem Interaktionsstil liegt für Helfende folglich darin, die distanzierte Grundhaltung als Teil der Störung anzuerkennen und nicht als persönliche Ablehnung zu werten. Für einen erfolgreichen Umgang mit bewussten Beziehungstests ist es nach Sachse (2004) wichtig, sich darüber bewusst zu sein, dass das gesamte distanzierte Interaktionsverhalten des Klienten darauf abzielt, in Erfahrung zu bringen, ob der Helfende sich in ihr Denken hineinversetzen kann, ob er die Beweggründe ihres Handelns zu verstehen vermag, ob er trotz eigenen distanzierten Verhaltens weiterhin interessiert, zugewandt und freundlich bleibt.

Erinnern Sie sich an die Grundregel: Ihr Gegenüber verhält sich nicht so, um Sie zu ärgern oder Ihre helfenden Bemühungen zu sabotieren – er verhält sich so, weil es ein Teil seines Problems, seiner Störung ist. Wichtig ist es deshalb zugewandt zu bleiben, dem Gegenüber Interesse und Respekt zu bekunden und entspannt zu vermitteln, dass man sich nicht abschrecken lässt oder zurückzieht. Dies ist die Grundlage für eine tragfähige therapeutische Allianz in der Bearbeitung der initial geklagten Symptome, im Falle einer komorbid diagnostizierten schizoiden Persönlichkeitsstörung.

Schizotype Persönlichkeitsstörung
Fiedler (2007) fasst die Essenz der Interaktionsmuster schizotypisch denkender und handelnder Menschen folgendermaßen zusammen: »**soziales Unbehagen, Verzerrungen im Wahrnehmen und Denken.** Im Vordergrund stehen soziale Defizite, die durch akutes Unbehagen in und durch mangelnde Fähigkeit zu engen Beziehungen gekennzeichnet sind. Es treten Verzerrungen der Wahrnehmung und des Denkens sowie eigentümliches Verhalten auf. Familienuntersuchungen haben die genetische Verwandtschaft zur sogenannten Kernschizophrenie aufgezeigt. Und bei einigen wenigen Betroffenen besteht das Risiko, unter extremer Belastung eine manifeste Schizophrenie zu entwickeln. Wenn schizotype Persönlichkeiten sich in Behandlung begeben, dann zumeist wegen sozialer Angst oder wegen depressiver Verstimmung.« (Fiedler, 2007, S. 152)

Die Herausforderungen für die Interaktion mit diesen Patienten besteht darin, dass ihre prinzipielle Ängstlichkeit in sozialen Situationen im Laufe vermehrter Kontakte mit den Helfenden eher nicht habituiert, sondern dass sie – auch während einer konkreten Behandlung – eher bisweilen angespannter und misstrauischer werden. Bewusst durchgeführte Tests gegenüber den Interaktionspartnern, denen gegenüber man sich sowieso grundlegend verschieden fühlt, sind nicht zu bestehen.

Schwierig kann es therapeutisch interaktiv immer dann werden, wenn durch die erhöhte Aktivierung von positiven oder negativen Affekten innerhalb der Behandlung der Zugriff auf sachliches Nachdenken und Problemlösen für den Betroffenen kognitiv nicht mehr zu leisten ist. Häufig werden ungewöhnliche oder gar irrational anmutende Gedanken geäußert, die einer klärenden Bearbeitung durch die sonst übliche empathische Gesprächsführung dann nicht mehr zugänglich sind. Exzentrik und Merkwürdigkeit als Teil der vorliegenden Störung akzeptieren zu können, bedeutet qualifiziert zu sein, gemeinsam nach gangbaren Wegen der notwendigen Behandlungseinheiten Ausschau halten zu können. Im gemeinsamen Diskurs vermögen diese Patienten dann oft, konkrete Interventionen und Unterstützungsangebote anzunehmen und als hilfreich und zielführend zu erkennen. Häufig finden diese Patienten im widerspruchsermöglichenden Dialog jedoch auch »esoterische« Lösungen, die sich fernab vom pflegerischen oder therapeutischen Standardrepertoire der Problemlösungsstrategien befinden und ihnen deutliche Erleichterung verschaffen können. Eigene persönliche, institutionelle und therapeutische Grenzen gilt es hierbei in der Supervision für jeden Helfenden zu klären und anzuerkennen.

Antisoziale Persönlichkeitsstörung
Fiedler (2007) fasst die Essenz der Interaktionsmuster antisozial denkender und handelnder Menschen folgendermaßen zusammen: »**fehlende Schuldgefühle, Störungen der Impulskontrolle.** Hauptaspekte sind rücksichtsloses Durchsetzen eigener Ziele, Mitgerissenwerden von momentanen Eindrücken sowie spontanes Verhalten, durch das andere sich verletzt und erniedrigt fühlen. Mangel an Introspektionsfähigkeit führt zu fehlenden Schuldgefühlen, und Normverletzungen gehen im Extrem so weit, dass die Betroffenen nicht in der Lage scheinen, vorausschauend zu planen und zu handeln. Eine hohe Risikobereitschaft korrespondiert mit einem Mangel an Angst. Ferner finden sich Unzuverlässigkeit, Bindungsschwäche und ein Mangel an Empathie: Häufig sind zusätzlich gesundheitliche und soziale Probleme durch Missbrauch von Alkohol und Drogen vorhanden. Es kann zu schweren Gewaltdelikten und Rechtsverletzungen kommen. Auch depressive Störungen können auftreten, zumeist weil innere Leere und Langeweile schwer ertragen werden. Das Suizidrisiko ist deutlich erhöht.« (Fiedler, 2007, S. 169)

Angesichts des dargestellten Störungsbildes ist deutlich, dass die Wahrscheinlichkeit, dass eine Person mit Antisozialer Persönlichkeitsstörung sich wegen »Kleinigkeiten« in Behandlung begibt, äußerst gering ist. Auf chirurgischen Stationen oder in der Forensik sind diese Patienten jedoch in deutlich höherer Anzahl vorzufinden. Um zu vermeiden, dass auf Station oder in der therapeutischen Gemeinschaft diese Patienten eine ungünstige Modellwirkung ausüben durch ihr unmotiviertes und eventuell provozierend aktiv störendes Verhalten, sollten diese Patienten beim ersten Auftreten des unerwünschten Verhaltens im *Einzelgespräch* aktiv darauf angesprochen werden. Fiedler und Herpertz (2016) schlagen auf praktischer Ebene vor: »Es ist günstig, die Verweigerung als Ausdruck der aktuellen Gestimmtheit zu verstehen und sie als eigenverantwortliche Entscheidung zeitweilig zu akzeptieren. Dies nimmt der Angst und dem Trotz die Spitze und baut eine goldene Brücke für eine spätere Entscheidung für die Therapie. Die aktuell möglichen Konsequenzen aber, die damit verbunden sind (Meldung an das Gericht,

Rückverweisung auf eine andere Station/Abteilung, erwartbare Verlängerung der Unterbringung usw.), hat der Patient ebenso eigenverantwortlich zu tragen.« (Fiedler & Herpertz, 2016, S. 327)

Borderline-Persönlichkeitsstörung
Fiedler (2007) fasst die Essenz der Interaktionsmuster emotional instabiler, im Borderline-Modus denkender und handelnder Menschen folgendermaßen zusammen: »**Identitätsstörungen, Störungen der Affektkontrolle.** Besonders auffällig sind eine tiefgreifende Instabilität in zwischenmenschlichen Beziehungen, im Selbstbild und in den Affekten sowie deutliche Impulsivität. Dominant ist häufig eine grundlegende Störung in der Modulation des Affekterlebens. Viele Betroffene zeigen zugleich ein verzweifeltes Bemühen, tatsächliches oder vermutetes Verlassenwerden zu vermeiden.

An typischen Verhaltensmerkmalen sind neben unangemessener Wut und aggressiven Durchbrüchen unter emotionaler Belastung auch autoaggressive Impulse und Handlungen bis hin zu teils drastischen Selbstverletzungen oder parasuizidale Gesten zu nennen. Im extremen Störungsbild können affektive Störungen koexistieren und unter psychischer Belastung werden nicht selten dissoziative Störungen beobachtet.« (Fiedler, 2007, S. 189)

Stellt sich eine um Hilfe bittende Person mit Borderline-Persönlichkeitsstörung – zu einem sehr hohen Prozentsatz sind es Frauen – mit ihrem Anliegen vor, so sind nicht selten Sätze zu hören wie: »Ich bin völlig fertig – ich bin so froh, dass ich jetzt endlich einen Termin bei Ihnen bekommen habe. Ich kann einfach nicht mehr, Sie müssen mir unbedingt helfen, ich weiß nicht, was sonst passiert …«.

Meist wird der Behandlungswunsch überemotionalisiert und mit borderline-typisch histrionischen Kommunikationsanteilen vorgetragen. Beklagt werden zumeist gestörte Beziehungen zu Kollegen, Vorgesetzten, Kunden, Patienten, Klienten, Schülern, Freunden, zum Partner und zu Verwandten sowie Depression, Krankheitsängste, Panik oder völlige Erschöpfung mit Leistungseinschränkungen. Bei der Behandlung von Menschen mit Borderline-Störungen kommt der therapeutischen Beziehung mehr Gewicht zu als bei der Behandlung der meisten anderen psychischen Erkrankungen. Fiedler (2003) betont deshalb, dass die wesentliche Voraussetzung der Therapie in diesem Fall darin besteht, ein grundlegendes Gefühl zwischenmenschlicher Sicherheit herzustellen und eine tragfähige therapeutische Beziehung aufzubauen.

Die Herausforderung für Behandelnde besteht im Kontakt mit diesen Patienten vor allem darin, sich der verschiedenen Interaktionsmodi bewusst zu sein und sich schemakongruent verhalten zu können. Arntz und van Genderen (2010) haben mit ihren Ausführungen über die fünf Borderline-Hauptschemata und den kompetenten Umgang damit innerhalb der therapeutischen Interaktion für viele Behandelnde eine für diese Aufgabe hilfreiche Landkarte vermittelt. Sie beschreiben den oftmals schnellen und unvorhersehbaren Wechsel zwischen:

1. dem *gesunden Erwachsenen-Modus*, in dem die Patienten mit uns altersentsprechend »normal« im Kontakt sind,

2. dem *distanzierten Selbstschutzmodus*, in dem die Patienten relativ ruhig und erwachsen wirken, jedoch hinter dieser sich selbst schützenden Fassade Angst, Unterlegenheit, Wut oder den Wunsch, berechtigte Wünsche zu äußern, verstecken,
3. dem *Modus des verlassenen oder missbrauchten Kindes*, in dem die Patienten sich in einem untröstlichen, traurigen, verzweifelten und oft total panischen Zustand auf der Ebene Vier- bis Sechsjähriger befinden,
4. dem *Modus des wütenden oder impulsiven Kindes*, in dem kindliche Wut und Impulsivität vorherrschen,
5. dem *bestrafenden oder überkritischen Modus*, in dem Patienten sich selbst verurteilen, kritisieren, für wertlos erachten und oftmals Behandlungen abbrechen, weil sie es vermeintlich nicht wert sind, dass ihnen Gutes widerfährt oder sie sich selbst Gutes und Hilfreiches erarbeiten.

Histrionische Persönlichkeitsstörung
Fiedler (2007) fasst die Essenz der Interaktionsmuster histrionisch denkender und handelnder Menschen folgendermaßen zusammen: »**oberflächlich und emotionalisierend.** Sehr häufig finden sich eine übertriebene Emotionalität und ein übermäßiges Verlangen nach Aufmerksamkeit. Personen mit dieser Persönlichkeitsstörung fordern ständig Bestätigung, Anerkennung und Lob. Die Betroffenen fühlen sich unwohl, wenn sie nicht im Mittelpunkt der Aufmerksamkeit stehen, erscheinen als übertrieben attraktiv oder verführerisch und drücken sich sprachlich vage aus.« (Fiedler, 2007, S. 198)

Die Beschreibungen vorliegender somatischer und/oder psychischer Symptome werden vor dem Hintergrund der vorliegenden Charakteristika einer histrionischen Persönlichkeit immer dramatisch ausfallen, selbst wenn die Patientin Ihnen untypischerweise als »graue Maus« erscheinen mag, völlig frei von übertrieben attraktiver oder verführerischer Äußerlichkeit.

Von dem aufgesuchten Helfer wird neben voller Aufmerksamkeit, Gelassenheit und Geduld eine störungsimmanente, gleichsam wundersame Befreiung von allen »unerträglichen« Beschwerden kraft seines Expertentums erwartet.

Es darf auch nicht überraschen, wenn beim nächsten Besuch die Symptomatik noch schillernder und durchaus andere Bereiche betreffend vorgebracht wird. Dass dabei einige besonders »unerträgliche« Beschwerden des letzten Besuches nicht mehr erwähnt werden, sollte nicht verwundern. Komorbid sind nicht selten zu beobachten: narzisstische, borderline, antisoziale und paranoide Persönlichkeitsakzentuierungen bis hin zum vollen Erscheinungsbild der entsprechenden Persönlichkeitsstörungen.

Verspannungen, multiple Schmerzen, Angst, Panik, innere Leere und depressive Erschöpfung, geboren aus der ständigen Getriebenheit, äußere Anerkennung und Bestätigung zu suchen, sind die häufigsten Gründe, aktiv um Hilfe zu bitten.

Nach Sachse (2004) muss der aufgesuchte Helfer dabei mehr als einmal den Beziehungstest der Verlässlichkeit, der Wertschätzung und Zugewandtheit bestehen, bevor eine tragfähige therapeutische Allianz aufgebaut werden kann. Nach Sachse (2004) besteht ein beliebter Test von Personen mit histrionischer Persönlichkeit darin, Helfende provozierend zu kritisieren, manchmal sogar heftig:

- »Sie handeln unverantwortlich!«
- »Sie haben mich einfach weggeschickt!«
- »Ihre Fragen bringen alles wieder in mir hoch!«
- »Nach der letzten Stunde hatte ich einen furchtbaren Migräneanfall!«

Helfende werden im Gegensatz zu Provokationen durch Borderline-Patienten immer auf der Ebene als Helfende angegriffen, niemals als Person. Nach drei bis vier »bestandenen« Tests hören nach Sachse (2004, S. 57) diese Provokationen in der Regel jedoch auch wieder auf. Der eigentliche Test besteht darin, durch diese Kritik herauszufinden, ob der Helfer den Patienten *genau dadurch* bzw. *immer noch* ernst nimmt, ihm weiterhin zugewandt bleibt, ob er wirklich auf seiner Seite ist und natürlich am wichtigsten: ob die Beziehung trotz der Provokation weiterhin verlässlich ist.

Bei solchen Beziehungstests geht es also darum, deutlich sichtbar zu machen: Ich bleibe zugewandt, ich bleibe innerhalb der therapeutischen Allianz als zuverlässiger Partner erhalten, ich stelle die therapeutische Beziehung nicht in Frage, trotz aller Provokationen.

Warnend weist Sachse jedoch darauf hin, dass Komplementarität immer begrenzt wird durch die therapeutischen Regeln, insbesondere die festgelegte Behandlungszeit und Behandlungsfrequenz. Diese Regeln sollten auf gar keinen Fall aufgeweicht werden.

Narzisstische Persönlichkeitsstörung
Fiedler (2007) fasst die Essenz der Interaktionsmuster narzisstisch denkender und handelnder Menschen folgendermaßen zusammen: **»Mangel an Empathie und überempfindlich bei Kritik.** Die Persönlichkeitsstörung ist gekennzeichnet durch ein Muster von Großartigkeit in der Fantasie oder im Verhalten, einem Mangel an Einfühlungsvermögen und einer Überempfindlichkeit gegenüber Kritik und Einschätzung durch andere. Narzisstische Persönlichkeiten sind in übertriebenem Maße von ihrer Bedeutung überzeugt. Sie übertreiben eigene Fähigkeiten, auch wenn keine besonderen Leistungen beobachtbar sind. Häufig stehen diese Störungseigenarten mit einem brüchigen Selbstwertgefühl in einem engen Zusammenhang. Eine ausgeprägte Kränkbarkeit trägt zu einem erhöhten Suizidrisiko bei und kann zu depressiven Krisen führen, die das Ausmaß einer Episode mit Major Depression erreichen können.« (Fiedler, 2007, S. 207)

Aus den vorgenannten Kriterien ergibt sich eine sehr hohe Wahrscheinlichkeit für die spontane Ablehnung dieser Patienten durch viele der von ihnen aufgesuchten Helfenden. Der oft offensichtliche Mangel an Empathie und das nicht selten fordernde und überhebliche Auftreten dieser Menschen wird von vielen Helfenden als äußerst schwierig erlebt. Der Wunsch nach Behandlung oder Beratung bedarf einer besonders hohen Achtsamkeit seitens der um Hilfe Gebetenen, nicht selbst in eine unempathische, abwertende Haltung den Betroffenen gegenüber zu verfallen.

Sachse beschreibt (2004, 2006, 2011), mit welchen vorhersagbaren Interaktionstests sich jeder Behandelnde konfrontiert sehen wird: Tests, ob der Helfende den

Klienten ernst nimmt, respektiert, ihn als »Peer« behandelt. Tests, ob selbst bei Kritik und Abwertung des Helfenden dieser ihn noch wertschätzend behandelt.

Erinnern Sie sich in solchen Momenten der Grundregel, dass der Klient diesen Test nicht macht, um Sie zu ärgern oder die Therapie zu sabotieren, sondern deshalb, weil es ein Teil seines Problems, seiner Störung ist. Komplementäres Verhalten bedeutet hierbei, weiterhin zugewandt zu bleiben und nicht ärgerlich zu reagieren, sondern respekt- und verständnisvoll. Aus dem Störungsbildwissen heraus wird es Ihnen möglich sein, souverän zu bleiben und sich nicht von dem abbringen zu lassen, was Ihnen wichtig ist. Bemühen Sie sich, dem Klienten so weit wie möglich entgegenzukommen und wenn möglich seine Vorschläge in Ihr Vorgehen zu integrieren. Was Ihnen vor allem hilft, souverän zu bleiben, ist das Wissen darum, dass bei aller an den Tag gelegten interaktionellen Großspurigkeit diese Störungseigenarten in den meisten Fällen in einem engen Zusammenhang mit einem dahinterliegenden sehr brüchigen Selbstwertgefühl stehen.

Vermeidend-selbstunsichere Persönlichkeitsstörung

Fiedler (2007) fasst die Essenz der Interaktionsmuster vermeidend-selbstunsicher denkender und handelnder Menschen folgendermaßen zusammen: »**Schüchternheit und fehlende soziale Kompetenz.** Die ängstlich-vermeidende Persönlichkeitsstörung ist durch grundlegende Ängste vor negativer Beurteilung, durch Schüchternheit und ein durchgängiges soziales Unbehagen bestimmt, was sich in Verlegenheit, leichtem Erröten und dem Vermeiden sozialer und beruflicher Herausforderungen zeigt. Ausgeprägte Minderwertigkeitsgefühle und Vermeidung im sozialen Kontakt führen über längere Zeit zu gravierenden Einschränkungen der sozialen Kompetenz. Diagnostisch bestehen Schwierigkeiten in der Abgrenzung zur sozialen Phobie, die zumeist Folge sozialer Versagenssituationen ist, während die persönlichkeitsbedingte soziale Angst bereits seit der Kindheit als Schüchternheit auffällig ist. Diese differenzialdiagnostische Schwierigkeit ist mit Blick auf die Behandlung nicht sehr bedeutsam, da sich das therapeutische Vorgehen in beiden Fällen kaum unterscheidet.« (Fiedler, 2007, S. 216–217)

Im Falle einer vorliegenden vermeidend-selbstunsicheren Persönlichkeitsstörung werden Sie als Helfende mit keinen besonderen Beziehungstests zu rechnen haben, oftmals aber mit langem Schweigen auf konkrete Fragen. Dieses Schweigen ist jedoch nicht als »Widerstand« zu verstehen, sondern als Ausdruck der Angst, auf gar keinen Fall etwas falsch zu machen oder etwas Falsches zu sagen, was zu einer Ablehnung durch den Helfer führen könnte. Auffällig bei diesen Patienten ist auch oft ihre mangelnde soziale Kompetenz: Smalltalk, Lächeln, Komplimente machen, Nachfragen, wenn etwas nicht genau verstanden wurde – das ist es, was diese Patienten nicht in ihrem Verhaltensrepertoire haben.

Dependente Persönlichkeitsstörung

Fiedler (2007) fasst die Essenz der Interaktionsmuster dependent denkender und handelnder Menschen folgendermaßen zusammen: **unterwürfig und entscheidungsunfähig.** »In der Persönlichkeitsstörung mündet eine anhänglich-loyale und zumeist aufopfernde Haltung nicht selten in ein extrem unterwürfiges Verhalten ein. Im Bereich der Störung findet sich schließlich die völlige Unfähigkeit, eigene

Entscheidungen zu treffen und umzusetzen. Kennzeichnend sind unterschiedliche Ängste, die mit dem Verlust von Einbindung, Angst vor Versagen in Leistungssituationen und der Möglichkeit negativer Bewertung zusammenhängen. Sind die Betreffenden sozial oder ökonomisch von anderen abhängig, findet sich häufig eine geringe Selbstsicherheit, die dazu führt, dass sie schamlos ausgenutzt werden können. Das Risiko für die Entwicklung einer Depression oder einer somatoformen Störung ist beachtenswert. Abhängige Personen – das kennzeichnet den Übergang zur Persönlichkeitsstörung – haben häufig und zunehmend Angst verlassen zu werden.« (Fiedler, 2007, S. 224–225)

Laut Sachse (2004) ist die Tendenz zu interaktionellen Tests von Interaktionspartnern und Helfern ebenfalls eher gering. Das störungsspezifische Verhalten besteht meist darin, dass die Klienten dem Helfenden Verantwortung übergeben und sehen, wie er damit umgeht.

Zwanghafte Persönlichkeitsstörung

Fiedler (2007) fasst die Essenz der Interaktionsmuster von Menschen mit zwanghafter Persönlichkeitsstörung folgendermaßen zusammen: **Rigidität und starrer Perfektionismus.** »Die dieser Persönlichkeitsstruktur zugrundeliegende Sorgfalt ist durch Gründlichkeit und Genauigkeit in der Ausführung aller Tätigkeiten gekennzeichnet. Ein solcher Stil wäre erst im Übergang zum rigiden Bemühen um Perfektionismus bis zur Erstarrung als Persönlichkeitsstörung zu kennzeichnen, wenn beides dazu führt, dass z. B. berufliche Vorhaben nicht mehr realisiert werden. Arbeit wird dann zwanghaft jedem Vergnügen bzw. zwischenmenschlichen Kontakten übergeordnet, so dass persönliche Beziehungen häufig darunter leiden. Die eigenen starren, moralisch anspruchsvollen und prinzipientreuen Verhaltensmuster werden eigensinnig vertreten und vor allem untergebenen Personen aufgenötigt. In Abhängigkeitsbeziehungen findet sich eher ein Aspekt übergründlicher Pflichterfüllung.« (Fiedler, 2007, S. 223)

Finden sich zwanghafte Klienten mit der Bitte um spezifische Behandlungen ein, so weist Sachse (2004) auf die besondere Bedeutung der radikalen Akzeptanz gegenüber den Grenzen und Autonomieansprüchen des Klienten hin. Er formuliert: »Das Erste, was ein Therapeut dem Klienten entgegenbringen sollte, ist Respekt: Respekt für die Person des Klienten, Respekt für seine Lösungen, seine Ansichten, seine Verhaltensweisen.« (Sachse, 2004, S. 133)

Bei der Arbeit mit Menschen mit einer zwanghaften Persönlichkeitsstörung vermeiden Sie viele Schwierigkeiten, bevor sie entstehen, wenn Sie ganz besonders darauf achten, dass Ihr Gegenüber die maximale Kontrolle über den Prozess der therapeutischen Interaktion behalten kann. Erklären Sie immer wieder in kurzen Metastatements, was Sie tun, weshalb Sie es tun, und achten Sie dabei auf eine konsequente und widerspruchsermöglichende Haltung. Lösungsorientierte Fragen, die darauf abzielen, was der Betreffende selbst tun kann, was er selbst ändern kann, was ihm aus seiner Sicht helfen könnte, sind dabei sehr hilfreich.

Persönlichkeitsveränderung aufgrund eines anderen medizinischen Krankheitsfaktors

Ergeben sich in der Anamnese vorliegender bekannter Erkrankungen Hinweise auf

ZNS-Tumore, Schädel-Hirn-Traumen, zerebrovaskuläre Erkrankungen, Chorea Huntington, Epilepsie oder Infektionskrankheiten mit zentralnervöser Beteiligung, wie etwa bei HIV, so ist hier ebenso an dauerhaft persönlichkeitsverändernde Auswirkungen zu denken wie bei endokrinen Störungen, z. B. Hypothyreose oder einer Über- bzw. Unterfunktion der Nebennierenrinde. Besondere Beachtung sollte diesbezüglich auch Autoimmunerkrankungen mit zentralnervöser Beteiligung geschenkt werden, wie etwa systemischem Lupus erythematodes.

Bei all diesen Erkrankungen mit ihren unterschiedlich intensiven Auswirkungen auf persönlichkeitsveränderungsbedingtes »schwieriges« Verhalten ist es wichtig, dass Sie sich als Helfende immer wieder ins Bewusstsein rufen: »**Der Klient verhält sich nicht so, um mich zu ärgern, sondern weil sein Verhalten ein Teil seiner krankheitsbedingten Störung ist«.** Dies hilft Ihnen in den meisten Fällen, weiterhin gelassen und zugewandt zu bleiben.

Andere näher bezeichnete Persönlichkeitsstörungen beziehen sich definitionsgemäß auf »Erscheinungsbilder, bei denen charakteristische Symptome einer Persönlichkeitsstörung vorherrschen, die in klinisch bedeutsamer Weise Leiden oder Beeinträchtigung in sozialen, beruflichen oder anderen wichtigen Funktionsbereichen verursachen, bei denen die Kriterien für eine der Persönlichkeitsstörungen aber nicht vollständig erfüllt sind« (DSM-5, 2013; dt. Version 2015, S. 939).

Auch bei diesen Patienten sind alle vorausgehenden Überlegungen hilfreich, nämlich zugewandt und gelassen zu bleiben.

Nicht näher bezeichnete Persönlichkeitsstörungen: »Die Kategorie ›Nicht näher bezeichnete Persönlichkeitsstörung‹ wird in Situationen vergeben, in denen der Kliniker *nicht* angeben möchte, warum die Kriterien für eine bestimmte Persönlichkeitsstörung nicht erfüllt sind. Sie beinhaltet auch Beschwerdebilder, für die nicht genügend Informationen vorliegen, um eine genaue Diagnose stellen zu können« (DSM-5, 2013; dt. Version 2015, S. 940). Dies gilt nach DSM-5 auch für den Sonderfall: »Das gegebene Persönlichkeitsmuster erfüllt die allgemeinen Kriterien einer Persönlichkeitsstörung, die infrage kommende spezifische Form ist jedoch nicht in der DSM-5-Klassifikation enthalten (z. B. die passiv-aggressive Persönlichkeitsstörung)« (DSM-5, 2013; dt. Version 2015, S. 884).

Bei sehr intensiven interaktionellen Schwierigkeiten, die besondere Achtsamkeit bezüglich eigener Behandlungsflexibilität erfordern, sollten auch diese drei zuletzt genannten Diagnosekategorien im Rahmen einer angemessenen Problemlösung mit bedacht werden.

So weit die detaillierten Ausführungen zu den Persönlichkeitsstörungen. Aus den vorangehenden Beschreibungen wird deutlich, dass Sie selbst bei objektiv vorliegenden Persönlichkeitsstörungen nicht jeden persönlichkeitsgestörten Patienten als schwierigen Patienten erleben werden.

Manche Persönlichkeitsstörung wird Ihnen einen Patienten sogar als besonders angenehm erscheinen lassen. Wenn etwa ein Patient mit Borderline-Persönlichkeitsstörung oder histrionischer Persönlichkeitsstörung an einem grauen Tag

»Stimmung in die Bude bringt« oder wenn sich ein Patient mit dependenter Persönlichkeitsstörung besonders rücksichtsvoll Ihnen gegenüber verhält und Ihnen dreimal beteuert: »Nein, nein, das macht überhaupt gar nichts, dass Sie mir den falschen Termin auf meiner Patientenkarte eingetragen haben. Ich komme gerne nächste Woche wieder. Tragen Sie mich in Ihrem Terminkalender einfach so ein, wie es für Sie am besten passt. Ich möchte Ihnen keine Umstände machen. Ich schaffe das schon irgendwie, dann zu kommen, wenn Sie für mich Zeit haben. Sie haben bestimmt Patienten, die Sie viel dringender brauchen als ich. Für mich ist alles in Ordnung so, wie es für Sie passt. Nur keine Umstände« (▶ Abb. 1.7).

Abb. 1.7: Die Patientin mit dependenter Persönlichkeitsstörung kann durchaus als angenehm empfunden werden mit ihrer Grundaussage: »Nur meinetwegen keine Umstände!«

C. Reimer hatte bereits 1991 in seinem Artikel in der Schweizer Medizinischen Rundschau aufgezeigt, dass Helfer in sich die häufigsten Aggressionen erleben gegen

- zusätzlich süchtige Patienten,
- depressive Patienten,
- narzisstische Patienten,
- Borderline-Patienten,
- Hysteriker,
- aggressiv entwertende Patienten,
- Hypochonder,
- zwanghafte Patienten.

Doch bleiben Sie achtsam in Bezug auf die von Max Frisch angemahnte innere Bereitschaft zur Offenheit gegenüber dem ständig sich Wandelnden in jedem Ihrer Patienten: »Du sollst Dir kein Bildnis machen ...«

1 Der schwierige Patient

Nach 45 Jahren therapeutischer Praxis merkt Irvin D. Yalom, einer der angesehensten Psychotherapeuten Amerikas, Professor für Psychiatrie an der Stanford University, 2002 in seinem Buch »Der Panamahut – oder was einen guten Therapeuten ausmacht« kritisch an: »Eine Diagnose verengt das Blickfeld; sie mindert die Fähigkeit, den anderen als eine Person wahrzunehmen. Wenn wir eine Diagnose gestellt haben, neigen wir dazu, diejenigen Seiten des Patienten, die nicht zu der jeweiligen Diagnose passen, selektiv auszugrenzen und entsprechend übermäßig aufmerksam zu sein für subtile Eigenarten, die unsere Anfangsdiagnose zu bestätigen scheinen. Mehr noch, aus einer Diagnose kann eine sich selbst erfüllende Prophezeiung werden. Jemanden als ›Borderline‹-Patienten oder ›hysterisch‹ einzustufen, kann dazu beitragen, dass genau diese Züge stimuliert und verfestigt werden« (Yalom, 2010, S. 18–19).

Der Sozialpsychologe George Herbert Mead mahnte schon 1934: »Das Selbstbild einer Person hängt wesentlich davon ab, wie diese Person glaubt, von anderen gesehen zu werden« (De Shazer, 1993, S. 120).

Achten Sie darauf, dass Sie sich den schwierigen Patienten durch Ihre Meinung, er sei schwierig, nicht selbst erschaffen.

1.1.1.1 Ein Einwand

An dieser Stelle begegne ich in meinen Seminaren zum schwierigen Patienten immer wieder einem Einwand. In z. T. sehr heftigen Diskussionen wird zwar einerseits allgemein anerkannt, dass der »schwierige Patient« ein Interaktionsphänomen ist, eine Wechselwirkungskonstruktion – auf der anderen Seite fordert in vielen Helfern der Teil, der den »gesunden Menschenverstand« vertritt, anzuerkennen, dass es eben doch »richtig schwierige« Patienten gibt.

Wenn Sie ehrlich zu sich sind, finden Sie mit großer Wahrscheinlichkeit auch diesen Teil in sich, der darauf besteht, dass Sie nun wirklich nichts dazu beigetragen haben, dass der andere so ist, wie er eben ist – nämlich schwierig! So lange wir nicht erleuchtet sind und mit allen unseren Persönlichkeitsanteilen in uns Frieden geschlossen haben oder zumindest ihre Existenz in uns anerkannt haben, werden wir wohl damit leben müssen, dass wir immer wieder auf Menschen treffen, die wir zutiefst ablehnen.

In den Encountergruppen der späten 1970er Jahre pflegte man zu sagen: »Der drückt mir die Knöpfe.« Gemeint war damit, dass der andere eine Ablehnungsreaktion in mir auslöst, die dazu führt, dass ich mit ihm nichts zu tun haben will, ihn aufs Heftigste ablehne, ihn eben als »wirklich schwierig« erlebe. Auch! Auch dies ist ein Teil meiner subjektiven Wirklichkeit als professioneller Helfer. Auch dies ist ein Mitreisender in meinem Persönlichkeitsomnibus, der Teil in mir, der den anderen als durch und durch schwierig beurteilt und verurteilt. Wenn dieser Teil in Ihnen am Steuer sitzt, wenn Sie als Helfer dem Patienten gegenübertreten, dann ist es Ihre Pflicht, dafür zu sorgen, dass dieser Patient nicht mehr von Ihnen, sondern von einem Kollegen weiterbetreut wird, ganz nach dem Slogan der TV-Serie, die bereits in den 1960er Jahren lief: »Kobra, übernehmen Sie!«

Ich erinnere mich, als Assistent in einer Encountergruppe tätig gewesen zu sein. Ewald, einer der beiden Kursleiter, beklagte sich bei mir über einen amerikanischen Kursteilnehmer, der innerhalb der ersten drei von insgesamt vierzehn Tagen schon mehrmals unabdingbare Gruppenregeln gebrochen hatte. »Bei aller Liebe« sagte er zu mir, »mit dem kann ich wirklich nicht! – Noch so ein Ding, und ich schmeiße ihn aus der Gruppe!«

Auf eine mir vertraute Art und Weise erinnerte mich dieser Gruppenteilnehmer jedoch an meine eigenen Verhaltensweisen in meinen ersten eigenen Encountergruppen, die ich viele Jahre zuvor mit ähnlichem Anfangsverhalten begonnen hatte. Ich hatte viel Sympathie für diesen Kursteilnehmer, obwohl ich sein destruktives Verhalten im Umgang mit den anderen Gruppenteilnehmern ebenfalls für dringend veränderungswürdig empfand. Ich vereinbarte mit Ewald, dass er es jedes Mal mir überlassen sollte, wenn es darum ging, diesem Gruppenteilnehmer unmittelbares Feedback für sein aktuell gezeigtes, problematisches Verhalten zu geben. Ewald willigte ein. Der Gruppenteilnehmer konnte die Gruppe durch diese Verlagerung der Zuständigkeit der beteiligten Helfer erfolgreich und für sich gewinnbringend beenden, obwohl er für Ewald »wirklich schwierig« war.

1.1.1.2 Noch ein Einwand

Und was ist nun mit den Patienten, die alle als schwierig erleben? Wirklich alle??? Sie sehen, wie verführerisch die Alltagssprache ist, unser eigenes Erleben zu verallgemeinern.

Ja, wir treffen immer wieder auf Patienten in der Klinik oder in der Praxis, die viele, vielleicht die meisten Helfer, als schwierig erleben. Bleiben Sie dennoch professionell aufmerksam – auch bei diesen Patienten ist das Ausmaß, in dem sich der einzelne Helfer mit diesen Patienten belastet fühlt, sehr unterschiedlich. Die Bandbreite reicht von »mit dem kann ich gar nicht« bis hin zu »der ist mir nicht sehr angenehm«.

Wenn wir das Bild von der Persönlichkeit eines Menschen als Omnibus, angefüllt mit den unterschiedlichsten Erscheinungsformen menschlicher Ausdrucksmöglichkeiten, noch einmal betrachten (▶ Abb. 1.2, S. 22), kommen wir zu einer interessanten Erklärungsmöglichkeit: Ganz offensichtlich verfügen einige Menschen nur über einen eingeschränkten Kreis an Omnibusinsassen, die von ihnen als Fahrer autorisiert sind. Sie lassen nur ganz bestimmte, ausgewählte Teilpersönlichkeiten ans Steuer in der Interaktion mit anderen. Es fehlt der »Fahrerwechsel«, die Möglichkeit zu unterschiedlichem Verhalten in den unterschiedlichsten Begegnungssituationen. Bei anderen wiederum erfolgt der Fahrerwechsel oft zu abrupt und unvermittelt, so dass die Sozialpartner es als problematisch empfinden, sich darauf einzustellen. Auch diese Personen werden oft als schwierige Mitmenschen erlebt.

Kohärenz, Flexibilität, Stabilität und situative Stimmigkeit beim Fahrerwechsel scheinen auf der anderen Seite Kennwerte zu sein, die wir bei Persönlichkeiten vorfinden, mit denen sich deutlich weniger Sozialpartner schwertun.

1 Der schwierige Patient

Auch bei den Patienten, die für viele Helfer als schwierige Persönlichkeiten erscheinen, bleibt die Herausforderung – und hier in ganz besonderem Maße – sich der Vielschichtigkeit des anderen bewusst zu bleiben. Das Verhalten dem anderen gegenüber, das sich in der Partnertherapie bewährt hat, kann auch hier, in der Begegnung mit dem »wirklich schwierigen« Patienten, von Nutzen sein. Spielen Sie Detektiv, versuchen Sie den für Sie schwierigsten Patienten so oft wie möglich dabei zu »erwischen«, wenn er sich auf eine für Sie akzeptable Art und Weise verhält. Halten Sie »gnadenlos« Ausschau nach den versteckten gesunden, für Sie angenehmen Persönlichkeitsanteilen in seinem Persönlichkeitsomnibus und versuchen Sie, so oft wie möglich, mit eben diesen Anteilen zu kommunizieren.

Es ist das Verdienst Aaron Antonovskys, dass er uns mit seinen Studien zur Salutogenese darauf aufmerksam gemacht hat, dass es ein großes Kontinuum gibt zwischen Gesundheit und Krankheit (Antonovsky, 1997). Jeder Kranke hat immer auch noch sehr viele gesunde Anteile in sich. Jede noch so schwierige Persönlichkeit hat immer auch ihre vielen liebenswerten Seiten.

Vielleicht hilft es Ihnen in Zukunft dabei, etwas gelassener mit einem für Sie schwierigen Patienten umzugehen, wenn Sie innerlich schmunzelnd denken: »Er ist nicht schwierig, er lässt mir gegenüber nur mal wieder seinen schwierigsten Busfahrer ans Steuer …«

Übung 1

Für Sie persönlich schwierige Patienten – Persönlichkeitsaspekte

Achten Sie bei Ihren nächsten Begegnungen mit den Patienten, die für Sie schwierig sind, darauf, mit welchen Teilpersönlichkeiten Sie sich ganz besonders schwertun. Welche im Omnibus der Gesamtpersönlichkeit mitreisenden Teilpersönlichkeiten sind Ihnen besonders unsympathisch, sind für Sie persönlich besonders schwierig?

Besonders schwierig sind für mich folgende Patientenpersönlichkeitsaspekte
(z. B. der Jammerer; die Kratzbürste; das Unschuldslamm; der Schleimer; der ...)

Der / Die / Das _____

Der / Die / Das _____

Der / Die / Das _____

Der / Die / Das _____

Der / Die / Das _____

Der / Die / Das _____

Der / Die / Das _____

Der / Die / Das _____

Der / Die / Das _____

Der / Die / Das _____

Der / Die / Das _____

Der / Die / Das _____

Übung 2

Für Sie persönlich angenehme Patienten – Persönlichkeitsaspekte

Achten Sie bei Ihren nächsten Begegnungen mit den Patienten, mit denen Sie sich leichttun, die für Sie angenehm sind, darauf, mit welchen Teilpersönlichkeiten Sie ganz besonders leicht positiven Kontakt herzustellen vermögen. Welche im Omnibus der Gesamtpersönlichkeit mitreisenden Teilpersönlichkeiten sind Ihnen besonders sympathisch, sind für Sie persönlich besonders angenehm?

Besonders angenehm sind für mich folgende Patientenpersönlichkeitsaspekte
(z. B. der Herzliche; die Frohnatur; das stille Wasser; der Selbstverantwortliche; der ...)

Der / Die / Das _____

Der / Die / Das _____

Der / Die / Das _____

Der / Die / Das _____

Der / Die / Das _____

Der / Die / Das _____

Der / Die / Das _____

Der / Die / Das _____

Der / Die / Das _____

Der / Die / Das _____

Der / Die / Das _____

Der / Die / Das _____

Übung 3

Für Sie persönlich angenehme Persönlichkeitsaspekte bei Ihren schwierigen Patienten

Achten Sie auch bei Ihren schwierigen Patienten darauf, mit welchen Persönlichkeitsaspekten Sie sich dennoch leichttun. Welche im Persönlichkeitsomnibus Ihrer schwierigen Patienten mitreisenden Persönlichkeiten sind Ihnen am sympathischsten, mit welchen fällt es Ihnen besonders leicht in Kontakt zu treten?

Für mich persönlich angenehme Persönlichkeitsaspekte bei meinen schwierigen Patienten
(z. B. der Fußball-Fan; die Katzenmami; das kreative Unikum; der ...)

Der / Die / Das _____

Der / Die / Das _____

Der / Die / Das _____

Der / Die / Das _____

Der / Die / Das _____

Der / Die / Das _____

Der / Die / Das _____

Der / Die / Das _____

Der / Die / Das _____

Der / Die / Das _____

Der / Die / Das _____

Der / Die / Das _____

1.2 Die Handlungen des Patienten

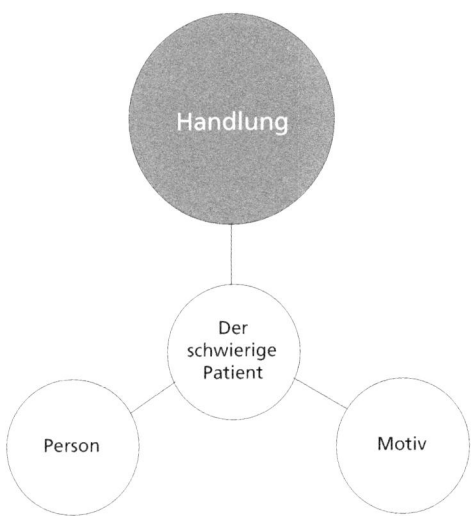

Schwierig erlebte Verhaltensweisen des schwierigen Patienten

Wir sind uns nun bewusst, dass es nicht die Ganzheit aller Persönlichkeitsanteile ist, wenn wir die Person des Patienten als schwierig bezeichnen, sondern eben nur der eine oder andere Persönlichkeitsanteil unter vielen.

Schauen wir jedoch noch genauer hin, ist es wiederum nicht die Gesamtheit eines einzelnen Persönlichkeitsanteils, den wir am Patienten als schwierig empfinden, sondern daraus wiederum nur die konkrete Abfolge einzelner Handlungssequenzen oder auch (oft nur) einzelner isolierter Handlungen des Patienten (▶ Abb. 1.8).

Sie kennen sie alle, die speziellen Verhaltensweisen, mit denen sich viele Helfer bei Patienten schwertun:

- **Ausbrüche intensiven Ärgers**

  Es ist 11:15 Uhr, Arzthelferin Ines kommt ins Wartezimmer und sagt zu Herrn Werner: »Tut uns leid, Herr Werner, es wird noch etwas dauern. Doktor Winters muss gerade noch einen Notfall behandeln.« »Ich warte jetzt schon 20 Minuten! Ich war um 11 Uhr bestellt! Sie glauben wohl, ich habe meine Zeit gestohlen? Sie erwarten von mir Pünktlichkeit – ich erwarte von Ihnen Pünktlichkeit! Es ist mir egal, ob Sie einen Notfall haben oder nicht! Wenn ich bestellt bin, bin ich bestellt und will hier nicht rumsitzen und warten! Ich lasse mich von Ihnen doch nicht zum Affen machen – mir reicht es jetzt!« Herr Werner steht zornbebend auf und wirft die Zeitschrift, in der er gerade gelesen hatte, auf den Tisch. Er verlässt wütenden Schrittes das Wartezimmer. Die Eingangstür der Praxis lässt er lautstark hinter sich ins Schloss fallen.

1.2 Die Handlungen des Patienten

Abb. 1.8: Die Handlungen des Patienten sind vielfältig.

- **Aggressives Sprachverhalten**
  Der Ton macht die Musik. Es gibt nicht wenige Patienten, die auf alle expliziten Aggressionsworte verzichten. Sie nähmen niemals solche beleidigenden Formulierungen in den Mund wie: »Ihr Arschlöcher! Ihr Idioten! Diesen Scheiß mache ich doch nicht mit! Ihr spinnt wohl! Von so einer Zicke wie Dir lasse ich mir gar nichts sagen! Der Wichser soll sein Gift selber fressen! Blöde Kuh!«
  Viele Patienten mit aggressivem Sprachverhalten verstehen es, juristisch völlig korrekt zu bleiben und dabei dennoch Aggression pur zu verbreiten. Auf meine Frage, ob er letzte Woche, wie vereinbart, alleine mit seinem Auto in die Kreisstadt gefahren sei, antwortete Herr Rehlein: »Wenn ich so viel verdienen würde wie Sie, könnte ich es mir leisten, sinnlos das teure Benzin zu verfahren! Ich bin natürlich nicht gefahren!«
  Frau Elsnitz dagegen verstand es, ihre gesamte aggressive Ablehnung gegenüber Entspannungsübungen in das Wort »solche« zu legen. Auf meine Frage, ob sie in der letzten Woche regelmäßig die erlernten Entspannungsübungen zur Anwendung gebracht habe, antwortete sie: »Ich hatte diese Woche wirklich Wichtigeres zu tun, als *solche* Übungen zu machen!«

- **Theatralisches Verhalten**
  Viele Helfer tun sich schwer, wenn Patienten nicht eintreten, sondern auftreten. Es wird schwierig, Kontakt zu diesen Patienten herzustellen, wenn das, was diese Patienten an Äußerungen von sich geben, so gar nicht zu dem passen will, was sie wirklich denken und fühlen. Sie wirken in allem, was sie tun und sagen, gekünstelt und unnatürlich. Man hat bei diesen Patienten stets das Gefühl, vor einer krampfhaft aufrechterhaltenen Fassade zu stehen. Hier hat der von Tobias Brocher veröffentlichte Satz volle Gültigkeit:

»Ich erzähle Dir alles, was wirklich nichts ist, und nichts von alledem, was wirklich ist, was in mir schreit ...« (Brocher, 1977, S. 10).
- **Übertriebener Ausdruck von Gefühlen**
Meist in Kombination mit theatralischem Verhalten findet sich bei vielen dieser Patienten auch die starke Tendenz zum übertriebenen Ausdruck von Gefühlen. Diese als schwierig erlebten Patienten haben sich nicht nur über etwas gefreut, sondern sind gleich »wahnsinnig glücklich«. Sie haben sich nicht nur über etwas geärgert, sondern waren »außer sich vor Wut«, empfanden die Situation als das »Hinterletzte« und würden den anderen »am liebsten umbringen«. Sie haben in ihrem Sprachverhalten keine Äußerungen wie: »Ich habe es bedauert, dass es nicht geklappt hat.« Sie formulieren: »Ich war total fertig, am Boden zerstört, total von der Rolle, total enttäuscht, dass es nicht geklappt hat.« Schon 1926 beschreibt der Individualpsychologe Alfred Adler den übertriebenen Ausdruck von Gefühlen in seinen Vorlesungen. Er stellt fest: »Oft wird z. B. Trauer so laut und aufdringlich geäußert, wie wenn sie einen Ruhmestitel bedeuten würde, so dass sie abstoßend wirkt« (Adler, 1966, S. 238).
- **Ständiges Verlangen nach Anerkennung**
Theatralisches Verhalten, übertriebener Ausdruck von Gefühlen und ständiges Verlangen nach Anerkennung bilden oft eine Verhaltenstriade. Wie bereits bei der histrionischen Persönlichkeitsstörung in Kapitel 1.1.1 beschrieben wurde, fühlen sich diese Patienten unwohl, wenn sie nicht im Mittelpunkt der Aufmerksamkeit stehen. Sie treten oft übertrieben attraktiv oder verführerisch auf und drücken sich in ihrem Sprachverhalten meist sehr vage aus. Bei allem, was sie tun und sagen, geht es eindeutig nicht um den Inhalt der Aussage. Ihre unausgesprochene Hauptaussage lautet dagegen: »Beachte mich! Schau her, wie gut ich das mache. Schau her, wie gut ich das kann. Schau her, wie sehr ich mir Mühe gebe.« Diese expressive Selbstdarstellung im Verhalten dieser Patienten ist häufig mit einer geringen Sensibilität gegenüber den Bedürfnissen der Sozialpartner gepaart und trifft deshalb bei vielen Helfern auf Ablehnung.
- **Erhöhte Kränkbarkeit**
»Bei dem musst Du alles auf die Goldwaage legen!« »Puh, ist der schwierig – ich hab nur gesagt, nein, jetzt geht es nicht sofort, und schon war er beleidigt.« Kommentare wie diese sind oft von Helfern zu hören, wenn Patienten eine erhöhte Kränkbarkeit entwickelt haben. Die Verhaltenspalette dieser Patienten reicht dabei von einfach nur schnell beleidigt sein, bis hin zum sofortigen Therapieabbruch. Manche dieser Patienten ziehen sich wortlos in ihr inneres Schneckenhaus zurück, andere schmollen demonstrativ. Die Anlässe dazu sind oft geringfügig und von dem beteiligten Helfer häufig nicht nachvollziehbar.
- **Mangelndes Befolgen vorgegebener Regeln**

»Klack, Klack, Klack« – nein, das war ganz sicher nicht die Umsetzung der Anweisung, die Gewichte langsam abzulassen. Fabian findet medizinische Trainingstherapie langweilig. Wenigstens die Gewichte müssen beim Ablassen des Zugseils laut und deutlich aufeinander klatschen. Sollen ihn die Physiotherapeuten doch ermahnen, wie sie wollen, er hält sich auf keinen Fall an eine solche blöde Regel. »Die übertreiben doch alle, da geht doch nichts kaputt, das stört doch niemanden!«

Ob im Umgang mit medizinischen Trainingsgeräten oder beim unerlaubten Rauchen auf der Toilette im Krankenzimmer, immer dort, wo es einen hohen Konsens bezüglich der Sinnhaftigkeit von Regeln gibt, wird es auch Patienten geben, die alles tun, nur nicht sich an diese sinnvollen Regeln halten.

- **Streitsüchtiges und beharrliches, situationsunangemessenes Bestehen auf die eigenen Rechte**
  Dieses Verhalten wird immer dort als schwierig erlebt, wo der angemessene Fluss der Abläufe durch den Patienten unangemessen behindert wird. Starrköpfigkeit und Rechthaberei in all ihrer Vielfalt stellen für viele Helfer ein schwieriges Patientenverhalten dar.
- **Anfordern von nicht notwendigen Hilfestellungen**
  Manche Patienten haben keinerlei Gespür für die Angemessenheit der Anforderung von Hilfestellungen. Sie läuten nach dem Pflegepersonal mit aller Selbstverständlichkeit, nur um zu fragen, wie viel Uhr es jetzt ist, was es morgen zu essen gibt oder, wie mir eine Pflegekraft berichtete, Mittwochnacht gegen 0:30 Uhr ganz dringend wissen zu wollen, um wie viel Uhr am nächsten Sonntag der Krankenhausgottesdienst stattfinden wird. Diese Patienten haben kein Problem darum zu bitten, dass man ihnen die Orange schält, die als Nachtisch zum Mittagessen ausgeteilt wird, während im Papierkorb die Schalen der selbst geschälten Orangen, die sie am Vormittag gegessen haben, deutlich ihre Fähigkeit zum eigenständigen Schälen widerspiegeln.
- **Demonstratives Schmerzgebaren**
  Diese Patienten betreten mit Leidensmiene das Behandlungszimmer, setzen sich übervorsichtig und stöhnend auf den Stuhl und verweisen demonstrativ mehrmals mit übertriebenen Gesten auf ihre Schmerzzonen. Nicht selten verfallen diese Patienten in eine den Schmerz demonstrierende Bewegungsart, sobald ein Helfer ihren Weg kreuzt. Der eben noch gleichmäßigen Schrittes dahingehende Patient schleppt sich nunmehr mit demonstrativ schmerzverzerrtem Gesicht weiter.
- **Klagen und Jammern**
  Nicht minder problematisch erleben viele Helfer das konstant klagende und jammernde Verhalten von Patienten, das sich jenseits erlebter Schmerzen auf das Universum beklagenswerter Befindlichkeiten bezieht.

»Ich konnte heute Nacht überhaupt nicht schlafen und fühle mich total gerädert, mir geht es überhaupt nicht gut heute.« »Also die Suppe heute war viel zu heiß, die ist mir überhaupt nicht bekommen und überhaupt gibt's hier viel zu große Portionen, das bin ich von zu Hause gar nicht gewöhnt, so viel esse ich sonst nie.« »Ach, Schwester, fragen Sie mich doch nicht, wie es mir geht, wie soll es mir schon gehen, mir geht es doch nie gut – ja, als ich noch so jung, so gesund und frisch war wie Sie, da ging es mir noch gut, aber das ist schon lange her.«

1 Der schwierige Patient

Jeder von Ihnen kann sicherlich Dutzende solcher Redewendungen aus dem Praxisalltag ergänzen. In Bezug auf die Ausführungen in Kapitel 3.2 lohnt es sich, in den nächsten Tagen einmal besonders darauf zu achten, welche spezifischen Klagen und welche Arten von Jammern Sie persönlich bei Patienten als besonders schwierig erleben.

- **Schweigen**
  Das andere Extrem zu redseliger Klagsamkeit wird oft nicht minder schwierig erlebt: Schweigen.

»Guten Morgen, Herr Müller, haben Sie gut geschlafen?« – Schweigen. »Macht es Ihnen etwas aus, wenn ich das Fenster zum Lüften weit öffne?« – Schweigen. »Geht es Ihnen heute nicht gut?« – Schweigen. »Möchten Sie einfach noch etwas in Ruhe gelassen werden?« – Schweigen.

Hier besteht das schwierige Verhalten des Patienten ganz offensichtlich darin, dass er sich nicht verhält. Beim Schweigen ist dieses Handeln durch Nichthandeln auf die Ebene der Sprache beschränkt. Schwierig wird es für viele Helfer, wenn sich dieses Nichthandeln auf therapeutisch sinnvolle Anweisungen bezieht.

- **Verweigern der Mitarbeit**
  Offene oder verdeckte Verweigerung der Mitarbeit findet sich im Verhalten der Patienten in vielerlei Form im Praxisalltag. Am meisten verblüffte mich folgende Begebenheit:

Auf Nachfrage vieler Patienten hatte ich mich 1984 während meiner Tätigkeit als klinischer Psychologe in einer Rehaklinik entschlossen, die Anleitungen zur Tiefmuskelentspannung nach Jacobson auf Tonband aufzunehmen, um das selbstständige Üben zu erleichtern. Nach erfolgreicher Aufnahme in einem professionellen Tonstudio wurden die ersten Kassetten, zur damaligen Zeit nach dem höchsten Standard der Technik frisch in Folie verpackt, in der Klinik angeliefert.

Die ersten 14 Teilnehmer des nächsten Kurses kamen, nach der Einführung in der Gruppe, in den Genuss, die fabrikneuen Kassetten zum selbstständigen Üben auf dem Zimmer benutzen zu können. Im weiteren Verlauf der Gruppenarbeit fand täglich eine Erfahrungsbesprechung der Übungen auf dem Zimmer statt. Alle 14 Teilnehmer berichteten detailliert und lebhaft von ihren guten Erfahrungen bei der Entspannung, die sie mit Hilfe der Übungskassette erfahren hatten.

Bei Rückgabe der von der Klinik gestellten Kassettenrekorder und Kassetten am Abreisetag kam ich jedoch ernsthaft ins Grübeln: drei der 14 fabrikneuen Kassetten waren noch jungfräulich in Folie eingehüllt und ganz sicher nicht ein einziges Mal abgespielt worden ...

Reimer fasst die schwierigen Verhaltensweisen von Patienten 1991 in einem Übersichtsartikel zusammen, in dem er die Meinung vertritt, dass die meisten Helfer

Verhaltensweisen von Patienten als besonders belastend erleben, wenn sie geprägt sind von:

- Anspruchshaltung
- Egozentrik
- Uneinsichtigkeit
- Anklammerungstendenzen
- Verweigerungshaltung
- Entwertungen
- großspurigen, narzisstischen Attitüden

In Bezug auf das gesamte Feld der schwierigen Verhaltensweisen der Patienten lohnt es sich, wenn Sie Ihre Beobachtungen in der nächsten Zeit für sich selbst persönlich dokumentieren, Ihre ganz eigene Datenbank erstellen.

Welche Verhaltensweisen Ihrer Patienten erleben Sie ganz persönlich als besonders schwierig? Welche Handlungen Ihrer Patienten führen bei Ihnen zu dem intensivsten Erleben, es mit einem schwierigen Patienten zu tun zu haben? Die Erfahrung zeigt, dass jeder Helfer seine ganz eigenen Resonanzen hat auf ganz spezielle Verhaltensweisen, mit denen er bei seinen Patienten konfrontiert wird. Diese negativen Resonanzen haben ganz sicher nicht nur mit Ihrer eigenen Lern- und Lebensgeschichte zu tun, sondern auch damit, welche Motive Sie hinter diesen Handlungen vermuten.

1 Der schwierige Patient

Übung 4

Für Sie persönlich schwierige Verhaltensweisen bei Ihren schwierigen Patienten

Dokumentieren Sie in den nächsten Tagen, welche konkreten Verhaltensweisen Ihrer Patienten Sie für sich persönlich als ganz besonders schwierig erleben. Dokumentieren Sie diese Verhaltensweisen und Ihre Reaktion darauf so konkret wie möglich.
(z. B.: Wenn Herr K. jedes Mal, bevor er mir die Hand gibt, sich mit dem Handrücken die Nase abwischt, dann finde ich das eklig. Wenn Frau S. zur Tür hereinkommt und, bevor sie guten Tag gesagt hat, schon anfängt zu jammern „Mir geht es ja heute wieder so schlecht!", dann merke ich, wie ich innerlich auf Distanz gehe.)

Für mich persönlich schwierige Verhaltensweisen bei meinen schwierigen Patienten
Folgende Verhaltensweisen erlebe ich als schwierig und meine Reaktion darauf ist:

Wenn der Patient _____

dann _____

Wenn der Patient _____

dann _____

Wenn der Patient _____

dann _____

Wenn der Patient _____

dann _____

Wenn der Patient _____

dann _____

1.3 Die Motive des Patienten

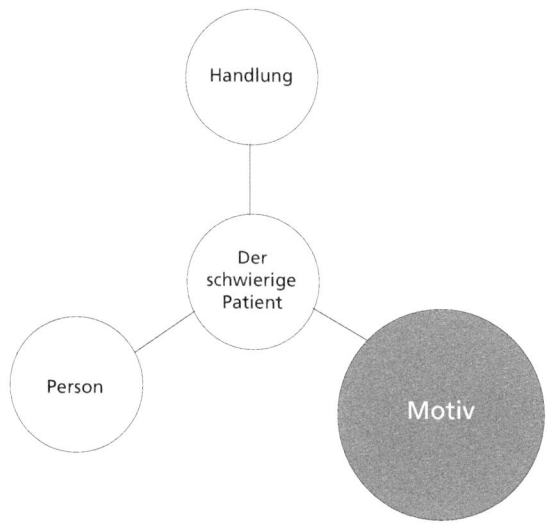

Problematisch erlebte Motive des schwierigen Patienten

In der Begegnung mit dem Patienten reagieren wir natürlicherweise nicht nur auf seine offensichtlich wahrnehmbaren Äußerungen und Verhaltensweisen, sondern sehr oft viel intensiver auf die ihm dabei zu Recht oder Unrecht unterstellten Motive. Bleiben Sie sich jedoch bewusst, dass Sie zuallererst nur die Handlung des Patienten beobachten können. Das Motiv, der Beweggrund des Handelns, ist bereits eine von uns eingeführte Annahme, die ihre Wirklichkeit erst beweisen muss.

Auch hier können wir davon ausgehen, dass es eine Vielzahl von Motiven, also Beweggründen, für das Handeln gibt, die beim Patienten im Hintergrund wirksam sind (▶ Abb. 1.9).

Ronald Laing, der britische Psychiater und Begründer der antipsychiatrischen Bewegung, hat in seinem Büchlein mit dem Titel »Knoten« schon 1970 sehr anschaulich dargestellt, wie schnell es zu unentwirrbaren Knoten des Denkens, Meinens und Für-Wahr-Haltens kommen kann, wenn wir versuchen, die Motive für das Verhalten des anderen zu ergründen. Er lässt uns an einem Versuch teilhaben, die Motive des anderen zu erforschen:

»Es muss etwas mit ihm los sein,
denn so würde er sich nicht verhalten,
wenn nichts wäre.
Also verhält er sich so,
weil etwas mit ihm los ist.
Er glaubt nicht, dass etwas mit ihm los ist,
weil ein Teil von dem, was mit ihm los ist,
ist, dass er nicht glaubt, dass etwas mit ihm los ist.
Also müssen wir ihm helfen zu erkennen, dass
die Tatsache, dass er nicht glaubt, dass etwas mit ihm los ist,

ein Teil von dem ist, was mit ihm los ist.«
(Laing, dt. Übersetzung, 1987, S. 17)

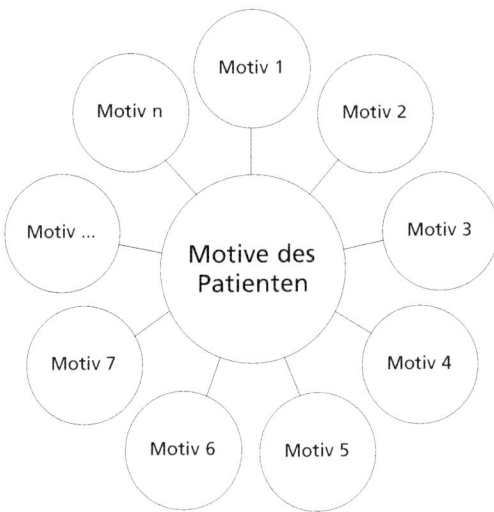

Abb. 1.9: Die vielfältigen Motive des Patienten

Und so kann es schnell passieren, dass der Patient denkt, der Helfer könne sich Gedanken darüber machen, wie er in Bezug auf ihn denke und der Patient sich deshalb besonders unfreundlich zum Helfer verhalten müsse, um nicht von ihm abgelehnt zu werden. Dieses Verhalten erscheint dem Patienten vor dem Hintergrund seiner Annahme dann sehr logisch: Er denkt dann nämlich, dass, wenn der Helfer glaube, dass er ihn zu sympathisch fände, dieser sich dagegen verwahren müsse. Die Folge wäre dann, dass der Helfer sich ihm gegenüber unfreundlich verhalten würde, um vermutete Wünsche bezüglich einer über die therapeutische Allianz hinausgehende Beziehung im Keim zu ersticken. Um dies zu vermeiden, verhält sich der Patient dann lieber vorauseilend unfreundlich gegenüber dem Helfer, um zu vermeiden, dass dieser sich ihm gegenüber aus vermeintlich notwendigen Abgrenzungsgründen unfreundlich verhält ... Sie sehen, wie schnell sich Situationen verkomplizieren lassen auf der Basis wechselseitig zu Unrecht unterstellter Motive. Sich selbst erfüllende Prophezeiungen sind nicht selten die Folge solcher Motivunterstellungen, die dann zu schwiegen Situationen zwischen Patient und Helfer führen.

Das Motiv, Ablehnung durch den Helfer vermeiden zu wollen, führt dann nicht selten schnurstracks in genau das Verhalten, das die Ablehnung hervorruft. Unterstellt nämlich der Helfer nun seinerseits dem Patienten, er sei deshalb so abweisend, weil er in Wahrheit das Motiv habe, den Helfer in Schwierigkeiten bringen zu wollen, wird der Helfer tatsächlich schnell abweisendes Verhalten dem Patienten gegenüber an den Tag legen. Genau so geschah es zwischen Peter und Schwester Marion:

1.3 Die Motive des Patienten

Peter hatte einen Motorradunfall. Auf der Station C3 fühlte er sich bestens versorgt. Besonders mochte er Schwester Marion. Wenn er ehrlich mit sich war, musste er zugeben, er hatte sich regelrecht in sie verliebt. Als junger Berufsschullehrer wusste er jedoch, wie lästig die Verliebtheiten derer, mit denen man zu arbeiten hatte, sein konnten. Er jedenfalls konnte es gar nicht leiden, wenn ihm seine Einzelhandelsverkäuferinnen im dritten Lehrjahr schöne Augen machten. Auf jeden Fall wollte er vermeiden, dass Schwester Marion seine Verliebtheit bemerkte, solange er als Patient bei ihr auf Station lag. Jedes Mal, wenn sie ihm seine Medikamente brachte oder beim Abräumen des Tabletts ein freundliches Wort an ihn richtete, antwortete er nur knapp, ja fast kalt und abweisend. Schwester Marion ging schon gar nicht mehr gern ins Zimmer 318. Zu Schwester Gisela sagte sie im Schwesternzimmer während der Frühstückspause: »Dieser Peter Rastätter auf der 318, der ist ja komisch drauf – als ob ich ihm was getan hätte. Ich gehe da überhaupt nicht mehr gern rein. Ich möchte wetten, das ist so einer von der Sorte, die uns reinreiten wollen. Der schreibt bestimmt jedes Mal alles auf, was ihm nicht passt und was wir falsch machen, und hinterher kriegen wir von der Verwaltung eins auf den Deckel. Pass bloß auf, dass Du bei dem keinen Fehler machst.«

Um das wirkliche Motiv von Peter für sein abweisendes Verhalten erkennen zu können, müsste Schwester Marion ihrerseits selbst einen eigenen schwierigen Gedankenknoten denken etwa in der Form von: »Ich denke, dass Du denkst, ich würde vielleicht bemerken können, dass Du Dir liebevolle Gedanken mir gegenüber machst und Du deshalb besonders unfreundlich zu mir bist, dass ich ja nicht denke, Du würdest mich besonders sympathisch finden ...«

Unsere Reaktionen auf den Patienten stehen und fallen mit unserer Annahme über seine Motive. Wenn uns der Patient eine Frage stellt, gehen wir dann davon aus, dass er mit seiner Frage berechtigte Sachinformationen erfragen möchte? Unterstellen wir ihm das Motiv, uns mit der Frage anklagen zu wollen, oder denken wir, dass er damit für sich nur Aufmerksamkeit erheischen möchte? Glauben wir, wenn er Schmerzen äußert, sein Motiv sei, dass er beweisen möchte, wie krank er ist, und ihm deshalb die beantragte Rente zustehe? Unterstellen wir ihm bei seinen Äußerungen und Verhaltensweisen uns gegenüber, dass er nur zeigen möchte, was er alles weiß und kann, dass er geliebt werden möchte, dass er Ablehnung vermeiden möchte, alles richtig machen möchte? Was auch immer unsere Unterstellung sei, sie ist zuallererst unsere persönliche Bewertung, unsere persönliche Überzeugung, die dem Test einer Wirklichkeitsprüfung meist nicht unterzogen wurde.

Das Problematische daran ist, wie schon gesagt, dass wir Motive nie dirckt beobachten können. Vielmehr glauben wir, uns die Motive des Patienten aus seinem Verhalten erschließen zu können (zu »Übertragung, Gegenübertragung und Projektion« ▶ Kap. 3.2). Wir sehen also auch hier die zentrale Bedeutung, die unsere persönliche Sichtweise hat, bezüglich schwieriger Interaktionssituationen mit Patienten. Real nehmen wir immer nur das Verhalten des Patienten wahr. Die dahinterliegenden Motive sind immer nur Annahmen, die wir ihm oft zu Recht, häufig aber auch zu Unrecht unterstellen. Je nachdem, welches Motiv wir einem Patienten unterstellen, werden wir die Frage innerlich anders beantworten: Ist ein bestimmtes Patientenverhalten Nörgeln – oder will er an etwas erinnern?

1.3.1 Die Grundmotive jedes Patienten

Interaktionelle Probleme werden vorprogrammiert entstehen, wenn der Patient seine berechtigten menschlichen Grundmotive als bedroht erlebt. Es ist dabei völlig unerheblich, ob diese Bedrohung der Grundmotive tatsächlich vorliegt oder vom Patienten nur als solche wahrgenommen wird.

Nach Marshall B. Rosenberg hat jede Person neun Grundbedürfnisse. Das Bedürfnis nach:

1. körperlichem Wohlbefinden (Luft, Wasser, Nahrung),
2. Sicherheit,
3. Liebe,
4. Empathie,
5. Kreativität,
6. Geborgenheit,
7. Spiel, Freizeit, Zufriedenheitserlebnissen,
8. Autonomie,
9. Sinnerfahrung bzw. Sinnhaftigkeitserfahrung.
   (vgl. Viktor Frankl)

Rainer Sachse sieht bei jedem Menschen im Wesentlichen sechs interaktionelle Grundbedürfnisse. Das Bedürfnis nach:

1. Anerkennung, Wertschätzung, positiver Definition,
2. Wichtigkeit,
3. verlässlicher Beziehung,
4. solidarischer Beziehung,
5. Autonomie,
6. Unverletzlichkeit des eigenen Territoriums und der eigenen Grenzen, vor allem der körperlichen Grenzen.

Nach Klaus Grawe hat jede Person vier interaktionelle Grundbedürfnisse. Das Bedürfnis nach:

1. Selbstwerterhöhung, dem Wunsch positiver Definition durch andere,
2. Orientierung und Kontrolle,
3. Bindung und sozialen Beziehungen,
4. Lustgewinn und Unlustvermeidung.

Denny Yuson-Sánchez beschreibt als Basismotiv jedes Menschen den Wunsch nach Liebe:

1.3 Die Motive des Patienten

»We all need love – not pain«

Der derzeit bekannteste lebende deutsche Philosoph, Peter Sloterdijk, hingegen meint, das interaktionelle Basismotiv eines jeden Menschen am besten so beschreiben zu können:

»Jeder Mensch ist ein Wesen mit Würdeverlangen.«

Die meisten Patienten werden vorhersagbar immer dann »schwierige« Patienten, wenn diese menschlichen Grundbedürfnisse tatsächlich verletzt oder vom Patienten auch nur als bedroht wahrgenommen werden. Grundlegend möchte jeder Patient Wertschätzung erfahren. Er möchte berechtigterweise erleben, dass er dem Helfer wichtig ist. Er möchte die Beziehung des Helfers zu ihm als verlässlich erfahren können und spüren, dass der Helfer solidarisch mit ihm und seinem Anliegen ist. Dies alles bei gleichzeitiger Wahrung seiner Autonomie als eigenständige Person. Die Unverletzlichkeit des eigenen Territoriums und der eigenen Grenzen, vor allem der körperlichen Grenzen, wird unvermeidlich vielfach in Situationen klinischer Diagnostik und Therapie von Seiten des Patienten nicht nur als bedroht wahrgenommen, sondern berechtigte Grenzansprüche werden tatsächlich hierbei häufig überschritten. Hier liegt eine der vielen besonders hohen Herausforderungen an die Achtsamkeit bezüglich pflegerischer und therapeutischer Handlungen und die sie begleitenden notwendigen Metastatements, also der kurzen, erklärenden Worte, was nun weshalb wie als Nächstes geschehen wird. Die kommunikativen Fähigkeiten eines jeden Helfers sind hierbei mindestens genauso wichtig, wenn nicht wichtiger als die technischen Fähigkeiten bezüglich der notwendigen therapeutischen Handgriffe und Interventionen.

D. Yuson-Sánchez bringt amerikanisch-pragmatisch die Vielschichtigkeit unserer Grundbedürfnisse sprachlich auf den zentralen Punkt: »We need love – not pain«. Er geht davon aus, dass das Hauptmotiv jedes Patienten darin besteht, liebevoll helfende Zuwendung erfahren und therapeutisch notwendige Schmerzerfahrungen so gering und so selten wie möglich erleben zu wollen. Nach seiner Meinung entstehen interaktionelle Probleme vorprogrammiert, vor allem wenn dieses Grundbedürfnis bedroht ist oder als bedroht wahrgenommen wird.

Eine Workshopteilnehmerin berichtete mir, nach dieser am ersten von zwei Seminartagen gewonnenen Erkenntnis, von folgendem Traum:

Ich träumte heute Nacht von einer beeindruckenden Demonstration. Es war eine Demonstration tausender Patienten, die institutionelles Effizienz- und Profitmaximierungsstreben anklagten. Die sich im Sinne von Adorno erhoben gegen die entmenschlichende Gleichmacherei im normierten Gesundheitswesen. Ich träumte von Patienten, die auf kreative Art und Weise ihre Stimme erhoben, um klar zu machen, dass ihr Basisbedürfnis nach liebevoll helfender Zuwendung im kalten qualitätsgesicherten Praxis- und Stationsalltag schon lange nicht mehr ausreichend erfüllt wird. Ich sah und hörte einen riesigen Chor von tausenden Patienten, die ungeschützt im Flügelhemd und barfuß auf einem großen freien Platz vor einem Konferenzhotel standen, in dem gerade eine Qualitätssicherungskonferenz aller Verwaltungsleiter der nationalen und internationalen Klinikkonzerne stattfand. Eine Konferenz mit der klaren Zielvorgabe, noch bessere betriebswirtschaftliche Ergebnisse zu erzielen. Sie standen da, hielten Plakate hoch mit der Aufschrift »We need love – not pain« und sangen in einer ungeheuren Fischer-Chor-Inszenierung das Lied der Beatles:

»*All you need is love, all you need is love,*
All you need is love, love, love is all you need.
Love, love, love, love, love, love, love, love.
All you need is love, all you need is love,
All you need is love, love, love is all you need.
Love, love, love, love, love, love, love, love.«

Interessant ist in diesem Zusammenhang die Erinnerung an eine alte, aus dem Mittelalter stammende Definition der Medizin. Johannes Fischer, Professor am Institut für Sozialethik der Universität Zürich, hat sie für uns wiederentdeckt (in: Rössler, 2005, S. 31–32).

Danach ist die Medizin einerseits: *ars iatrike*, ärztliche Kunst, andererseits: *ars agapatike*, die Kunst liebender Zuwendung. Die mittelalterliche Forderung war klar: Heilung im Geist der Liebe. Man musste für einen Anderen nicht unbedingt ein Gefühl der Liebe empfinden, um ihm dennoch in diesem Berufsverständnis im Geist der Liebe helfend zugewandt sein zu können.

Selbst Sigmund Freud, der die Psyche rational zu durchleuchten angetreten war, schrieb in einer Erörterung, wie denn letztendlich Heilung zustandekomme, am 6. Dezember 1906 an C. G. Jung: »Es ist eigentlich eine Heilung durch Liebe«.

Sandor Ferenczi, ein Weggefährte Freuds, der in seinen späten Schriften weit über Freud hinausging, schrieb 1934 unabhängig davon seine eigene Überzeugung, dass nur eine liebende Grundhaltung zu heilen in der Lage sei, in sein Tagebuch mit den Worten:

»Ohne Sympathie keine Heilung!«

Peter Sloterdijk sieht es, anders als oben beschrieben, etwas nüchterner. Nach ihm hat jede Person aus sozial-philosophischer Sicht als wesentlichstes interaktionelles Grundbedürfnis das Bedürfnis nach Wahrung seiner menschlichen Würde. Die Würde des Menschen ist nach geltendem Recht zwar offiziell unantastbar – doch allenthalben ist die Würde des Menschen angetastet. Die menschliche Würde im Gesundheitswesen zu wahren, verlange nach der Bereitschaft und Fähigkeit zur Wahrnehmung der jeweils vorliegenden Individualität jedes einzelnen Patienten. Dies stellt eine weitere Herausforderung für jeden einzelnen Helfer dar.

Sätze vor dem OP-Saal wie »Ich stell euch hier die Hernie von der Drei hin!« oder Sätze auf Station wie »Bring den Apoplex mal zum EEG!« oder »Ok, dann trag der Anorexe noch einen Termin für morgen um 9.00 Uhr ein!« sollten eigentlich nur noch in Lehrfilmen vorkommen als skurrile Beispiele, wie früher einmal unbewussterweise mit und über Patienten kommuniziert wurde…

Ohne ausreichende Schulung in Kommunikation und Achtsamkeit muss leider auch dieses von Sloterdijk postulierte Grundbedürfnis nach menschlicher Würde in den heutigen Institutionen des Gesundheitswesens immer noch in vielfältiger Weise als objektiv bedroht beschrieben werden.

Mag eine alte Dame, die ihr ganzes Leben lang gepflegt gekleidet war und gepflegt zu essen gewohnt war, im Seniorenstift noch so zittrig sein beim Essen ihrer Suppe – ihre Würde ist sicher nicht mehr gewahrt, wenn ihr wie allen anderen Bewohnern, in Einhaltung der Pflegerichtlinien, ein Triel-Latz gegen ihren Willen von der Pflegehelferin pflichtbewusst und rabiat umgebunden wird.

Viele interaktionelle Probleme in Pflege, Therapie und Beratung ließen sich durch grundlegende institutionelle Reformen in Hinblick auf eine bessere Erfüllung dieser Grundbedürfnisse vermeiden. Bis dahin jedoch bleibt die erhöhte Achtsamkeit jedes einzelnen Helfers in Bezug auf eben diese Grundbedürfnisse das wirksamste Instrument, diese zu gewährleisten.

Wenn Achtsamkeit Betriebsblindheit zu besiegen vermag, dann sind hilfreiche Interaktionen, auch unter den vorliegenden, objektiv ungünstigen Umständen bei den meisten Begegnungen mit unseren Patienten möglich.

Bei jedem einzelnen Patienten gibt es zusätzliche, ihm persönlich besonders wichtige Motive. Wir können davon ausgehen, dass zu diesen eben beschriebenen, allgemein gültigen menschlichen Grundmotiven in jeder Begegnungssituation ein jeweils verschieden geschnürtes Motivbündel mit hinzukommt. Diese auf der persönlichen Biographie beruhenden, individuell besonders wichtigen Motive bestimmen im Hintergrund die Interaktion mit den jeweiligen Helfern ganz wesentlich mit.

1.3.2 Ein ganz besonderes Motiv besser verstehen

Sehr schwierig wird es für Patient und Helfer, wenn das Motiv des Patienten darin besteht, vom Helfer für sein körperliches Kranksein Bestätigung zu erhalten.

»Bestätige mir, dass ich organisch krank bin. Dass ich wirklich eine körperliche Krankheit habe.«

Dieses Motiv erscheint auf den ersten Blick verwirrend, ja unsinnig. Verstehen können Sie die Not, in der sich der Patient befindet, der dieses Motiv hat, wenn wir gemeinsam einen tiefen Blick werfen auf das Wissen, das uns über somatoforme Störungen vorliegt.

1.3.2.1 Somatoforme Störungen

Eine für viele Helfer besonders schwierig erlebte Patientengruppe sind Patienten mit somatoformen Störungen, also Patienten, die über multiple, wiederholt auftretende und häufig wechselnde körperliche Beschwerden klagen, die organisch nicht ausreichend erklärbar sind. Diese Patienten stehen unter einem erheblichen Leidensdruck und ihre Lebensqualität ist meist sehr beeinträchtigt. Viele dieser Patienten haben eine Odyssee ergebnisloser Untersuchungen hinter sich. Nicht selten sogar Operationen, deren Indikation und Nutzen oft mehr als fraglich erscheinen. Der Zugang zu diesen Patienten wird dadurch erschwert, dass ihr ganzes Denken auf körperliche Untersuchungen fixiert ist. Häufig haben sie die passive Erwartungshaltung, nur endlich den richtigen Arzt finden zu müssen, der ihnen zu helfen vermag.

Wäre es Ihnen möglich, eine Direktübertragung, eine Livesendung aus dem Innenleben eines Patienten mit Somatisierungsstörungen mitzuverfolgen, könnten Sie etwa Folgendes hören:

> »Oh je, schon wieder dieses Ziehen zwischen den Schultern. Jetzt geht's wieder los. Also so schlimm war es noch nie. Das ist doch nicht normal. Ich habe doch gar nichts Schweres gehoben heute. Das ist bestimmt kein verklemmter Wirbel. Das muss vom Herz kommen. Damit ist nun aber wirklich nicht zu spaßen. Nein, auf gar keinen Fall – so kann ich nicht zur Arbeit. Ich muss sofort zum Arzt. Ob ich besser einen Notarzt rufe? Jetzt wird's schon ganz kribbelig im Arm und in den Fingern. Nein, zu meinem Hausarzt gehe ich nicht mehr. Der sagt sowieso nur wieder, dass das nicht schlimm sei. So ein Quatsch: ›Sie haben nichts. Das EKG ist normal.‹
>
> Das weiß doch jeder, dass ein EKG gar nichts aussagt. Ich fahre jetzt in die Uni-Klinik. Und mein Knie tut auch wieder höllisch weh, da erzählt er mir auch schon seit Monaten, da sei nix. Also jetzt ist Schluss. Ich gehe jetzt nicht mehr zum Schmiedchen – ich gehe zum Schmied. Ich lasse jetzt nicht mehr locker, bis ich einen finde, der rauskriegt, was da wirklich los ist. Also auf die Psychoschiene lasse ich mich echt nicht schieben. Der Doktor quatscht sich leicht, der muss ja nicht aushalten, was ich alles aushalten muss!«

Patienten mit somatoformen Störungen sind besonders sensibel auch für minimale Befindlichkeitsschwankungen und -störungen. Diese werden dann als bedrohlich, als Ausdruck einer dahinter liegenden schlimmen Krankheit bewertet. In der Folge treten Angst, Unruhe, Anspannung, ja, Verspannungen und nicht selten Depressionen auf. Eine Verstärkung der wahrgenommenen Missempfindungen folgt daraus. Der Patient stellt seine innere Aufmerksamkeit, seine Radaranlage für das Symptom noch sensibler ein. Ja, er wartet förmlich darauf! Er nimmt immer häufiger und an immer mehr Stellen in seinem Körper wahr, dass da etwas nicht stimmt. Gespräche mit anderen, Internet-Recherchen, Fachbücher und -zeitschriften werden als Jagdgründe für weitere beunruhigende Informationen und Interpretationen der beobachteten Körperempfindungen benutzt. Die Odyssee medizinischer Abklärungen beginnt.

Da ja nun niemand von uns einen hundertprozentig störungsfreien Körper besitzt, ist die Wahrscheinlichkeit groß, dass irgendein Untersucher tatsächlich auch ein Untersuchungsergebnis findet, das nicht im Normbereich liegt. Diese Abweichung erklärt zumeist zwar nicht die vorliegende erlebte Missempfindung, aber der Befund ist Wasser auf die Mühlen des Patienten. Für ihn ist jetzt klar, dass nur intensiv genug weitergesucht werden muss, um zu beweisen, dass er wirklich etwas hat. Dass er wirklich organisch krank ist. Er wird es früher oder später all denen schon zeigen, die gesagt hatten, er habe nichts, dass er in Wahrheit doch schon immer etwas Richtiges, Körperliches, Schlimmes als Krankheit in sich getragen hatte. Sein Hauptmotiv in jedem weiteren Kontakt mit professionellen Helfern wird sein: Bestätige mir, dass ich organisch krank bin, dass ich wirklich keine psychisch bedingten Beschwerden habe.

Jeder Helfer, der nicht gewillt ist, sich diesen körperlichen Erklärungsversuchen anzuschließen, wird mehr oder weniger zum Feind erklärt. Jeder Versuch, diesem Patienten mit psychosozialen Argumenten eine Erklärung für sein körperliches Erleben zu vermitteln, wird meist rigoros abgelehnt werden.

Das dahinterliegende Problem besteht bei vielen Patienten mit somatoformen Störungen darin, dass es ihnen leichter fällt zu sagen, »Mir ist schlecht.«, anstatt zu sagen »Ich fürchte mich.« oder »Ich ärgere mich.« oder »Ich bin traurig.«. Die Unfähigkeit, zumindest aber die Schwierigkeit, Gefühle wahrzunehmen und auszudrücken, ist bei vielen Patienten mit Somatisierungsstörungen zu beobachten. Oftmals verspüren diese Patienten ihre Gefühle nicht, und wenn sie sie verspüren, können sie sie nicht als solche benennen.

Hier sei auch noch auf Patienten hingewiesen, bei denen eine larvierte Depression vorliegt. Der früher übliche Begriff der larvierten Depression versuchte Untersucher darauf aufmerksam zu machen, dass bei vorgebrachten »Leibbeschwerden« auch an das gedacht werden sollte, was der Patient möglicherweise in seiner psychosozialen Situation als nicht mehr verdaubar erlebt.

1 Der schwierige Patient

Übung 5

Für Sie persönlich schwierige Motive bei Ihren schwierigen Patienten

In Bezug auf die problematisch erlebten Motive der Patienten, die für Sie schwierig sind, lohnt es sich, in den nächsten Tagen darauf zu achten, welche Motive Sie für sich persönlich als ganz besonders problematisch erleben. Formulieren Sie Ihre Annahmen über die von Ihnen vermuteten Motive so konkret wie möglich.
(z. B.: Herr K. macht das doch nur, weil er mich ärgern will. Frau S. glaubt wohl, die Welt dreht sich nur um sie, so verhält sie sich doch nur, weil sie auf jeden Fall immer im Mittelpunkt stehen möchte.)

Für mich persönlich schwierige Motive bei meinen schwierigen Patienten
Folgende Motive vermute ich hinter dem Verhalten von meinen schwierigen Patienten:

Patient _____verhält sich so, weil: _____
_____

Patient _____verhält sich so, weil: _____
_____

Patient _____verhält sich so, weil: _____
_____

Patient _____verhält sich so, weil: _____
_____

Patient _____verhält sich so, weil: _____
_____

1.4 Die Situation des Patienten

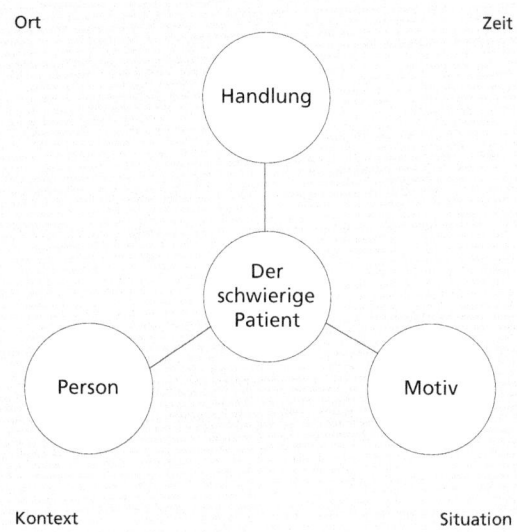

Für den Patienten schwierige Aspekte in der Situation, in der er auf uns trifft

Unsere Begegnung mit dem Patienten, den wir als schwierig erleben, findet nicht im luftleeren Raum statt. Wir begegnen ihm zu einer bestimmten Zeit, an einem bestimmten Ort, in einer bestimmten Situation, in einem bestimmten Kontext. Wir begegnen jedem Patienten jedes Mal unter ganz unterschiedlichen Voraussetzungen. Der Patient hat vor dieser Begegnung eine Reihe von für ihn wichtigen Ereignissen durchlaufen. Nach der Begegnung mit uns warten weitere, von uns abhängige oder unabhängige Ereignisse auf ihn.

Wir treffen den Patienten immer im Hier und Jetzt. Er kommt aus seiner Vergangenheit und ist auf dem Weg in seine Zukunft. Unser Zusammentreffen kann deshalb für ihn vorauseilend positiv gefärbt oder in Erwartung unangenehmer Konsequenzen negativ belastet sein. Viele der nachfolgenden Situationsaspekte haben einen entscheidenden Einfluss darauf, wie harmonisch oder konfliktreich der Patient die Begegnung mit uns erlebt.

- **Ist der Raum, in dem wir dem Patienten begegnen, für sein Wohlbefinden förderlich?**
  Strahlen Farben und Materialien Kälte und Funktionalität aus oder Wärme und Geborgenheit? Überlagern störende Geräusche die Begegnung oder gewährt der Raum der Begegnung ungestörte Konzentration auf das Anliegen des Patienten? Stimmen Temperatur und Sitz- bzw. Liegefläche mit den physiologischen und anatomischen Bedürfnissen des jeweiligen Patienten überein?

Eine bewährte Seminarübung hierzu als kleine Einladung zur Selbsterfahrung: Nehmen Sie als Helfer in den nächsten Tagen doch einfach einmal die Position Ihrer Patienten ein. Setzen Sie sich auf den Stuhl, auf dem üblicherweise der Patient sitzt. Legen Sie sich probeweise auf die Untersuchungsliege oder auf Station in ein Patientenbett. Was sehen Sie aus dieser Warte? Was hören Sie, was riechen Sie, was tasten Sie? Was würden Sie sich als Patient wünschen, was an diesem Ort der Begegnung anders sein sollte, so dass Sie sich geschützter, vertrauensvoller und selbst wohler fühlen könnten?

Oftmals sind es nur Kleinigkeiten, die leicht zu verbessern sind: z. B. Kabelgewirr im Blickfeld des Patienten; hinter ihm hängt ein schönes Bild, der Patient aber schaut auf eine kahle Wand; der Vorhang ist nicht richtig eingefädelt; der Abfallkorb hat einen strengen Geruch; es fehlt ein kleiner Fußhocker für Patienten, deren Beine nicht bis auf den Boden reichen; die Lehnen sind klebrig; es zieht; der Drucker, der PC oder andere Geräte haben ein vermeidbares, zu lautes Standgeräusch; die Türen sind zu hellhörig; die Akten oder der Bildschirm mit den Daten des vorigen Patienten sind einsehbar.

Weitere interessante Hinweise zur bisher viel zu oft vernachlässigten Bedeutung des Einflussfaktors »Ort der therapeutischen Begegnung« finden Sie bei Linden (2010), Flade (2008) sowie bei Monz und Monz (2001).

- **Ist der Patient unter Zeitdruck?**
  Musste er lange warten, bevor wir uns ihm zuwenden konnten? Warten seine Kinder zu Hause auf ihn? Muss er noch jemanden nach dem Termin bei uns abholen? Hat er noch dringende geschäftliche Termine? Oder genießt es der Patient, während seiner eigenen Dienstzeit einen für ihn arbeitsbefreienden Termin bei uns zu haben?

Herr Paul und Frau Schaller sitzen im Wartezimmer ihres Hausarztes Dr. Winters. Es ist Montagmorgen 8 Uhr. Das Wartezimmer ist voll. Alle Stühle sind belegt, einige Patienten warten stehend im Eingangsbereich. Herr Paul kann es kaum erwarten, ins Sprechzimmer gerufen zu werden. Er hat Fieber und wollte eigentlich nur schnell ein Rezept oder, besser noch, gleich ein Medikament aus dem Arzneimittelmusterschrank.

Er kann heute auf gar keinen Fall zu Hause bleiben. Der Prüfer vom Finanzamt hat sich für heute in seinem Betrieb angesagt. Er ist der verantwortliche Lohn- und Finanzbuchhalter. Sein Chef würde es ihm nicht verzeihen, wenn er ihn hängen ließe, nur wegen des bisschen Fiebers. Er fühlt sich angespannt und unruhig. Er sitzt wie auf glühenden Kohlen. Zu Frau Schaller, der neben ihm sitzenden netten Verkäuferin vom Bäckerladen an der Ecke, sagt er: »Mir brennt gleich der Stress an. Wenn ich sonst was brauche, geht das meist reibungslos. Da habe ich in fünf Minuten mein Rezept und bin wieder draußen. Aber ausgerechnet heute, wo ich ganz dringend schon längst im Geschäft sein müsste, sind die da vorne an der Rezeption stur wie die Panzer. Die sagen, gegen Fieber könne ich mir nicht einfach was rausschreiben lassen. Da führt kein Weg dran vorbei, ich muss zum Doktor rein.«

Frau Schaller war vor Herrn Paul im Wartezimmer, aber sie sagt ihm, dass er gerne vor ihr ins Sprechzimmer gehen könne. Sie sei zwar auch während ihrer Dienstzeit hier, aber am Montagmorgen sei meist nicht so viel los in der Bäckerei. Ihre Chefin werde es schon alleine schaffen. Ehrlich gesagt, genieße sie es, noch ein bisschen länger hier zu sitzen und den Artikel in der Frauenzeitschrift »Brigitte« über Ayurveda, Yoga und Meditation zu Ende lesen zu können.

- **Ist der Patient aus eigenem Interesse hier?**
  Hat sich der Patient selbstständig entschlossen, den Kontakt mit uns aufzunehmen oder wurde er von Angehörigen dazu gedrängt?

Frau Mungert bemerkte, dass ihr Mann, ein starker Raucher, in den letzten Monaten zunehmend fauler wurde. Der Sonntagnachmittagsspaziergang, der ihm sonst nie lang genug sein konnte, wurde immer kürzer. Wenn sie zusammen durch die Stadt gingen, blieb er immer öfter vor Schaufensterauslagen stehen, die ihn früher nie interessiert hatten. Außerdem wirkte er in letzter Zeit irgendwie verstockt auf sie. Frau Mungert hatte da so einen Verdacht. Bei ihrem Opa, den auch niemand je ohne Pfeife im Mund gesehen hatte, war die Durchblutung der Beine so schlecht geworden, dass er nicht mehr als 50 Meter am Stück gehen konnte, ohne Schmerzen zu bekommen. Sie hatte ihrem Mann schon oft gesagt, er solle mit dem Rauchen aufhören. Sie kannte ihn jedoch gut genug, um ihn nicht direkt auf seine Gehschwierigkeiten anzusprechen.
»Du solltest mal wieder zu Doktor Winters gehen und Dich durchchecken lassen«, meinte sie ganz beiläufig beim Abendbrot. Ihr Mann reagierte ungewohnt heftig. »Quatsch!«, sagte er, »ich brauche keinen Doktor! Wenn Du da hingehst, macht er Dich eh nur krank. Nein, da gehe ich nicht hin!« Natürlich schaffte sie es dennoch, ihn zu Doktor Winters zu schleppen. Da saß er nun im Wartezimmer, griesgrämig und ständig mit verstohlenem Blick zur Tür schauend.
Frau Mungert betete innerlich, dass jetzt ja nichts schiefgehen würde. Wenn Doktor Winters jetzt zu einem Notfall gerufen würde, wäre ihr Mann sofort wieder weg. Und wie sie ihn dann ein zweites Mal überreden sollte, in die Sprechstunde zu kommen, wusste selbst sie nicht.

Die Erfahrung zeigt, dass Patienten, die von Angehörigen überredet wurden ein Hilfsangebot anzunehmen, eher geneigt sind, kritische Aspekte in der Begegnung mit dem Helfer negativ überzubewerten. Noch kritischer wird die Begegnungssituation zwischen Patient und Helfer, wenn der Patient gezwungenermaßen den Helfer aufsuchen muss. Klären Sie zu Beginn diese Frage und sprechen Sie den Patienten darauf offen an.

- **Ist der Patient gezwungenermaßen hier?**
  Wurde er durch Vorgaben der Versicherungsträger genötigt, sich bei uns vorzustellen, oder wurde er gar von Amts wegen zur Untersuchung oder Behandlung gezwungen?

1 Der schwierige Patient

Schwester Inge kam gut gelaunt zur Rezeption, um Herrn Kraus in Empfang zu nehmen und ihn auf sein Zimmer zu begleiten. In ihren Aufnahmeunterlagen hatte sie gelesen, dass seine Rentenversicherungsanstalt ihm gemäß ihrer Satzung Reha vor Rente verordnet hatte. Herr Kraus war alles andere als begeistert gewesen, in dem Schreiben seiner Rentenversicherung nicht die erhoffte Bewilligung seiner beantragten Erwerbsunfähigkeitsrente vorzufinden. Stattdessen stand in dem Brief klipp und klar, dass er an einer stationären Behandlung in einer Rehabilitationsklinik teilzunehmen habe. Er wurde ausdrücklich auf seine aktive Mitwirkungspflicht bei der vor ihm liegenden Heilbehandlungsmaßnahme hingewiesen. Zu seiner Tochter, die an einer Realschule Englisch unterrichtet, hatte er vor seiner Abreise gesagt: »Weißt Du, die Queen würde jetzt sagen: ›we are not amused‹. Ich bin einfach stinkesauer. Da plagt man sich tagein, tagaus, geht nie zum Doktor, geschweige denn zur Kur, bis es mit dem Rücken nun wirklich gar nicht mehr geht, und dann zicken die so rum. Anstatt mir gleich die Rente zu geben, schmeißen die erst noch das Geld für eine Reha-Maßnahme zum Fenster raus. Meinen kaputten Rücken können die mir dort in drei Wochen auch nicht wieder gesundmachen. Ich weiß überhaupt nicht, was ich dort soll.«

Schwester Inge bekam für ihr freundliches »Guten Morgen, Herr Kraus« nur einen kalten, abweisenden Blick. Sie dachte für sich: »So wird wohl ein Gefängniswärter angeschaut, der einen frisch Verurteilten in seine Zelle bringen soll.«

Als Herr Kraus im Speisesaal an den ihm zugewiesenen Tisch kam, stellte er sich seinem Tischnachbarn förmlich vor: »Kraus, Hamburg. Ich bin heute hier neu angekommen.« »Ach, wenn Sie wollen, sagen Sie einfach Peter – ich fahre nächsten Dienstag schon wieder.« »Freut mich.« Herr Kraus gab ihm die Hand, »Ich heiße Holger«.

Wie es der Zufall wollte, war er mit Peter in den nächsten Tagen in der gleichen Gruppe: Wassergymnastik, Walking und Rückenschule. »Du spinnst«, sagte Peter, »wenn Du schon einen Rentenantrag gestellt hast, kannst Du unmöglich so gut mitmachen, wie Du es machst. Du musst jammern und klagen und ab und zu mit schmerzverzerrtem Gesicht einfach die Übungen abbrechen und sagen, dass Du jetzt nicht mehr kannst. Die dokumentieren hier doch alles. Wenn Du alles mitmachst, entlassen die Dich glatt arbeitsfähig und nix ist mit Rente!«

Herr Kraus schaute ernst und stumm vor sich hin. »Mein Gott«, dachte er, »wenn die wüssten, wie schwer mir das fällt, alles mitzumachen. Aber so bin ich eben, ich habe noch nie geklagt in meinem Leben. Wahrscheinlich hat Peter aber Recht. Nur wer lauthals klagt, kriegt seine Rente.« Er spürte, wie Wut und Verzweiflung in ihm aufstiegen. Sein Chef hatte zu ihm gesagt, dass er Rente einreichen solle. Er brauche jemanden, den er voll belasten könne. Er sei zwar ein guter Verkäufer, aber er brauche jetzt einen jüngeren Mitarbeiter. Einen, der auch die Warenannahme, Warenauszeichnung und Wareneinsortierung noch nebenbei mitzumachen in der Lage sei. Herr Kraus wusste, dass sein Chef fest damit rechnete, dass er nicht mehr an seinen Arbeitsplatz zurückkehren würde. Wenn der Rentenantrag aufgrund des Berichtes der Reha-Klinik nun endgültig abgelehnt würde, bedeutete das für ihn die Arbeitslosigkeit.

»Und wer will heute schon einen mit 55, dessen Rücken ständig weh tut«, dachte er bitter, »und überhaupt – es geht einfach nicht mehr!« An diesem Abend nahm er sich fest vor, alles zu tun, was notwendig war, um jedem zu zeigen, dass er wirklich nicht mehr konnte.

Unter solchen Voraussetzungen ist es naheliegend, dass jede angebotene Hilfestellung von Seiten des Patienten innerlich abgelehnt werden wird und damit von vornherein nicht hilfreich sein kann. Erst wenn es dem Helfer gelingt, ein Behandlungsbündnis mit dem Patienten zu finden, das beiden Interessen entspricht, wird eine hilfreiche, störungsfreie Begegnung möglich sein. Ob dies möglich sein wird, hängt nicht zuletzt davon ab, wie die nächsten Fragen vom Patienten beantwortet werden.

- **Sind aufgrund der Ausgangssituation für den Patienten wichtige Konsequenzen zu erwarten?**
  Geht es um Entscheidungen über Arbeitsfähigkeit und Arbeitsunfähigkeit, gar über die Entscheidung zur Erwerbsfähigkeit oder Erwerbsunfähigkeit, hängen Versicherungsleistungen davon ab? Muss der Patient wegen vorausgegangener Untersuchungen ein für ihn lebensveränderndes Untersuchungsergebnis erwarten?
- **Ist die Finanzierung für den Patienten gesichert?**
  Bestehen für den Patienten Unsicherheiten darüber, ob die Kosten für die Untersuchung oder Behandlung ganz übernommen werden, oder muss er befürchten, oder weiß gar, dass sie nur teilweise oder nicht übernommen werden? Befürchtet er, den finanziellen Belastungen durch die Behandlung nicht gewachsen zu sein?

»Zahnersatz, das ist doch nur was für alte Leute«, hatte Elvira immer gedacht. Doch jetzt, ihre Zahnärztin versuchte gerade geduldig ihr die Vor- und Nachteile der einzelnen Möglichkeiten zu erklären, schwirrte ihr nur der Kopf. Sie hatte sich gestern eine eiskalte Flasche Cola aus dem Kühlschrank geholt, um sie gemütlich auf ihrer Liege auf dem Balkon zu trinken. Gierig wie sie war, hatte sie die Flasche schon auf dem Weg von der Küche auf den Balkon angesetzt. Einen Schritt bevor sie die Balkontüre erreicht hatte, war die Tür durch einen heftigen Windstoß aufgeflogen, und die Türkante hatte mit voller Wucht den Flaschenboden getroffen. Die beiden oberen Frontzähne konnten dem Schlag nicht standhalten.

Sie hatte Glück im Unglück. Die Zähne waren zwar nicht mehr zu retten, aber das Glas der Flasche zersplitterte, Gott sei Dank, nicht in ihrem Mund. Dennoch war es ihr im Moment unmöglich, 1800 Euro Eigenanteil aufzubringen. Sie hatte sich gerade ihre erste eigene Wohnung eingerichtet und musste ihren VW-Polo noch zwei Jahre lang Rate für Rate abbezahlen.

Sie reagierte, wie sie es oft tat, wenn sie nicht mehr weiter wusste, nämlich aggressiv. Ihre Freundin Petra hatte ihr schon oft gepredigt: »Sag doch einfach, puh, das ist jetzt schwierig für mich – oder jetzt weiß ich gerade wirklich nicht mehr weiter. Du musst nicht immer gleich aggressiv werden, wenn Du Dich innerlich mit dem Rücken an der Wand fühlst.«

Elvira unterbrach ihre Zahnärztin scharf und fragte sie mit aggressiver Stimme: »Und, geben Sie mir etwa die Garantie, dass diese Dinger auch halten und keiner merkt, dass ich jetzt 'ne Oma mit falschen Zähnen bin?«

So schnell sie diesen Satz auf ihre Dentistin abgeschossen hatte, so schnell tat es ihr auch schon leid. Aber hätte sie vielleicht sagen sollen: »Ich bin jetzt völlig verzweifelt. Ich bin pleite. Ich kann mir den Zahnersatz nicht leisten. Ich hab' zwar meine Lehre beendet, aber selbst als ausgebildete Floristin geht mein Gehalt gerade null auf null mit meinen laufenden Unkosten auf. Ich kann mir keine neuen Zähne leisten. Und ich kann es mir nicht leisten, keine neuen Zähne machen zu lassen.«

Dieser Tatsache der zunehmenden Eigenbeteiligung der Patienten an den Kosten für die Behandlung wird meiner Meinung nach in den nächsten Jahren noch vermehrt Bedeutung zukommen. Eine kritische Haltung der Patienten wird zunehmen, da sie sich immer mehr als Kunden im Gesundheitssystem verstehen werden, die für ihr Geld eine angemessene Leistung erwarten. Bei aller Zufriedenheit mit der Leistung des Helfers wird in Zukunft vermehrt damit zu rechnen sein, dass Patienten auch aus finanziellen Gründen Behandlungen abbrechen werden. Darüber hinaus bleibt zu klären:

- **Gab es vor der Behandlungssituation andere belastende Tagesereignisse?**
  Hatte der Patient Streit mit seiner Partnerin, seinem Kollegen, seinen Kindern? Erhielt er eine unangenehme Nachricht? Gab es für den Patienten an diesem Tag anderweitige Belastungen, die mit seinem aktuellen Anliegen an uns nichts zu tun haben?

»Aua!« Ein Schrei hallt durch die Praxis für Physiotherapie. Frau Dörner herrscht ihre Physiotherapeutin Ines an. »Seien Sie doch nicht so grob zu mir, das tut weh!« Ines wundert sich. Es ist heute die fünfte Behandlung. Frau Dörner ist eine geduldige und freundliche Patientin. Ines hatte sich schon gefreut, als sie heute Morgen in den Plan geschaut hatte. Sie empfand es bisher als sehr angenehm, Frau Dörner zu behandeln. Ines wundert sich deshalb sehr über diese heftige Reaktion. Was ist nur los heute?

Was sie nicht wissen kann: Frau Dörner hatte heute Morgen im Badezimmer den Kulturbeutel ihrer 15-jährigen Tochter Petra mit einer ungeschickten Handbewegung vom Regal gestoßen. Beim Aufsammeln der auf dem Badezimmerboden verstreuten Utensilien fand sie, neben zwei Tampons, drei Präservativen, einem Kajal und zwei Kaugummis, einen Schwangerschaftstest. Ihr Atem stockte. Der Boden drehte sich unter ihr. Kein Zweifel, positiv. Der Test war positiv. Ihre Tochter war schwanger. Ihre Gedanken wirbelten wie stiebende Funken in ihrem Gehirn. Wie sollte sie das nur ihrem Mann beibringen? Natürlich würde der sofort wieder loslegen, dass das alles nur ihre Schuld sei. Das habe sie nun von ihrer laschen Erziehung. Seine Mutter hätte seiner Schwester mit 15 Jahren nie erlaubt, bei ihrem Freund zu übernachten. Petra solle mit ihren

Büchern ins Bett gehen, wenn sie Abitur machen wolle, um hinterher Architektur zu studieren.

Frau Dörner war völlig verzweifelt. Sie spürte, wie sich ihr Magen verkrampfte und ihr Nacken schmerzte. Sie fühlte sich zum Bersten angespannt. Sie schaute auf die Uhr: »Oh, schon so spät.« Sie wusste, dass sie zu ihrer Behandlung pünktlich sein musste, da 20 Minuten nach ihr bereits die nächste Patientin bestellt war.

Der unerwartete Ruck von Ines an ihrem Knie brachte die ganze Anspannung zur Entladung. »Aua!« schrie es tief aus ihr heraus.

- **Ist die Situation für den Patienten neu?**
Ist der Patient mit unserer Art der Arbeit vertraut oder ist es für ihn völliges Neuland? Sind wir der erste Ansprechpartner für den Patienten oder der letzte Versuch in einer endlosen Kette von vorangegangenen frustrierenden Erfahrungen mit vielen anderen Helfern?

»Wie, Sie wollen mich wirklich da reinschieben?« Herr Seibold schaute die medizinisch-technische Assistentin ungläubig an. Zugegeben, mit seinen 150 Kilogramm war er eine beachtliche Erscheinung. Die Vorstellung, dass die schmale Untersuchungsliege mit ihm in die Untersuchungsröhre des Computertomographen eingefahren werden sollte, bereitete ihm, gelinde gesagt, deutliches Unbehagen. Das Wort Angst würde Herr Seibold nie in den Mund nehmen. »Ich und Angst. Lächerlich!« Nur, so eng hatte er es sich wirklich nicht vorgestellt. Auch fand er die Ankündigung der medizinisch-technischen Assistentin nicht sehr entspannend, dass sie während der Untersuchung die Röhre von einem Nebenraum, mit Sichtkontakt durch ein Fenster, bedienen würde. Nein, so hatte er sich das alles nicht vorgestellt.

Sie hatte ihm zwar ihren Namen gesagt, doch angesichts dieses bedrohlich erscheinenden Untersuchungstunnels hatte Herr Seibold ihn sofort wieder vergessen. Er wollte noch etwas sagen, sie, wie er es geschäftlich gewohnt war, persönlich mit ihrem Namen ansprechen und ärgerte sich jetzt über sich selbst, dass er so aufgeregt war, dass er nicht einmal mehr ihren Namen wusste. Er entschloss sich kurzerhand, der ganzen unerfreulichen Situation im wahrsten Sinne des Wortes den Rücken zu kehren. Schweigend und mit grimmigem Blick verließ er den Untersuchungsraum. Nein, darauf war er wirklich nicht eingestellt gewesen. So eng und dann noch alleine der Maschine ausgeliefert. Nicht mit ihm. Seine Frau staunte nicht schlecht, als er so schnell wieder zu Hause war. Doch warum war er nur so mürrisch?

Es lohnt sich immer wieder daran zu denken, dass viele Patienten, die zum ersten Mal zu Ihnen kommen, einfach deshalb angespannt sind oder Angst haben, weil sie die Abläufe, die Ihnen als Helfer vertraut sind, noch nie zuvor kennengelernt haben. Vorbereitende, erklärende Worte für das, was wir als Helfer routinemäßig zu tun gewohnt sind, helfen den Stress des Neuen für den Patienten deutlich zu reduzieren. Achten Sie besonders darauf, langsam, deutlich und freundlich zugewandt mit dem

Patienten zu sprechen. Sie als Helfer sagen heute zwar schon zum 57. Mal: »Den Gang entlang, zweite Türe rechts, die Treppe nach unten, erste Türe links – da finden Sie das Labor!« Ihr neuer Patient hört diese Wegbeschreibung aber zum allerersten Mal …

Nicht unwichtig bezüglich der Situation, in der sich der Patient befindet, ist auch die Klärung der nächsten Frage:

- **Lebt der Patient isoliert?**
Sind wir die einzigen sozialen Interaktionspartner für den Patienten oder hat er ein eigenes, dicht geknüpftes soziales Netzwerk?
Es ist offensichtlich, dass all das, was wir sagen und tun, für den Patienten umso mehr Gewicht haben wird, je größer die soziale Isolation ist, in der der Patient in seinem sonstigen Alltag lebt. Kennt er viele andere Menschen? Hat er ihm nahestehende Personen? Ist die Begegnung mit uns nur ein weiteres Mosaiksteinchen in seiner aktuellen Lebensführung? Sind wir als Helfer seine wichtigsten Bezugspersonen, kann es leicht sein, dass der Patient die in der Begegnung mit uns gemachten Erfahrungen in seinem inneren Gehirnkino dutzendfach vor- und zurücklaufen lässt. Damit kann sich die Wirkung einzelner, von uns geäußerter Worte oder Handlungen für ihn dramatisch vervielfachen – sowohl im positiven als auch im negativen Sinne.
Darüber hinaus besteht immer auch die Gefahr, dass der Patient Wünsche entwickelt, die über die Beziehung der therapeutischen Allianz hinausgehen. Der Wunsch, die aufmerksam liebevolle Helferin, den empathisch wertschätzenden Helfer als Freund und Partner im alltäglichen Leben dauerhaft an der Seite zu haben, erscheint dann mehr als naheliegend und menschlich mehr als verständlich. Kommen dabei noch erotische Wunschvorstellungen hinzu, ist das Verlieben in Helfende geradezu vorprogrammiert. Der Faktor Einsamkeit führt dann dazu, dass jede liebevolle Geste, jede empathische Äußerung als Zeichen ganz besonders persönlich gemeinter Wertschätzung und Zuwendung verstanden wird. Soziale Isolation und Einsamkeit kann sich im Idealfall bis zum nächsten Zusammentreffen durch den Fluss des Lebens bereits erfreulich verändert haben. Häufiger werden Sie es jedoch erleben, dass soziale Netzwerke sich auflösen und vormals sozial eingebettete Patienten nunmehr isoliert und beziehungsbedürftig leben. Der Verlauf unserer Interaktionen wird durch diese möglichen Wechsel der jeweiligen Ausgangssituation, in der der Patient sich befindet, wenn er auf uns trifft, vorhersagbar positiv oder negativ beeinflusst. Der von Korzybski angemahnte Hinweis, in jeder realen Begegnung mit Patienten die aktuellen Zeitindizes mit hinzuzudenken, erweist sich in Bezug auf die Problematik sozial isolierter Patienten von ganz besonders hoher Bedeutung:

»Ah ja, da kommt Herr Müller am 04.09.2017 um 10:35 Uhr – am 24.08.2017 um 16:00 Uhr war er noch sehnsüchtig einsam…«

In jedem Fall besteht die Herausforderung an Helfende darin, klar und unmissverständlich zu kommunizieren, dass *sie* keine über die therapeutische Beziehung hinausgehenden Beziehungen zu Patienten eingehen werden. Dies nicht, weil der jeweilige Patient oder die jeweilige Patientin in irgendeiner Weise als Partner per se unwürdig wäre, sondern einfach, weil dauerhaft professionelles, empathisch wertschätzendes, helfendes Dasein nur auf der Basis einer uneingeschränkten privaten Beziehungsabstinenz zu Patienten möglich und persönlich bewältigbar ist. Patienten können Sie diese Tatsache leicht vermitteln, wenn Sie sich selbst bewusstmachen, mit wie vielen Patienten Sie im Laufe Ihres Berufslebens in tiefen, bedeutsamen menschlichen Kontakt treten. Als klinischer Psychologe hatte ich neben vielen Einzelgesprächen und unterschiedlichsten therapeutischen Gruppen auch insgesamt 1650 Gruppen Stressbewältigung mit jeweils 12 Teilnehmenden durchgeführt. Die stolze Zahl von 19 800 Menschen, mit denen in empathisch wertschätzender Weise jeweils zehn intensive Gruppenstunden gemeinsamen Auslotens individueller persönlich belastender beruflicher und privater Themen helfend verbracht wurden. Ein Arzt wiederum führt etwa im Laufe seines Berufslebens gut 20 000 emotional bedeutsame Aufklärungsgespräche mit Patienten über Diagnosen und daraus ableitbare Behandlungspläne.

Wenn Helfende also nicht jedes Mal zur Feier ihres Geburtstages die große Festhalle mieten möchten, stellt sich die Frage nach der Möglichkeit von über die therapeutische Allianz hinausgehenden Beziehungen – gleich welcher Art – folgerichtig weder für Behandelnde noch für Patienten.

Manche »schwierige« Verhaltensweise des Patienten wird für uns viel verständlicher und nachvollziehbarer, wenn wir die zuvor angesprochenen Hintergrundinformationen über die Situation, in der der Patient auf uns trifft, kennen. So manche auf den ersten Blick absonderliche Verhaltensweise verliert gar ihre Etikettierung als schwierig – ist einfach nur normal. Wir können uns gut vorstellen, dass wir uns in der gleichen Situation oftmals kaum anders verhalten würden.

Übung 6

Für Sie persönlich nachvollziehbare und Ihnen bekannte schwierige situative Faktoren bei Ihren schwierigen Patienten

Was wissen Sie über die konkrete Situation, in der sich Ihre für Sie persönlich schwierigen Patienten gerade befinden? Machen Sie sich nach problematischen Interaktionssituationen Notizen darüber, welche situativen Faktoren des Patienten Ihnen bewusst sind.

(Beispiel: Patientin Eckert, folgende situativen Aspekte sind mir bekannt:
- *Ihr Mann ist vor 3 Monaten gestorben.*
- *Ihre Kinder hören ihr schon nicht mehr zu, wenn sie von ihren Beschwerden berichtet.*
- *Sie hat keine Hobbys.)*

Für mich persönlich nachvollziehbare und mir bekannte schwierige situative Faktoren bei meinen schwierigen Patienten:

Patient _____ Folgende situative Aspekte sind mir bekannt:

_____

_____

Patient _____ Folgende situative Aspekte sind mir bekannt:

_____

_____

Patient _____ Folgende situative Aspekte sind mir bekannt:

_____

_____

2 Der schwierige Helfer

So weit der Blick des Helfers auf den schwierigen Patienten.

Erlauben wir uns, das Geschehen aus der Sicht des Patienten zu sehen, ergibt sich nicht minder die Notwendigkeit zu einer differenzierten Sichtweise, wie wir sie soeben beim Patienten zur Anwendung gebracht haben. Auch hier lohnt es sich, genau hinzuschauen. Was sind die einzelnen Anteile der Persönlichkeit beim Helfer, die der Patient als schwierig erleben kann? Was sind die Verhaltensanteile beim Helfer, die der Patient als schwierig erleben kann? Welche problematischen Motive unterstellt der Patient zu Recht oder zu Unrecht dem Helfer? Und nicht zuletzt: In welcher für ihn schwierigen Ausgangssituation befindet sich der Helfer in der aktuellen Begegnung mit dem Patienten?

Untersuchen wir im Folgenden all die Anteile des Helfers, die er von seiner Seite aus in die Begegnung mit dem Patienten einbringt. Richten wir den Blick zunächst auf die Person des Helfers.

2.1 Die Person des Helfers – Auch

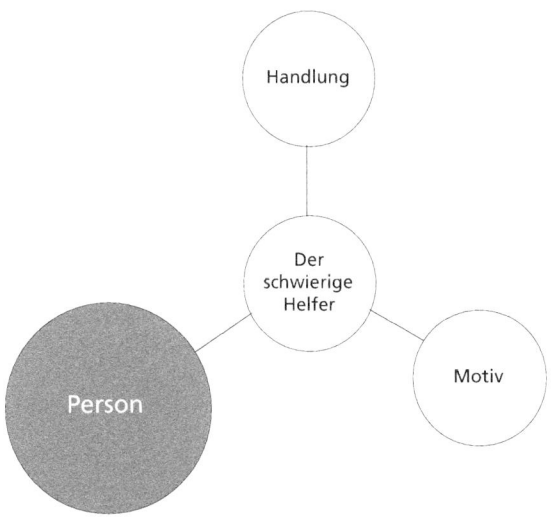

Auch hier gilt: Wir sind viele! Auch der Helfer besteht seinerseits aus einem Bündel von Persönlichkeitsanteilen, wie es bereits beim Patienten beschrieben wurde. In seinem Buch »Miteinander reden«, Teil 3, zeigt Friedemann Schulz von Thun die Karikatur eines Arztes, der sich freundlich und einfühlsam seinem Patienten zuwendet und gleichzeitig einen erschöpften, wütenden, genervten, griesgrämigen, ungeduldigen inneren Anteil in sich in Schach zu halten bestrebt ist. Da ich diese Darstellung für so treffend halte, freut es mich besonders, Ihnen mit persönlicher Genehmigung von Herrn Professor Friedemann Schulz von Thun diesen Cartoon hier zeigen zu können (▶ Abb. 2.1).

Abb. 2.1: Die verschiedenen Persönlichkeitsanteile des Helfers (aus: Friedemann Schulz von Thun, Miteinander reden 3. Das »Innere Team« und situationsgerechte Kommunikation, S. 204; Copyright © 1998 Rowohlt Taschenbuch Verlag GmbH, Reinbek bei Hamburg)

Es steht außer Frage, dass jeder Helfer umso störungsfreier und hilfreicher Helfer sein kann, je mehr er sich der Vielschichtigkeit seiner eigenen Persönlichkeitsanteile bewusst ist. In der psychoanalytischen Tradition muss nach wie vor jeder angehende Psychoanalytiker eine eigene Lehranalyse durchlaufen, bevor er zu praktizieren berechtigt ist. Dies verhilft zu einem hohen Maß an Bewusstheit über die eigenen Persönlichkeitsanteile. In vielen anderen aktuellen Ausbildungsplänen für helfende Berufe fehlt diese umfassende Anleitung zur Selbstreflexion – vor allem gegenüber den eigenen ungeliebten Selbstanteilen – und ist selbst 2024 immer noch ein veränderungsbedürftiges Lehrplandefizit.

Auch die in den 1960er und 1970er Jahren weit verbreitete Experimentierfreude unter den Studierenden der Heilberufe, aus eigenem Interesse und eigener Wachstumsmotiviertheit heraus an Selbsterfahrungs- und Encountergruppen teilzunehmen, gibt es momentan fast überhaupt nicht mehr. Gleichwohl sei jedem Helfer angeraten, sich der Vielschichtigkeit seiner eigenen Person soweit wie irgend möglich bewusst zu werden. Da ich in meinen Seminaren immer wieder nach Möglichkeiten zur qualifizierten Selbsterforschung auf hohem Niveau gefragt werde, habe ich Ihnen im Anhang Adressen angegeben, bei denen Sie diese Anleitungen zur Selbsterfahrung erhalten können. Irvin D. Yalom zeigt anhand seiner eigenen Selbsttherapie, für wie immens wichtig er umfassende Selbsterfahrung hält. Er schreibt:

> »In etlichen Ausbildungsprogrammen wird darauf bestanden, dass Studenten selbst eine Psychotherapie durchlaufen; einige weiterführende kalifornische Universitäten verlangen mittlerweile 16 bis 30 Stunden Einzeltherapie. Das ist ein guter Anfang – aber nur ein Anfang. Die Selbsterforschung ist ein lebenslanger Prozess, und ich empfehle, sie so gründlich und lange wie möglich und in vielen verschiedenen Lebensstadien durchzuführen.
>
> Meine eigene therapeutische Odyssee während meiner 45-jährigen Laufbahn sah und sieht folgendermaßen aus: Eine 750-stündige, fünfmal pro Woche stattfindende, klassisch Freud'sche Psychoanalyse als Psychiatrieassistent (bei einem Analytiker der konservativen Baltimore-Washington-Schule), ein Jahr Analyse bei Charles Rycroft (einem Vertreter der mittleren Richtung des British Psychoanalytic Institute), zwei Jahre bei Pat Baumgartner (einer Gestalttherapeutin), drei Jahre Psychotherapie bei Rollo May (einem interpersonal und existenziell orientierten Analytiker am William Alanson Whyte Psychoanalytic Institute) und zahlreiche kürzere Abstecher zu Therapeuten verschiedener Disziplinen, darunter Verhaltenstherapie, Bioenergetik, Rolfing, Arbeit mit Ehepaaren, eine (zum jetzigen Zeitpunkt) seit zehn Jahren bestehende Supervisionsgruppe männlicher Therapeuten ohne Leiter und in den 60er Jahren Encounter-Gruppen in allen möglichen Varianten, darunter eine nackte Marathongruppe.« (Yalom, 2002, S. 56)

Wenn wir darauf verzichten können, uns aus Angst vor Widersprüchlichkeiten in uns selbst auf ein starres Selbstkonzept festzulegen, müssen wir uns nicht mehr anstrengen, uns und der Welt zu beweisen: »Nur genau *so einer* bin ich – und kein anderer!«

Als Helfer ist es eine Notwendigkeit, von mir selbst zu wissen: *Ich bin viele.* Nur so ist es möglich, Erfahrungen, Gefühle, Gedanken in mir präzise wahrzunehmen, ohne sie verzerren zu müssen oder gar auszublenden. So kann ich meinem Bewusstsein erlauben wahrzunehmen, was da wirklich in mir ist, oder wie es Carl Rogers formuliert: »Das Bewusstsein ist nicht länger der Wächter über einen gefährlichen und undurchschaubaren Haufen von Impulsen, die nur im Ausnahmefall das Tageslicht erblicken dürfen, sondern wird zum geruhsamen Mitbewohner einer Gesellschaft von Impulsen, Gefühlen und Gedanken, die sich, wie man feststellt, sehr wohl selbst regulieren können, wenn sie nicht ängstlich behütet werden« (Rogers, zitiert nach Schulz von Thun, 1994, S. 198).

Vielleicht haben Sie sich beim vorangegangenen Lesen der Beschreibungen der Persönlichkeitsstörungen in Kapitel 1.1.1 erkannt und durchleuchtet gefühlt – und zwar nicht nur bei *einer* der »Störungen«, sondern gleich bei mehreren. Dann dürfen Sie sich entspannen. Je mehr »gestörte« Persönlichkeitsanteile Sie bei sich entdecken und sich selbst eingestehen können, desto größer ist die psychische Gesundheit, die Sie für sich beanspruchen können. Ihr Selbstbild ist nicht neurotisch eng eingegrenzt, sondern lässt eine bunte Vielfalt unterschiedlicher Persönlichkeitsanteile zu.

Veeresh D. Yuson-Sánchez formuliert es in einem von ihm als »Toiletten-Poster«[3] entworfenen und zur »Morgenmeditation« empfohlenen Text so:

Auch
Es gibt einen Mittelpunkt in Deinem Leben, den Du wertschätzen solltest. Er heißt **Auch**. Du kannst das Gefühl haben, dass Du das größte Arschloch auf dieser Welt bist, und wenn jemand zu Dir sagt, dass Du **auch** sehr liebenswert bist, dann wirst Du zusehen müssen, dass Du dies ebenfalls akzeptierst. **Auch** erlaubt Dir, in den Zwischenraum zu gleiten zwischen liebenswert zu sein und verachtenswert zu sein. Wenn Du lernst, **Auch** wertzuschätzen, dann ist das wie eine Erleuchtungsversicherung. Die Menschen neigen dazu, das Wort »**Auch**« zu vergessen. Sie denken, dass es entweder das eine oder das andere ist. Nein, es ist immer **Auch**. Was immer es sein mag, das auf Dich zukommt:
Du bist hässlich,
Du bist schön,
Du bist verwirrt und mitten im Schlamassel,
Du weißt nicht, was Du bist, **Auch**.
Du bist **Auch** manchmal sehr gut drauf, oder **Auch** der letzte Heuler, mit dem zusammen zu sein man sich vorstellen kann, **Auch**.
Auch bist Du manchmal sehr schön im Fluss: Alles um Dich herum ist sehr schön und es gibt nichts zu sagen.
Du willst wissen, wer Du bist? Du bist **Auch**.
Klammere niemals zu irgendeinem Zeitpunkt irgendetwas aus.
Alles ist immer **Auch**.
Falls Du irgendetwas ausklammerst, bist Du ein bedauernswertes menschliches Wesen. Du lässt nicht mehr zu.
Auch, **Auch**, **Auch**, **Auch**, das ist es, was Du bist.
Wir haben nur so wenig Zeit zu leben. Innerhalb dieser Zeit schließe alles mit ein.
Auch, **Auch**, **Auch**.
Ich habe es vermasselt, **Auch**.
Ich fühle mich großartig, **Auch**.
Ich hatte den größten Orgasmus, **Auch**.
Ich habe es blockiert, **Auch**.
Wenn Du das erlauben kannst, ist es schön.
Ich bin schön, weil ich die **Auch**s in mir erlaube. Ich bin schön, weil ich meine Hässlichkeit akzeptiere. Ich akzeptiere, es vermasselt zu haben. Ich akzeptiere es, mich schuldig zu fühlen. Ich akzeptiere es, dass ich wünsche, ich könnte es besser tun.

---

3 Die Erklärung dazu lautet: »Wenn Sie dieses Poster auf Ihrer Toilette aufhängen, dann besteht die große Wahrscheinlichkeit, dass Sie diesen Text zu unterschiedlichsten Zeiten in unterschiedlichsten Stimmungen und körperlich-seelischen Verfassungen lesen: morgens mittags, abends, nachts; elend, müde, matt, traurig, sorgenvoll und angeschlagen oder heiter, unternehmungslustig, in vollstem körperlichen Wohlbefinden. Jeweils ein anderer Ego-State von Ihnen wird dann dieses Poster lesen. Jeweils ein anderer Mitfahrer Ihrer Persönlichkeitsvielfalt wird dann am Steuer Ihres Persönlichkeitsomnibusses seine eigenen Erkenntnisse daraus ziehen können. Die Toilette ist somit ein besonders gut geeigneter Ort, um seine eigenen vielen Auchs erkennen und reflektieren zu können.

Falls Du jemals in eine Situation kommst, wo Du die Dinge nicht akzeptieren kannst – dies ist auch ein **Auch.**
(Yuson-Sánchez, 1997, S. 14 ff., Übersetzung des Autors)

Ich möchte die Überlegungen zu unserer eigenen Vielschichtigkeit als Helfer abschließen mit den Schlussworten von Virginia Satir in ihrem Buch »Meine vielen Gesichter – wer bin ich wirklich?«:

»In dem Maße, in dem wir uns selbst mit all unseren Teilen akzeptieren, werden wir eine abgerundete Persönlichkeit, die zu sich selbst liebevoll ist und dadurch auch anderen offener und liebevoller begegnen kann. Die Herausforderungen, denen wir uns zu stellen haben, können wir zu schöpferischen Abenteuern werden lassen. Das geht nicht immer schmerzlos, aber verspricht ein zufriedenstellenderes Ergebnis. So wünsche ich Dir nun alles Gute auf Deiner ganz persönlichen Entdeckungsreise, Dir als Wunder zu begegnen. Liebevolle Gedanken von mir begleiten Dich und wollen Dir Mut machen, neue Erfahrungen zu riskieren.« (Satir, 2001, S. 115)

Übung 7

Für Sie persönlich schwierige eigene Persönlichkeitsaspekte

Wenn Sie lernen möchten, so viele Mitglieder Ihres inneren Omnibusteams wie möglich bei sich selbst zu akzeptieren, ist es notwendig, so viele Persönlichkeitsanteile wie möglich benennen zu können, mit denen Sie sich bei sich selbst schwertun.

Achten Sie bei Ihren nächsten Begegnungen mit den Patienten, mit denen Sie sich schwertun, darauf, mit welchen Ihrer eigenen Teilpersönlichkeiten Sie sich ganz besonders schwertun. Welche im Omnibus der Gesamtpersönlichkeit mitreisenden Teilpersönlichkeiten sind Ihnen bei sich selbst besonders unsympathisch, sind für Sie persönlich besonders schwierig zu akzeptieren? Achtsamkeit und die Bereitschaft, auch ungeliebte Anteile bei sich selbst wahrnehmen zu wollen, sind die Voraussetzung dafür, diese Liste zu erstellen.

Besonders schwierig sind für mich folgende eigene Persönlichkeitsaspekte
(z. B. der Verzagte; das schweigende Lamm; die Stimmungskanone; der Macher; ...)

Der / Die / Das _____

Der / Die / Das _____

Der / Die / Das _____

Der / Die / Das _____

Der / Die / Das _____

Der / Die / Das _____

Der / Die / Das _____

Der / Die / Das _____

Der / Die / Das _____

Übung 8

Für Sie persönlich angenehme eigene Persönlichkeitsaspekte

Wenn Sie lernen möchten, mit so vielen Mitgliedern wie möglich Ihres inneren Omnibusteams in regem Kontakt zu stehen, ist es hilfreich, so viele Persönlichkeitsanteile wie möglich zu benennen, mit denen Sie sich bei sich selbst leichttun.

Achten Sie bei Ihren nächsten Begegnungen mit den Patienten, mit denen Sie sich schwertun, darauf, mit welchen eigenen Teilpersönlichkeiten Sie dabei besonders leicht in konstruktiven Kontakt mit Ihren für Sie schwierigen Patienten kommen können. Welche im Omnibus der Gesamtpersönlichkeit mitreisenden Teilpersönlichkeiten sind Ihnen bei sich selbst besonders sympathisch, sind für Sie persönlich besonders leicht zu akzeptieren?

Die Persönlichkeitsanteile von mir, die ich am meisten mag, sind:
(z. B. der Lebenskünstler; der Denker; das Naturkind; die Forscherseele; der ...)

Der / Die / Das _____

Der / Die / Das _____

Der / Die / Das _____

Der / Die / Das _____

Der / Die / Das _____

Der / Die / Das _____

Der / Die / Das _____

Der / Die / Das _____

Der / Die / Das _____

2.2 Die Handlungen des Helfers

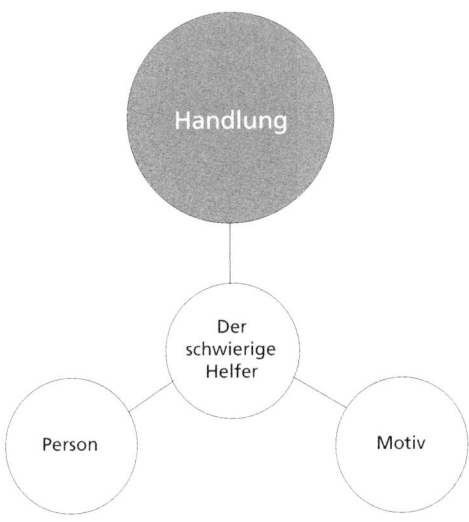

Schwierig erlebte Verhaltensweisen des schwierigen Helfers

Aus Sicht des Patienten begegnet ihm der Helfer ebenfalls mit einer Vielzahl von Handlungen (▶ Abb. 2.2).

Abb. 2.2: Die Handlungen des Helfers sind vielfältig.

Aus diesem Bündel der vom Helfer gezeigten Handlungen gibt es vorprogrammiert die eine oder andere Handlung, die der Patient für sich als schwierig und problematisch erlebt. Die häufigsten Verhaltensweisen von Helfern, die Patienten negativ erleben, fasst C. Reimer (1991) folgendermaßen zusammen:

Helferverhalten, das offensichtlich geprägt ist von

- Ärger
- Wut
- Strafe
- Rache
- Distanzierung
- Rückzug
- Ablehnung des Patienten

Zusätzlich dazu alle problematischen Verhaltensweisen des Helfers, die bei ihm auftreten im Zusammenhang mit von ihm erlebten Gefühlen von Hilflosigkeit, von Ohnmacht und Langeweile; unangemessene Verhaltensweisen dem Patienten gegenüber auf der Basis eigener erlebter Spannungszustände, insbesondere eigener muskulärer Verspannungen und verschiedener Somatisierungen. Kurzum, wenn der Helfer »schlecht drauf« ist, darf er kaum hoffen, dass sein reales, aktuelles Verhalten dem Patienten gegenüber davon unbeeinflusst bleibt. Anders als beim Patienten stellt sich hier jedoch zu Recht die Forderung an den professionellen Helfer, bezüglich seiner eigenen geäußerten Verhaltensweisen ein hohes Maß an Bewusstheit und die Fähigkeit zur Selbstkontrolle zu entwickeln.

Nach Kanfer, Reinecker und Schmelzer (2006, S. 442) besteht der Hauptzweck einer zielorientierten Selbsterfahrung darin, Störfaktoren gering zu halten, die durch den Helfer in den diagnostisch-therapeutischen Prozess einfließen und verhindern, dass die therapeutisch relevanten Ziele erreicht werden.

Das von Joe Luft und Harry Ingram entwickelte Johari-Fenster illustriert deutlich, worum es geht. Es konfrontiert uns mit unserer professionellen Pflicht zur Minimierung des Feldes, in dem unsere blinden Flecke liegen hinsichtlich eigener problematischer Verhaltensweisen dem Patienten gegenüber (▶ Abb. 2.3).

Betrachten wir das Johari-Fenster, sehen wir zunächst den Teil, der uns selbst bekannt ist und der anderen bekannt ist – dies ist der öffentliche Teil unseres Selbst. Hier finden alle Handlungen gegenüber dem Patienten statt, die uns selbst bewusst sind und die der Patient auch an uns wahrnehmen kann.

Der Teil, den wir vor anderen, namentlich dem Patienten, zu verstecken trachten, ist zwar uns selbst bewusst, aber eben geheim gehalten: unser geheimes Selbst, das bestrebt ist, einen Teil unserer Verhaltensweisen vor anderen geheim zu halten. Die hinter dem Rücken des Patienten hochgezogene Augenbraue, von der wir annehmen können, dass sie der Patient nicht sieht, der vielsagende Blick zwischen Kollegen, den wir vor dem Patienten zu verheimlichen bemüht sind.

Problematisch auf unserer Seite als Helfer ist der Teil, der dem eigenen Selbst nicht bekannt, aber den anderen, speziell dem Patienten, offensichtlich ist: unsere

	Dem Selbst bekannt	Dem Selbst unbekannt
Anderen bekannt	Öffentlich	Blind
Anderen unbekannt	Geheim	Unbewusst

Abb. 2.3: Das Johari-Fenster (nach Yalom, I. D. [2002]. Der Panama-Hut, S. 126. München: Goldmann/Random House. Copyright © 2002 by Irvin Yalom. Originalausgabe: The Gift of Therapy. New York: HarperCollins)

blinden Flecke, unser eigener problematischer, uns selbst nicht bewusster Verhaltensanteil dem Patienten gegenüber.

Und letztlich das Feld, in dem all die Verhaltensanteile liegen, die sowohl uns selbst unbewusst und unbekannt sind als auch dem Patienten nicht bewusst und bekannt sind: unser unbewusstes und für andere nicht sichtbares Denk-, Verhaltens- und Persönlichkeitsfeld.

Kollegiales Feedback, Supervision und wiederholte, professionell angeleitete Selbsterfahrung sind Pflicht für jeden professionellen Helfer, der seine eigenen problematischen Verhaltensanteile Patienten gegenüber zu minimieren bestrebt ist. Das Ziel ist klar: Das öffentliche Selbst soll wachsen und auf Kosten der drei anderen Anteile des Selbst mehr und mehr Verhaltensraum einnehmen können. Das geheime Selbst darf immer kleiner werden und die Größe der blinden Flecke und des unbewussten Selbst dürfen auf ein Minimum schrumpfen.

> »Entscheidend für den Erfolg oder Misserfolg im beruflichen Arbeitsfeld ist nicht, wie ein Mensch ist, sondern wie er von anderen wahrgenommen wird. Wenn jemand weiß, wie er auf andere wirkt, hat dies zwei wesentliche Konsequenzen: Erstens, er versteht das Verhalten seiner Mitmenschen ihm selbst gegenüber besser als bisher; zweitens, er kann sein eigenes Verhalten besser – zielorientierter und situativ angepasster – steuern.
>
> Wie ein Mensch auf andere wirkt, bleibt jedoch dem Betreffenden selbst normalerweise verborgen. Die meisten Menschen haben Hemmungen, anderen ihre Beobachtungen und Empfindungen offen und ehrlich mitzuteilen. Der Hauptgrund: Angst vor ›Verletzungen‹«. (Doppler & Lauterberg, zitiert in Scobel, 2002, S. 102)

Sie können sich unter Kollegen durch gegenseitiges Feedback unterstützen, Ihre jeweiligen blinden Flecke zu erkennen. Lassen Sie den anderen wissen, welche Gefühle ein bestimmtes Verhalten von ihm in Ihnen ausgelöst hat. Durch Rückmeldungen der anderen können Sie zum besseren Zeugen Ihres eigenen Verhaltens werden und lernen, die Wirkung Ihres Verhaltens auf andere realistischer einzuschätzen. Aber natürlich nur, wenn Sie dafür offen sind. Schwelende Teamkonflikte werden dies schwermachen. Ein Team, das geprägt ist von wechselseitiger prinzipieller Wertschätzung, wird es jedem einzelnen Teammitglied leichter machen, sich offen zu äußern und offen zu sein, auch für Rückmeldungen über problematisches eigenes Verhalten.

Viele professionelle Helfer haben jedoch leider kein Bedürfnis nach engem Kontakt mit sich selbst im beruflichen Alltag. Sie möchten in Situationen des professionellen Helfens möglichst wenig von sich selbst wissen. Möchten ihre Gefühle nicht spüren, ihre Gedanken nicht in allen Verzweigungen kennen, ihr Verhalten nicht wirklich reflektieren und schon gar keine kritischen Rückmeldungen darüber erhalten.

Viele Helfer haben die Idee, dass ein perfekter Profi jemand ist, der »keine menschlichen Schwächen, Verwundbarkeiten kennt, der durch nichts und niemanden zu beirren ist, der sich keine Nachdenklichkeiten anmerken lässt« (Schulz von Thun, Ruppel & Stratmann, 2004, S. 14).

Um offen zu sein für Rückmeldungen über Ihr eigenes Verhalten dem Patienten gegenüber, mag es für Sie als Helfer jedoch hilfreich sein, ein anderes Verständnis über Ihre Rolle als Profi in Erwägung zu ziehen. Ein Verständnis von Professionalität, indem Sie als die einzigartige Person, die Sie in Ihrer Vielfalt ja auch tatsächlich sind, mit dem Patienten in Kontakt treten dürfen. Ein Verständnis von Professionalität, das die Verbindung von fachlicher Kompetenz und Ihrer eigenen Menschlichkeit zulässt. Ein Ja zu: »Professionalität, die ein menschliches Antlitz trägt, die menschliche Schwächen und Fehlbarkeiten, menschliche Empfindlichkeiten und momentane Verwirrtheiten einschließt« (Schulz von Thun et al., 2004, S. 14).

Übung 9

Für Sie persönlich schwierige eigene Verhaltensweisen Ihren Patienten gegenüber

Dokumentieren Sie in den nächsten Tagen, welche konkreten Verhaltensweisen sowohl Sie selbst als auch Ihre Patienten an Ihnen als ganz besonders schwierig erleben. Dokumentieren Sie diese Verhaltensweisen und Ihre Reaktionen darauf so konkret wie möglich.

Versuchen Sie sich so vieler eigener Verhaltensweisen wie möglich bewusst zu werden, die Sie selbst als problematisch im Umgang mit Ihren Patienten erleben. Wenn Sie unsicher sind, ob Ihr Verhalten in der jeweiligen Situation für den Patienten schwierig war, bitten Sie ihn um Feedback. Nutzen Sie so viele Gelegenheiten wie möglich, sich Feedback geben zu lassen von Patienten, Kollegen, Vorgesetzten und Freunden.
(z. B.: Wenn ich, noch während ich mit dem Patienten spreche, mich meiner nächsten Arbeit zuwende, dann reagieren einige Patienten irritiert darauf; wenn ich es eilig habe und darauf verzichte, dem Patienten notwendige Hintergrunderklärungen zu geben, dann können manche meiner Patienten meine Anleitungen nicht umsetzen.)

Folgende Verhaltensweisen erlebe ich bei mir als schwierig und die Reaktion meiner Patienten darauf ist:

Wenn ich _____

dann _____

Wenn ich _____

dann _____

Wenn ich _____

dann _____

Wenn ich _____

dann _____

2.3 Die Motive des Helfers

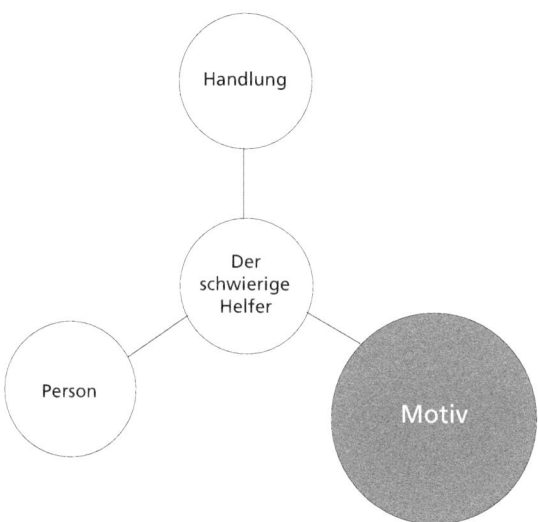

Von Patienten bei Helfern als problematisch erlebte Motive

In der Begegnung mit dem Helfer reagieren Patienten natürlicherweise nicht nur auf seine offensichtlich wahrnehmbaren Äußerungen und Verhaltensweisen, sondern ebenfalls sehr oft viel intensiver auf die ihm dabei zu Recht oder zu Unrecht unterstellten Motive.

Auch für den Helfer können wir in der jeweiligen Begegnungssituation mit dem Patienten davon ausgehen, dass er seine berechtigten menschlichen Grundmotive vom Patienten gewahrt sehen möchte. Ebenso wie in Kapitel 1.3.1 für den Patienten ausgeführt, möchte jeder Helfer auch seine eigene Würde als Mensch unangetastet erleben.

Darüber hinaus gibt es genauso wie bei jedem Patienten auch bei jedem Helfer zusätzliche, ihm persönlich besonders wichtige Motive (▶ Abb. 2.4). Diese auf der persönlichen Biographie beruhenden individuell besonders wichtigen Motive bestimmen im Hintergrund die Interaktion mit den jeweiligen Patienten ganz wesentlich mit.

Viele Patienten haben eine sehr sensible Antenne dafür, mit welchen Motiven die Helfer sich ihnen nähern. M. Calnan beschreibt bereits 1988 problematische Motive des Helfers, die er in Ausbildung und Supervision immer wieder beobachten konnte:

- Wünsche nach symbiotischen Beziehungen zum Patienten
- Probleme des Helfers mit Nähe und Distanz, die zu dem Motiv führen, jegliche Nähe zu vermeiden oder Distanz unbedingt zu minimieren
- Unrealistische Wünsche bezüglich der eigenen Veränderungsfähigkeit – das Motiv der Heilungs- und Hilfeallmacht

- Probleme mit der zeitlichen Limitierung des Kontakts mit dem Patienten vor dem Hintergrund idealistischer, humanistischer Motive
- Wünsche nach Idealisierung – das unrealistische Motiv, von allen Patienten anerkannt und in hohem Maße wertgeschätzt werden zu wollen
- Motive, sich für den Patienten im Übermaß einzusetzen oder sich von ihm zu distanzieren, die aus Gegenübertragungsproblemen resultieren

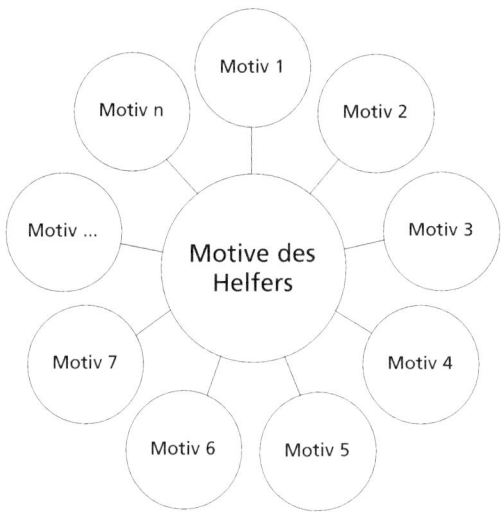

Abb. 2.4: Die Motive des Helfers sind vielfältig.

Aus seiner Erfahrung als Supervisor im Krankenhaus berichtet W. Scobel, dass bei einer Vielzahl von problematischen Verhaltensweisen der Helfer das Motiv der Angstverdrängung und -bewältigung im Hintergrund stark wirksam ist. Als ganz typische Ängste bei Ärzten und beim Pflegepersonal fand er – ich zitiere wörtlich:

- »Angst vor Fehlern und Misserfolgen
- Angst vor Hilflosigkeit (Ohnmacht/Insuffizienz)
- Angst vor Kritik und Bestrafung (z. B. durch Vorgesetzte; s. Hierarchie)
- Angst vor eigener Schwäche und Krankheit (Angst vor Verlust der eigenen Vitalität)
- Angst vor Grenzen (z. B. der eigenen Belastbarkeit)
- Angst vor vitaler Begrenztheit im Hier und Jetzt
- Angst vor dem Ausbrennen
- Angst vor vitaler Begrenztheit durch das Älterwerden
- Angst vor dem Sterben und Tod (Angst vor vitaler Begrenztheit in Bezug auf die eigene Lebenszeit)
- Angst vor Berührung (körperlich: Wunden, Geschwüre, Verletzungen etc. und im übertragenen Sinne: Not, Leiden etc.)
- Angst vor Beschämung
- Angst vor Mitleid und Mitleiden (oft Angst vor Gefühlen generell)

- Angst vor Trennung und Verlust (z. B. Abschiede von Patienten; Trennungen von Kolleginnen und Kollegen; häufiger Wechsel der Ärzte; Verluste von wichtigen Bezugspersonen; Angst vor Arbeitsplatzverlust etc.)
- Angst vor Bloßstellung und Entwertung (bzw. Konkurrenz- und Akzeptanzprobleme)
- Angst vor Offenheit und Selbstoffenbarung
- Angst vor zu viel Verantwortung (besonders in der Intensivmedizin)« (Scobel, 2002, S. 61–62)

Das Motiv, all diese Ängste im Griff zu halten, führt seiner Meinung nach zu einer Reihe von unangemessenen Verhaltensweisen und zum Aufbau von dysfunktionalen Strukturen in der Begegnung mit den Patienten.

> »Dazu zählt meines Erachtens die Tagesstruktur einer Station, ebenso wie die stereotype Überbetonung von Sauberkeit, Hygiene und Ordnung. Nicht nur reibungslose Arbeitsabläufe sollen auf diese Weise für das Personal garantiert werden, nein, es soll auch die Illusion des Machbaren und der Normalität gefördert werden. Strukturen und Regeln vermitteln Sicherheit – für die Patienten, aber auch für das jeweilige Pflegeteam. Nicht selten verkehren sich dann Tagesabläufe unbemerkt in lebens- und patientenfeindliche Umwelten, die den einzelnen kranken Menschen zur Passivität ›verdammen‹ und in ein ›unmündiges Korsett‹ pressen« (Scobel, 2002, S. 63).

Wenn Patienten sich dann zu Recht gegen dieses unmündige Korsett wehren, werden sie wiederum leicht als »schwierige Patienten« betrachtet und abgelehnt.

In Bezug auf problematische Motive des Helfers wählen Kanfer, Reinecker und Schmelzer (2006) ein ganz besonders drastisches Bild: Jeder Helfende ist nach ihrer Meinung immer umgeben von drei motivationalen »Teufelchen«:

1. das Teufelchen der Macht
2. das Teufelchen der Neugier
3. das Teufelchen der Selbsttherapie

Das motivationale Teufelchen der Macht ist klar: »Ich bin hier der Boss! – Alles hört auf MEIN Kommando! – ICH bestimme, wie und was hier läuft!«

Achten Sie bei allen sachlich notwendigen Vorgaben ganz besonders auf die dünne Linie zwischen dem, was Sie inhaltlich unabdingbar vom Patienten fordern dürfen und müssen, und dem eigenen problematischen Motiv der Selbstwerterhöhung durch unangemessene Machtausübung.

Das motivationale Teufelchen der Neugier versteckt sich gerne hinter der ethisch einwandfreien Notwendigkeit zu genauer, differenzierter anamnestischer Datenerhebung. Von außen lässt sich das problematische Motiv unangemessener, ja voyeuristischer Neugier kaum juristisch exakt nachweisen. Sie alleine sind es, die den Unterschied genau kennen und sich die Frage ehrlich beantworten können: »Stelle ich jetzt diese Frage, weil es für die Anamnese, die Therapie oder die therapeutische Beziehung wichtig und angemessen ist, oder treibt mich mein persönlicher unprofessioneller Voyeurismus, meine Lust an der Sensation, mein Motiv unangemessener Neugier?«

Das motivationale Teufelchen der Selbsttherapie wiederum erkennen Sie am leichtesten daran, dass Sie dem Patienten gegenüber ganz besonders engagiert sind, ihn oder sie zu einer Verhaltensänderung zu motivieren, die eindeutig Ihrem eigenen Thema entspricht. Sie rauchen selbst noch, »predigen« aber Ihrem Patienten ganz besonders eindringlich, wie gesundheitsschädlich dieses Verhalten ist? Sie selbst haben inzwischen 15 kg Übergewicht angesammelt und legen ganz besonders viel Wert darauf, dass Ihre Patienten wieder zurück in den Normalbereich ihres Körpergewichtes kommen? Hier ist ganz sicher das problematische Motiv der Selbsttherapie die treibende Kraft in der vorhersagbar schwierig werdenden Interaktion mit Ihren Patienten.

Inspiriert von diesen Beschreibungen hat auch hier wieder die Kunst-Therapeutin Iris Schörner diesen Sachverhalt treffend illustriert. Sie eröffnet uns mit gekonnter Federführung den Blick auf einen Therapeuten bei seiner von den drei Teufelchen begleiteten Arbeit.

Abb. 2.5: Die drei Teufelchen: Macht, Neugier, Selbsttherapie

Gerade bei der Analyse der Motive des Helfers wird deutlich, wie notwendig Supervision durch einen externen Supervisor ist, um durch einen Blick von außen eigene blinde Flecke erkennen zu können. Blinde Flecken bezüglich der eigenen Motive, die unbewusst im Hintergrund ablaufen, führen unweigerlich zur Wahrnehmung des Patienten als schwierig. Der Patient wird als schwierig erlebt, weil dem Helfer unverständlich bleibt, weshalb er sich gegen etwas wehrt, das ja vermeintlich nur zu seinem Besten getan wird.

Die nachfolgend in Abschnitt 2.4 analysierte Komplexität der Situation, in der sich der Helfer in der professionellen Begegnung mit dem Patienten befindet, macht die Herausforderung im Praxis- und Stationsalltag deutlich, sich über eigene tatsächliche Motive bewusst zu bleiben.

Übung 10

Ihre eigenen problematischen Motive

Welcher problematischen Motive sind Sie sich bei sich selbst gegenüber Ihren Patienten bewusst?

Liste meiner problematischen Motive

(z. B.: *Ich möchte, dass der Patient von meiner Behandlung begeistert ist.*
Ich möchte jeden Patienten heilen können.
Ich möchte nicht, dass der Patient denkt, dass ich unfähig bin.
Ich möchte nicht, dass mir das Leid des Patienten zu nahegeht.)

Ich möchte _____

Ich möchte _____

Ich möchte _____

Ich möchte _____

Ich möchte _____

Ich möchte _____

Ich möchte nicht _____

Ich möchte nicht _____

Ich möchte nicht _____

Ich möchte nicht _____

Ich möchte nicht _____

Ich möchte nicht _____

2.4 Die Situation des Helfers

Schwierige Aspekte in der Situation, in der wir als schwierige Helfer auf den Patienten treffen

Auch für den Helfer gilt, dass er dem Patienten in einer aktuellen Situation begegnet, die wesentlich dazu beiträgt, wie die Interaktion zwischen ihm und dem Patienten verlaufen wird.

Helfer müssen in ihrem Alltag sehr unterschiedlichen, nicht selten auch gegensätzlichen Anforderungen gerecht werden. Der Helfer soll sich einerseits geduldig Zeit nehmen, das Anliegen des Patienten zu verstehen, und darauf angemessen reagieren. Andererseits sollen viele Verwaltungsarbeiten gewissenhaft »nebenbei«, aber selbstverständlich fehlerfrei ausgeführt werden. Betrachten wir deshalb die wichtigsten Aspekte, die die Situation des Helfers prägen, in der er dem Patienten begegnet.

- **Ist der Raum, in dem wir dem Patienten begegnen, für unser Wohlbefinden förderlich?**
  Wir Helfenden verbringen oft mehr Stunden in dem Raum, in dem wir mit Patienten arbeiten, als in unserem eigenen Wohnzimmer. Ein guter Grund für eine bewusste, achtsame Gestaltung dieser uns und den Patienten beeinflussenden Begegnungsumwelt. Ich erinnere mich noch gut an meine ersten Wochen in der Klinik im Oktober 1980. Es war kein goldener Oktober, es war ein grauer Oktober. Die Einrichtung meines Therapiezimmers war farblos, die Möbel steril, die Bilder an den Wänden ausdruckslos. Der Grundgeruch des Raumes war streng und unangenehm. Hier wollte ich also mindestens drei Jahre verbringen. Ganz

sicher so nicht! Ich tauschte die Bilder an den Wänden aus, besorgte Pflanzen, einen Lichtsäulenbrunnen und schob die Möbel solange hin und her, bis es sich für mich stimmig anfühlte. Ich experimentierte mit Düften: Obstschale, Blumen, Duftlampe, Raumspray, Orangenölreiniger, Rosenseife, wohlriechende Dekorationsobjekte und konsequentes Lüftungsmanagement. Mein Schreibtisch wurde unverkennbar Woche um Woche mehr und mehr mein Schreibtisch.

Mitscherlich, Hundertwasser, Feng Shui, Sthapatya Veda-Vastu – allesamt Fundgruben innenarchitektonischen Wissens um ein Leben in Harmonie mit der Natur, in Räumen, die üblicherweise in Kliniken, Praxen und Beratungsstellen weit davon entfernt sind, in Übereinstimmung mit den Naturgesetzen zu sein. Ich musste schmunzeln, bei Hoffmann und Hofmann in ihrem Buch von 2008 zur Selbstfürsorge für Therapeuten und Berater auf Seite 46 zu lesen:

»Sie müssen sich bei Ihrem räumlichen Arrangement nicht unbedingt an das halten, was andere in der Regel tun. Experimentieren Sie!«

Ihr Vorschlag zu einer sinnvollen Arbeitsraum-Achtsamkeitsübung, dem ich voll und ganz zustimme:

»Schauen Sie sich einmal gründlicher in Ihrem Arbeitszimmer um: Trägt es Ihren Stempel? Wodurch können Sie es persönlicher und intimer gestalten?« Ja, ich stimme der Idee von Hoffmann und Hofmann in vollem Umfang zu, »mitten in Ihrem Arbeitsraum Inseln der Privatheit entstehen zu lassen, die Ihrer Entlastung und Regeneration dienen« (Hoffmann & Hoffmann, 2008, S. 46).

- **Ist der Helfer unter Zeitdruck?**
  Befindet sich der Helfer zum Kontaktzeitpunkt mit dem Patienten selbst unter Zeitdruck oder steht ausreichend Zeit zur Verfügung?

Dr. Winters war noch schnell im Altenheim. Montag früh war wirklich nicht der Tag für Hausbesuche. Das Wartezimmer voll bis auf den letzten Stuhl und viele »Eben-schnell-mal«-Patienten, die die Rezeption belagerten. Aus Erfahrung wusste er jedoch, dass es sich immer um einen echten Notfall handelte, wenn Schwester Maria bei ihm anrief und ihn höflich fragte, ob er bitte kurz einmal kommen könne. Einem ihrer Schützlinge im Altenheim gehe es gerade nicht gut. So auch heute.

Frau Wolters hatte allen Anzeichen nach in den frühen Morgenstunden einen Herzinfarkt erlitten. Dr. Winters entschied sich für eine sofortige Verlegung der 78-jährigen Patientin ins Akutkrankenhaus. Ein Zettel hier, ein Formular dort – die Zeit verrann, bis Dr. Winters eine halbe Stunde nach Sprechstundenbeginn wieder in seiner Praxis war.

Nur mit Mühe konnte er den Zorn unterdrücken, der in ihm aufbrodelte, als Doris, seine Arzthelferin in Ausbildung, Oma Kallinke ins Sprechzimmer führte. Er wusste nicht, über wen er sich mehr ärgern sollte. Über Doris, weil es ihr nicht gelungen war, Oma Kallinke auf einen anderen Termin zu vertrösten, oder über Oma Kallinke selbst.

Wie schon häufiger zuvor, stand sie bereits seit 5:30 Uhr vor der Praxistür. Für sie kein Problem. Die letzten 30 Jahre hatte sie in der Frühschicht bei der

Bahnpost gearbeitet. Um 5:30 Uhr war sie aus Gewohnheit tatendurstig. Doch jetzt, als erste Patientin bei vollem Wartezimmer und einer halben Stunde Verspätung, war sie für Dr. Winters eine echte Herausforderung. Oma Kallinke hatte einen ganzen Packen Zeitschriften dabei, einzelne Artikel, die sie gesammelt hatte, mit Tipps gegen trockenen Mund. Heute Morgen wollte sie von Dr. Winters wissen, ob er für sie persönlich Salbeibonbons oder Anisbonbons für besser geeignet halte.

- **Behandelt der Helfer den ersten Patienten des Tages oder den letzten?**
  Ist der Patient, der als schwierig erlebt wird, der erste Patient dieses Tages oder kommt es zu dem Zusammentreffen, nachdem schon mehrere problematische Situationen mit anderen Patienten an diesem Tag stattgefunden hatten? Dieser situative Faktor ist nicht unwesentlich. Er erklärt, weshalb ein und derselbe Helfer bei ähnlich ablaufenden Interaktionsschwierigkeiten gelassen oder unangemessen reagieren wird. Kaum ein Helfer, dessen Geduldsfaden am Ende des Tages noch genauso reißfest ist wie zu Beginn.
- **Ist dem Helfer der Patient bekannt?**
  Kennt der Helfer den Patienten schon oder ist es sein erster Kontakt mit ihm? Mit vertrauten Patienten ist die Situation, in der sich der Helfer befindet, natürlicherweise wesentlich entspannter für ihn. Erstkontakte mit neuen Patienten empfinden viele Helfer hingegen als wesentlich größere Herausforderung.
- **Wie ist das persönliche Befinden des Helfers?**
  Wie fühlt er sich selbst? Ist er durch Themen belastet, die unabhängig sind von dem Patientenkontakt? Befindet er sich in seiner eigenen Partnerschaft gerade in einer kritischen Phase oder ist er frisch verliebt und kann sich deshalb fast nicht auf die Arbeit konzentrieren? Wie geht es ihm gerade körperlich? Plagen ihn Rückenschmerzen, Zahnweh oder Kopfschmerzen? Hat er selbst gut geschlafen oder war die Nacht wieder einmal zu kurz?
- **Verfügt der Helfer über die notwendige Kompetenz?**
  Verfügt er über die erforderliche Kompetenz, oder befindet er sich aufgrund von Urlaubszeit, Krankenvertretung oder Personalengpass nur vertretungsweise am jetzigen Arbeitsplatz und ist mit der Arbeit, den Patienten und den dort häufigen Therapiefeldern wenig vertraut. Möglicherweise trifft er zum ersten Mal auf einen Patienten mit einem Krankheitsbild, an das er sich mit seinem theoretischen Wissen zwar erinnert, welches ihm aber im Praxisalltag noch nie zuvor begegnet war.
- **Sind die Verantwortlichkeiten klar geregelt?**
  Sind die Handlungs- und Entscheidungsbefugnisse des Helfers eindeutig? Oder muss er befürchten, dass Entscheidungen, die er trifft, vom nächsten Vorgesetzten wieder zunichtegemacht werden? Schwierig wird es für viele Helfer immer dann, wenn der mühsame Aufbau einer halbwegs tragfähigen Allianz mit dem Patienten, der seinem Therapie-Angebot gegenüber besonders kritisch eingestellt ist, durch Vorgesetzte massiv zum Einsturz gebracht wird. Dies geschieht häufig dadurch, dass Vorgesetzte – oftmals geritten von *ihrem* Teufelchen der Macht – vor dem Patienten den Behandlungsplan völlig umstellen oder auch nur besserwisserische kritische Anmerkungen über oftmals irrelevante Details der geplanten

Behandlung zum Besten geben. Es geht aber auch umgekehrt: Der Oberarzt kritisiert im Nachhinein zur Visite die Aussage des leitenden Arztes gegenüber dem Patienten, der Arzt vertritt dem Patienten gegenüber eine andere Meinung als der Oberarzt, die Pflegeleitung stimmt nicht mit der Position des Arztes überein, die Pflegeschülerin macht ihre eigenen schnippischen Kommentare dazu und die Reinigungskraft schwört auf ihr Hausmittelchen, das den ganzen wissenschaftlichen Therapievorschlägen sowieso überlegen ist …

- **Wie ist das Arbeitsklima?**
Befindet sich der Helfer in einem harmonisch konstant zusammenarbeitenden Team oder gibt es häufige Personalwechsel? Bestehen chronische Teamkonflikte oder erleidet der Helfer sogar gegen sich gerichtetes Mobbing? Vergiften innerhalb des Teams Kompetenzeifersüchteleien die Atmosphäre? Besteht Stellensicherheit für alle Beteiligten oder muss der Helfer bei einem Fehler befürchten, als Nächster dem Stellenkürzungsplan zum Opfer zu fallen?

- **Steht der Behandelnde unter institutionellem Druck?**
Steht der Helfer in der Behandlungssituation unter Druck durch begrenzende Verwaltungsvorgaben? Soll z. B. großzügig mit Verlängerungen umgegangen werden, weil die Bettenkapazität der Klinik nicht ausgelastet ist, oder soll die kürzest mögliche Aufenthaltsdauer angestrebt werden, da aufgrund veränderter Abrechnungsmodalitäten der Gewinn für die betreibenden Gesellschafter umso höher ist, je kürzer die Aufenthaltszeiten der Patienten im Krankenhaus sind? Gibt es Vorgaben über zu erbringende Leistungen – unabhängig von der tatsächlichen Notwendigkeit? Steht der Behandelnde diesbezüglich unter »Verkaufsdruck«? Setzen ihm die Leistungsträger Schranken, gewisse ihm selbst notwendig erscheinende Maßnahmen nicht durchführen zu dürfen, weil sie zu kosten- oder zu zeitintensiv wären? Gibt es juristische oder verwaltungstechnische Vorgehensvorgaben, an die er sich unabhängig von seiner eigenen Überzeugung bezüglich ihrer Sinnhaftigkeit zu halten hat – und wer ist davon noch frei, seit der Einführung der neuen allgemeinverbindlichen europäischen Datenschutzverordnung am 25.05.2018? Muss er für seine eigene Aus- und Weiterbildung noch bestimmte Leistungskataloge abarbeiten und steht deshalb unter Druck, den Patienten für eine bestimmte Operation oder eine bestimmte Behandlung gewinnen zu müssen?

All dies sind vorhersagbar Schwierigkeiten erzeugende Wirkfaktoren auf Seiten des Helfers in der Begegnungssituation mit dem Patienten. Diese Situationsaspekte, eingebettet in den jeweils aktuellen gesundheitspolitischen Kontext, sind von oft gewaltigem Auswirkungspotenzial auf die Art und Weise, wie der Helfer auf seine Patienten reagiert – angemessen oder unangemessen.

Die tatsächlich stattfindende Reaktion des Helfers auf den Patienten wird nun ihrerseits auch wieder durch das Verhalten des Patienten dem Helfer gegenüber beeinflusst. Das »Spiel« zwischen Helfer und Patient beginnt.

Übung 11

Ihre persönlichen schwierigen situativen Aspekte im Kontakt mit Ihren Patienten

Machen Sie sich die schwierigen Aspekte bewusst, die zurzeit in Ihrer Arbeits- und Lebenssituation liegen und die es Ihnen schwierig machen, sich ungestört Ihren Patienten zuzuwenden.
(z. B.: Ich befinde mich gerade im Hausbau und meine Gedanken gehen auch während der Arbeit häufig Richtung Baustelle; seitdem unsere Station auf die Nordseite verlegt wurde, ärgere ich mich jeden Tag, nicht mehr den sonnigen Ausblick aufs freie Feld zu haben.)

Liste meiner persönlichen schwierigen Situationsaspekte

3 Es gehören immer mindestens zwei dazu

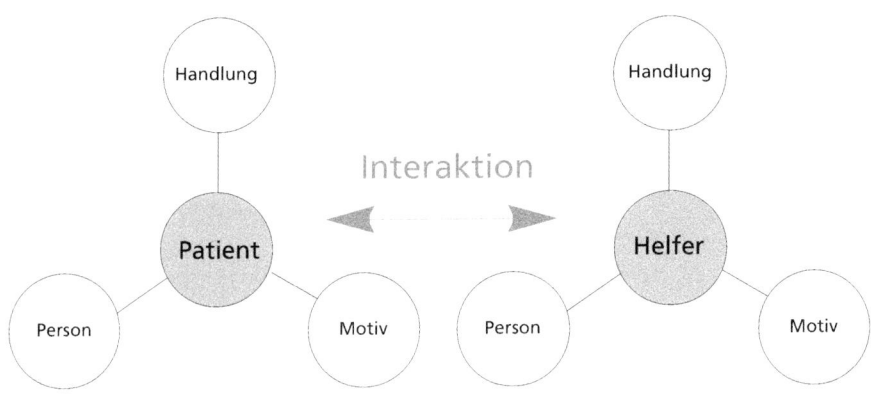

3.1 Die Interaktion im Brennpunkt

Bringen wir die bis jetzt getrennt durchgeführten Analysen der Persönlichkeitsanteile, der Verhaltensweisen und der Motive des Patienten und des Helfers sowie die Analyse der Ausgangssituation, in der sich beide zum Zeitpunkt der Begegnung befinden, wieder in Beziehung zueinander, so wird deutlich, dass bei dem Thema »Der schwierige Patient« der Brennpunkt des Geschehens eindeutig in der Interaktion zwischen Patient und Helfer liegt. Es gehören immer mindestens zwei dazu.

M. Horlacher, Psychotherapeut und Psychiater aus Basel, gibt 1999 eine gute Beschreibung dieser Interaktionsdynamik:

> »Eine Gefahr der Interaktion zwischen Helfer und Patient ist die, dass es zu der Situation kommt, dass der Patient in seinem Helfer seinen Meister sucht, einen, der das Wissen hat, den er dann selbst wiederum beherrschen kann, indem er ihm demonstriert, wie ohnmächtig und wenig erfolgreich er seine Kunst, sein Wissen an ihm ausgeübt hat.
>
> Der Helfer möchte mit seinem Wissen, das er dem Patienten vermittelt, seine Phantasmen beruhigen und der Patient sucht nach diesem Wissen, um es als kraftlos, wenig heilend beurteilen zu können.
>
> Beide, der Helfer wie der Patient, unterwerfen sich der Vorstellung, dass der Mangel, das Defizit, die Unvollkommenheit behoben werden kann. Der Patient gibt dem Helfer zu verstehen, dass vor seiner Erkrankung alles in Ordnung war, dass er keinerlei Sorgen und

Befürchtungen hatte, und der Helfer strebt das Ziel an, dieses Paradies wieder herstellen zu können« (Horlacher, 1999, S. 134).

Horlacher verweist zu Recht darauf, dass der Begegnung zwischen Helfer und Patient viele unausgesprochene, unbewusste Erwartungshaltungen bezüglich der Interaktion zugrunde liegen. Nicht zuletzt durch viele populärwissenschaftliche medizinische Sendungen erhält der Patient wieder und wieder die Information, dass jedes Problem zu heilen sei. Er müsse nur zum richtigen Helfer gehen, dieser müsse ihn mit der richtigen Technik nach den modernsten Erkenntnissen behandeln und jedes Problem sei handhabbar. Und nebenbei bemerkt: hier, jetzt und natürlich *sofort!* Dass der Helfer wiederum nur allzu gerne bereit ist zu glauben, er sei derjenige, der jedem bei allem zu helfen in der Lage sei, ist ebenso leicht nachvollziehbar. Doch genau hier beginnt der unheilvolle Tanz ums unsichtbare goldene Kalb. Die unausgesprochene Idee, dass vor der Erkrankung alles in Ordnung war, die Illusion, dass der Patient vor der Störung, derentwegen er Hilfe sucht, ein Leben ohne Sorgen und Befürchtungen hatte, wird – wenn es einmal so klar ausgesprochen ist – von keinem befürwortet werden können. Ebenso wenig wie die nicht selten vorzufindende Helfereinstellung: »Kommet alle her, die Ihr mühselig und beladen seid.«

Die Frustration einer Begegnung unter solchen Vorzeichen, noch dazu, wenn sie beiden Seiten unbewusst sind, ist geradezu vorprogrammiert. Die Interaktion zwischen Patient und Helfer, Hilfesuchendem und Hilfegebendem, erhält ihre zusätzliche Dynamik durch die Phänomene der Übertragung und Gegenübertragung sowie der Projektion.

3.2 Übertragung, Gegenübertragung und Projektion

Man mag der psychoanalytischen Theorie wohlwollend oder skeptisch gegenüberstehen – das Wissen jedoch um die Theorie von Projektion, Übertragung und Gegenübertragung ist sicherlich hilfreich für jeden, der mit Menschen arbeitet.

Laplanche und Pontalis definieren den Prozess der Übertragung und Gegenübertragung etwas kompliziert, aber treffend, wie folgt:

»In der Psychoanalyse wird die Übertragung als Vorgang bezeichnet, wodurch die unbewussten Wünsche an bestimmte Objekte im Rahmen eines bestimmten Beziehungstypus, der sich mit diesen Objekten ergeben hat, aktualisiert werden.«
»Unter der Gegenübertragung wird die Gesamtheit der unbewussten Reaktion des Helfers auf die Person des Patienten und ganz besonders auf dessen Übertragung bezeichnet« (Laplanche & Pontalis, 2002, S. 164, S. 550) (▶ Abb. 3.1).

Das heißt, der Patient sieht im Helfer leicht jemanden, der dieser gar nicht ist: den strafenden Vater, die liebende Mutter, den strengen Lehrer, den gütigen Helfer oder welcher spezifische Beziehungstypus auch immer durch den Helfer im Patienten ausgelöst worden sein mag. Der Patient reagiert sehr häufig nicht auf uns als die reale, vor ihm sitzende Person, sondern auf uns als Symbol einer in seiner Biographie bedeutsamen Autorität. Er überträgt die Gefühle und Erwartungen, die er in Bezug auf eine für ihn wichtige Person früher hatte, auf uns. Besonders ausgeprägt findet diese Übertragung im Erstkontakt mit dem Helfer statt. Hier ist die Projektionsfläche noch unbeeinflusst durch reale Erfahrungen, die der Patient mit dem Helfer erst machen wird. Diese Übertragung beschreibt Elisabeth Bingel als »verzerrte Wahrnehmungen des Gegenübers, die Anlass geben zu unangemessenen Verhaltensweisen und Konflikten, wenn etwa Nachfragen oder Deutungen als Bevormundungen oder Zurechtweisungen, Behandlungsunterbrechungen am Wochenende als unerträgliches Verlassenwerden erlebt werden, so wie es früher mit Vater oder Mutter war« (Bingel, 1997, S. 569).

Im Prozess der Gegenübertragung hingegen reagieren wir unsererseits auf diese Übertragung. Gegenübertragung ist das Gegenstück zur Übertragung des Patienten auf den Helfer. Fühlt sich der Helfer z. B. grundlos wütend oder ganz besonders liebevoll fürsorglich dem Patienten gegenüber, so lohnt es sich für ihn, seine Aufmerksamkeit darauf zu richten, ob der Patient das innere Bild eines besonders liebevoll fürsorglichen oder wütenden Gegenübers in sich trägt und auf den Helfer übertragen hat. Solchermaßen erlebte Gefühle des Helfers werden in der psychoanalytischen Theorie als Gegenübertragung bezeichnet.

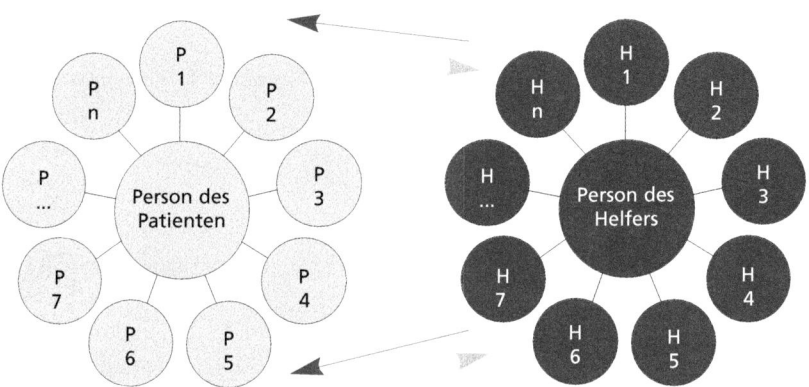

Abb. 3.1: In der Beziehung zwischen Patient und Helfer kommt es nicht selten zur Übertragung bzw. Gegenübertragung von Gefühlen, die nicht der Person, sondern der Rolle gelten.

Fassen wir zusammen:
Übertragung wird in der psychoanalytischen Theorie beschrieben als ein unbewusster Vorgang, bei dem Gefühle, Einstellungen und Erwartungen, die der Patient seinen früheren Bezugspersonen, vor allem den Eltern, entgegengebracht hatte, nun mit dem Helfer verknüpft werden. Das Phänomen der *Gegenübertragung* hingegen beschreibt die Gefühlsreaktionen, die im Helfer durch die Übertragung des Patienten ausgelöst werden.

Projektionen wiederum sind all die Wahrnehmungen, die sowohl Patienten als auch Helfer vermeintlich objektiv am anderen wahrzunehmen vermeinen, die jedoch zum größten Teil nach außen projizierte, in den anderen »hineingesehene« eigene Eigenschaften, Gedanken, Wünsche – eben Projektionen – darstellen. Im Gegensatz zur Übertragung handelt es sich bei der Projektion um »Gefühle und Impulse, die ich mir nicht eingestehen mag, die nicht in mein Selbstbild passen, die ich dann übersensibel beim Anderen entdecke und nicht selten dann mit großer Heftigkeit bekämpfe« (Schulz von Thun, 1994, S. 176). Die Redewendung: »der Finger, der nach vorne zeigt, hat drei Finger, die nach hinten zeigen« spiegelt treffend wider, was im Rahmen der Projektion geschieht. »Sage mir, worüber Du Dich am meisten aufzuregen vermagst bei anderen, sage mir, was Du am meisten bei anderen zu bewundern vermagst, und ich sage Dir, welche Mitreisenden in deinem Persönlichkeitsomnibus Du in Dir selbst nicht wahrzunehmen oder zu akzeptieren bereit bist.« Diese Aufforderung erhielt ich selbst mehr als einmal von den verschiedensten Ausbildern, bei meinen eigenen Supervisions- und Selbsterfahrungssitzungen. Projektion findet folglich immer dann statt, wenn ich meine, mich heftig wehren zu müssen gegen das, was da in mir ist, und es als vermeintlich deinen Teil auf Dich projiziere.

Sie sehen auch an dieser Stelle, wie notwendig ein hohes Maß an Selbsterkenntnis ist über die Vielschichtigkeit der eigenen Person und der eigenen Reaktionsmuster, die Sie in der Rolle als Helfer erfahren. Neben der Tatsache, dass der Helfer Gegenübertragungsgefühle in sich wahrnehmen kann, können andererseits natürlich auch unbewusst eigene Projektionen und eigene Übertragungen auf den Patienten zusätzlich stattfinden. Diese Übertragungen des Helfers auf den Patienten werden nun ihrerseits zusätzliche Gegenübertragungen beim Patienten dem Helfer gegenüber auslösen.

Eigene Projektion und eigene Übertragung auf den Patienten erkennen zu können, setzt voraus, dass ich mir der Vielschichtigkeit meiner eigenen Wünsche, Bedürfnisse und meiner eigenen Lebensgeschichte bewusst bin. Hal und Sidra Stone geben in ihrem Buch »Du bist viele« eine Reihe von wertvollen Hinweisen zur kontinuierlichen Selbsterkenntnis im Alltag. Sie weisen darauf hin, wie nützlich es sein kann, auf all die Aspekte zu achten, die Sie an anderen Menschen als besonders angenehm, bewundernswert oder genau im Gegenteil als besonders unangenehm, bestrafenswert, ablehnungswürdig erleben.

Sie begegnen hier im Außen Anteilen Ihrer eigenen Person, die Sie in Ihr Selbstbild bis jetzt noch nicht integriert haben. Der Begriff des »disowned self«, also des nicht zu mir als zugehörig erlebten Teils, beschreibt es treffend.

Wo immer Sie jemandem begegnen, den Sie als ganz besonders großartig empfinden oder als ganz besonders verachtenswert, lohnt es sich, einen genauen Blick auf diese Person zu werfen. Hier begegnen Sie möglicherweise Persönlichkeitsanteilen von sich, blinden Passagieren in Ihrem eigenen »Persönlichkeitsomnibus« (▶ Abb. 1.2, S. 22), die Sie sich bis jetzt noch nicht als zu Ihnen selbst zugehörig eingestanden haben, ja, von deren Existenz Sie bislang keine Ahnung hatten. Um es mit Hermann Hesse zu sagen: »Wenn wir einen Menschen hassen, so hassen wir in seinem Bild etwas, was in uns selber sitzt. Was nicht in uns selber ist, das regt uns nicht auf« (Hermann Hesse, in: Demian; zitiert nach Schulz von Thun, 1994, S. 176).

Gunther Schmidt wiederum formuliert es in mehreren seiner unzähligen Workshops – so auch in Heidelberg auf der »Teile-Therapie-Tagung« im November 2011 – auf seine eigene unnachahmliche Weise so: »Also, ich kann Ihnen sagen, da gibt es ganz sicher Anteile in mir, die kenne ich überhaupt nicht. Und ich bin sicher, wenn ich sie dennoch in mir treffen würde – *die* würde ich garantiert nicht grüßen ...«

Projektion und Übertragung findet eben nicht nur vom Patienten auf den Helfer statt, die dieser dann in Form erlebter Gefühle als Gegenübertragung wahrnehmen kann, sondern beim unbewussten Helfer findet gleichermaßen Übertragung auf den Patienten statt. So kann auch der Patient in sich Gefühle wahrnehmen, die durch den Helfer ausgelöst wurden. Gegenübertragung von Seiten des Patienten auf den Helfer ist die Folge. Horlacher bezieht sich auf D. W. Winnicott 1987, wenn er die Elemente der Interaktionsdynamik zwischen Patienten und Helfer folgendermaßen beschreibt:

> »Im Rahmen der Gegenübertragung des Helfers auf den Patienten kann es zu Liebes- und Hassgefühlen kommen, beides kann schwierig werden. Die Liebesbeziehung ist aber in der Helfer-Patienten-Beziehung immer durch eine hierarchische Beziehung überlagert. Dies ist, entwickelt sich das Liebesgefühl, für beide, für den Narzissmus des Patienten wie den des Helfers, schmeichelhaft.
>
> [...] Die Hassreaktionen des Helfers auf den Patienten können zur Provokation von verbaler Beleidigung, Entwertung oder Verachtung führen. Die Gefahr besteht darin, dass der Helfer seinen Ärger und seine Hassgefühle verdrängt, respektive abwehrt, und damit diese Gefühle in der Beziehung zum Patienten nicht mehr nutzbar machen kann, oder sie gar ausagiert. Er beschimpft nun seinerseits den Patienten und entwertet ihn.
>
> Viele schwierige Patienten scheinen eine Antenne dafür zu haben, dass manche Helfer narzisstische Probleme haben, und entsprechend stellt der Narzissmus des Therapeuten oft ein besonderes Ziel des Übertragungsangriffs des Patienten dar. Hängt die Selbstachtung des Helfers beispielsweise von seinen Heilungserfolgen ab, so wird der Patient wahrscheinlich genau diese Stelle angreifen. Dementsprechend können sich die ersten Angriffsziele des Patienten dann gegen die narzisstische Selbstüberschätzung des Helfers richten, gegen seine Erwartung, wie ein Magier das Heilungsrepertoire zu beherrschen.
>
> Manche Helfer sind sich auch ihrer Provokationen nicht bewusst. Oft hat die Attacke des Patienten gegen den Helfer auch den Charakter des Tests der Beziehung, wie stabil sie ist. Der Helfer nimmt dann die Provokation persönlich und reagiert dementsprechend abweisend« (Horlacher, 1999, S. 134–135).

Irvin D. Yalom merkt zum Phänomen der Übertragung zusätzlich an:

> »Vergessen Sie nie, dass die Gefühle, die in der therapeutischen Situation zu Tage treten, meistens mehr der Rolle als dem Menschen gelten: Deuten Sie die Bewunderung in der Übertragung nicht als Zeichen Ihrer persönlichen Unwiderstehlichkeit oder Attraktivität« (Yalom, 2002, S. 209).

Schulz von Thun wiederum beschreibt ganz pragmatisch, wie er damit umgeht, Übertragungen im Praxisalltag so gering wie möglich zu halten:

> »Wenn ich neue Menschen kennenlerne, versuche ich mich zu fragen, an wen sie mich erinnern. Indem ich mir solche Ähnlichkeiten bewusst mache, vermindere ich die allgegenwärtige Gefahr, die neue Beziehung mit alten, ›unerledigten Geschäften‹ zu belasten. Ich bin dann in der Lage, eine Realitätsüberprüfung meiner unbewussten Phantasien vorzunehmen und unter Umständen festzustellen: Er sieht zwar aus wie mein Bruder, aber er ist doch ein ganz anderer« (Schulz von Thun, 1994, S. 177).

Wir sehen also, das »Spiel« der Personen, insbesondere der allgegenwärtige Prozess der Projektion, der Übertragung und der Gegenübertragung, erfordert ein hohes Maß an Bewusstheit.

Jeder Helfer steht im Kontakt mit seinen Patienten somit vor der Herausforderung, diesen Klärungsprozess in sich sehr rasch zu durchlaufen:

- Was sind die Projektionen des Patienten auf mich?
- Was sind die Übertragungen des Patienten auf mich?
- Was sind die Reaktionen des Patienten auf meine Übertragungen auf ihn?[4]

Und:

- Was sind **meine Projektionen** auf den Patienten?
- Was sind **meine Übertragungen** auf den Patienten?
- Was sind **meine Reaktionen** auf die Übertragungen des Patienten auf mich?[5]

Jeder Helfer sollte diese drei Arten der emotionalen Reaktion des Patienten erkennen und voneinander unterscheiden können.

1. Die Projektion des Patienten auf den Helfer kann erkannt werden mit der Frage: »Was sieht der Patient im Helfer, was er bei sich selbst ablehnt?«
2. Die Übertragung des Patienten auf den Helfer kann erkannt werden mit der Frage: »Welche bedeutsame Person aus seiner Biographie sieht der Patient im Helfer, welche Person soll der Helfer in seinem Leben spielen? Wie lautet sein unbewusstes Übertragungsangebot?«
3. Die Gegenübertragung des Patienten auf die Übertragungen des Helfers auf ihn kann erkannt werden mit der Frage: »Welche Gefühle und Reaktionen des Patienten auf den Helfer werden durch die Übertragung des Helfers auf ihn ausgelöst, durch die ihm entgegengebrachten Gefühle, die aus der Biographie des Helfers stammen?«

Und natürlich genauso wichtig: Jeder Helfer sollte diese drei Arten seiner eigenen emotionalen Reaktion auf den Patienten erkennen und voneinander unterscheiden können.

1. Die eigene Projektion kann erkannt werden mit der Frage: »Was sehe ich im Patienten, was ich in mir selbst ablehne?«
2. Die eigene Übertragung kann erkannt werden mit der Frage: »Welche bedeutsame Person aus meiner eigenen Biographie sehe ich im Patienten, welche Person soll der Patient in meinem Leben spielen? Wie lautet mein unbewusstes Übertragungsangebot an ihn?«

---

4 = Gegenübertragung
5 = Gegenübertragung

3. Die eigene Gegenübertragung auf die Übertragungen des Patienten kann erkannt werden mit der Frage: »Welche Gefühle und Reaktionen löst der Patient in mir aus, durch seine Übertragung, durch seine mir entgegengebrachten Gefühle, die aus seiner Biographie stammen?«

Bringen wir diese Voraussetzung eigener Bewusstheit als Grundlage in den Kontakt mit dem Patienten mit ein, dann wird der Prozess der Projektion, der Übertragung und der Gegenübertragung unsere Effektivität in der Arbeit mit unseren Patienten nicht nur nicht stören, sondern ungemein bereichern.

Lassen wir hierzu abschließend den Altmeister der Psychoanalyse, Sigmund Freud, zu Wort kommen. In einer seiner Vorlesungen zur Einführung in die Psychoanalyse, die er von 1915 bis 1917 vor Hörern aller Fakultäten der Universität Wien hielt, mahnte er:

> »Es ist ausgeschlossen, dass wir den aus der Übertragung folgenden Forderungen des Patienten nachgeben, es wäre widersinnig, sie unfreundlich oder gar entrüstet abzuweisen; wir überwinden die Übertragung, indem wir dem Kranken nachweisen, dass seine Gefühle nicht aus der gegenwärtigen Situation stammen und nicht der Person des Arztes gelten, sondern dass sie wiederholen, was bei ihm bereits früher einmal vorgefallen ist. Auf solche Weise nötigen wir ihn, seine Wiederholung in Erinnerung zu verwandeln. Dann wird die Übertragung, die, ob zärtlich oder feindselig, in jedem Falle die stärkste Bedrohung der Kur zu bedeuten schien, zum besten Werkzeug derselben, mit dessen Hilfe sich die verschlossensten Fächer des Seelenlebens eröffnen lassen« (Freud, 1971, S. 427).

Übung 12

Die Projektionen Ihrer Patienten entdecken lernen

Achten Sie in den nächsten Tagen in Ihrem Praxis-Alltag darauf, auf welche Ihrer Teilpersönlichkeiten einzelne Patienten besonders ablehnend reagieren und auf welche Ihrer Teilpersönlichkeiten einzelne Patienten ganz besonders begeistert reagieren.

Eine besonders starke innere Abneigung mir gegenüber habe ich diese Woche erlebt gegenüber folgenden Teilpersönlichkeiten in mir:

_____

_____

_____

Erkennen Sie die von diesem Patienten bei sich selbst ungeliebten und abgelehnten Teilpersönlichkeiten, die er auf Sie projiziert?

○ Nein

○ Ja, und zwar _____

Eine besonders starke Bewunderung mir gegenüber habe ich diese Woche erlebt gegenüber folgenden Teilpersönlichkeiten in mir:

_____

_____

_____

Erkennen Sie die von diesem Patienten bei sich selbst geliebten oder ersehnten Teilpersönlichkeiten, die er auf Sie projiziert?

○ Nein

○ Ja, und zwar _____

Übung 13

Die Übertragungen Ihrer Patienten entdecken lernen

Welche bedeutsame Person aus seiner Biographie sieht der Patient in Ihnen, welche Person sollen Sie in seinem Leben spielen?

Erkennen Sie das von dem jeweiligen Patienten an Sie gerichtete Übertragungsangebot?

○ Nein

○ Ja, der Patient sieht in mir: _____

_____

_____

Übung 14

Die Gegenübertragungen Ihrer Patienten entdecken lernen

Die Gegenübertragung des Patienten auf Ihre eigene Übertragung auf ihn kann erkannt werden mit der Frage:

„Welche Gefühle und Reaktionen des Patienten auf mich werden durch meine Übertragung auf ihn ausgelöst durch die ihm von mir entgegengebrachten Gefühle, die aus meiner eigenen Biographie stammen?"

Erkennen Sie die von dem jeweiligen Patienten unbewusste oder bewusste Reaktion auf das von Ihnen an ihn gerichtete Übertragungsangebot?

○ Nein

○ Ja, und zwar verhält sich der Patient mir gegenüber besonders

_____

_____

_____

Übung 15

Ihre eigenen Projektionen entdecken lernen

Achten Sie in den nächsten Tagen in Ihrem Alltag darauf, auf welche Persönlichkeitsanteile von Patienten Sie besonders ablehnend und auf welche Sie ganz besonders begeistert reagieren.

Eine besonders starke innere Abneigung habe ich diese Woche erlebt gegenüber:

1. _____

2. _____

3. _____

Erkennen Sie ungeliebte und abgelehnte Teilpersönlichkeiten von sich selbst?

○ Nein

○ Ja, und zwar _____

Besonders bewundert habe ich diese Woche:

1. _____

2. _____

3. _____

Erkennen Sie geliebte oder ersehnte Teilpersönlichkeiten von sich selbst?

○ Nein

○ Ja, und zwar _____

Übung 16

Ihre eigenen Übertragungen entdecken lernen

Achten Sie in den nächsten Tagen in Ihrem Alltag darauf, auf welche Patienten Sie besonders ablehnend reagieren und auf welche Patienten Sie ganz besonders begeistert reagieren.

Welche bedeutsamen Personen aus Ihrer eigenen Biographie sehen Sie in Ihren Patienten, welche Personen sollen sie in Ihrem Leben spielen?

Erkennen Sie das von Ihnen an den jeweiligen Patienten gerichtete Übertragungsangebot?

○ Nein

○ Ja, und zwar sehe ich

in dem Patienten 1 _____

in dem Patienten 2 _____

in dem Patienten 3 _____

in dem Patienten 4 _____

in dem Patienten 5 _____

in dem Patienten 6 _____

in dem Patienten 7 _____

Übung 17

Ihre eigenen Gegenübertragungen entdecken lernen

Die Gegenübertragung auf die Übertragung des Patienten auf Sie kann erkannt werden mit der Frage:

„Welche Gefühle und Reaktionen in mir werden durch seine Übertragung auf mich ausgelöst durch die von ihm mir entgegengebrachten Gefühle, die aus seiner Biographie stammen?"

Erkennen Sie die von Ihnen dem jeweiligen Patienten gegenüber gezeigte unbewusste oder bewusste Reaktion auf das von ihm an Sie gerichtete Übertragungsangebot?

○ Nein

○ Ja, und zwar verhalte ich mich dem Patienten gegenüber besonders

_____

_____

_____

Übung 18

Ihre schwierigen Patienten schnell mit Bewusstheit wahrnehmen lernen

Die Kurztechnik, gegenüber Ihren schwierigsten Patienten so schnell wie möglich emotionale Klarheit zu erlangen, besteht darin, sich folgende zwei Fragen zu stellen:

1. **An wen erinnert** der Patient mich?
2. **Was empfinde ich** diesem Patienten gegenüber?

Überlegen Sie bezüglich Ihrer schwierigen Patienten, an wen Sie diese Patienten erinnern:

Patient 1: Herr/Frau _____ erinnert mich an _____

Ihm/Ihr gegenüber empfinde ich vor allem _____

_____

Patient 2: Herr/Frau _____ erinnert mich an _____

Ihm/Ihr gegenüber empfinde ich vor allem _____

_____

Patient 3: Herr/Frau _____ erinnert mich an _____

Ihm/Ihr gegenüber empfinde ich vor allem _____

_____

Nachdem wir uns nun den Prozess der Projektion, der Übertragung und Gegenübertragung bewusst gemacht haben, wollen wir unsere Aufmerksamkeit weiteren schwierigkeitsreduzierenden Grundlagen hilfreicher Interaktionen und Gespräche mit Patienten zuwenden. Was hat sich als hilfreich dabei erwiesen, Schwierigkeiten in der Interaktion zwischen Patient und Helfer zu vermeiden, bevor sie eingetreten sind?

3.3 Grundlagen hilfreicher Begegnungen mit Patienten

Seit Carl Rogers, bestätigt durch viele nachfolgende Wirkanalysen unterschiedlicher Therapieschulen, steht außer Zweifel, dass die Grundlage hilfreicher Gespräche mit drei Basisvariablen zu beschreiben ist:

1. Empathie: Einfühlendes, nicht wertendes Verstehen
2. Akzeptanz: Wertschätzung
3. Kongruenz: Echtheit

Schauen wir uns diese bedeutsamen Grundlagen hilfreicher Gespräche mit Patienten im Einzelnen an.

3.3.1 Empathie: Einfühlendes, nicht wertendes Verstehen

Empathie ist nach Lammers (2017) der wissenschaftlich am besten belegte Wirkfaktor jeglicher Form von Psychotherapie. Er kann als wirksamster Basisfaktor einer jeglichen therapeutischen Beziehung verstanden werden.

Kernpunkte des empathischen Verstehens sind nach Lammers (2017, S. 77–78):

- unter weitgehendem Ausschluss eigener Gedanken und Gefühle sich den verbalen und nonverbalen Äußerungen des Patienten zu öffnen, um diese auf sich wirken zu lassen;
- nicht nur auf die Worte zu hören, sondern auch auf die Gefühle und Erlebnisse hinter den Worten und alle Assoziationen, die sich dabei einstellen;
- sich einer Meinung oder Bewertung zu enthalten;
- aktiv zuzuhören und durch Gestik, Mimik und Worte auf die Äußerungen des Patienten zu reagieren und vermutete Gefühle oder Gedanken anzusprechen;
- Geduld zu haben, den Patienten nicht voreilig zu unterbrechen und Gesprächspausen auszuhalten;
- nicht zu versuchen, gleichzeitig den Patienten zu explorieren durch Fragen, welche auf die Gewinnung von neuen Informationen gerichtet sind, sondern durch Fragen und Äußerungen dem Patienten zu helfen, in Kontakt mit sich

selbst zu bleiben und sich selbst explorieren zu können (z. B.: »Bleiben Sie mal bei dem Gefühl«, »Möchten Sie mehr darüber berichten?«, »Das scheint Sie zu berühren«, »Ich würde gerne mehr darüber von Ihnen hören«, »Wie geht es Ihnen gerade, wo Sie davon erzählen?«).

Empathie ist kein Mitleiden, sondern Mitgefühl mit dem Gesprächspartner und dessen Schwierigkeiten – es ist ein Verstehen seiner inneren Erlebniswelt, ohne ihn lenken, belehren, interpretieren oder ermahnen zu wollen (Tausch & Tausch, 1990, S. 34, 49).

Reinhard und Anne-Marie Tausch zeigen in ihrem Buch »Gesprächspsychotherapie« die wichtigsten Kriterien für vollständiges, einfühlendes Verstehen auf. Die Essenz dieser Dimension besteht darin, dass eine helfende Person einfühlend und nicht wertend die innere Welt eines anderen versteht und ihn dies erfahren lässt.

Auf einer Skala von eins bis fünf werden wichtige Teilaspekte der Empathie aufgezeigt. Stufe eins bedeutet dabei kein einfühlendes, sondern ein wertendes Verstehen der inneren Welt des anderen und Stufe fünf ein vollständiges, einfühlendes, nicht wertendes Verstehen. Folgende wichtige Aspekte der Empathie werden von dem Ehepaar Tausch benannt:

- »Eine Person erfasst vollständig die vom anderen geäußerten, gefühlsmäßigen Erlebnisinhalte und gefühlten Bedeutungen.
- Sie wird gewahr, was die Äußerungen oder das Verhalten für das Selbst des anderen bedeuten.
- Sie versteht den anderen so, wie dieser sich im Augenblick selbst sieht.
- Sie teilt dem anderen das mit, was sie von seiner inneren Welt verstanden hat.
- Sie hilft dem anderen, die von ihm gefühlte Bedeutung dessen zu sehen, was er geäußert hat.
- Sie ist dem anderen in dem nahe, was dieser fühlt, denkt und sagt.
- Sie zeigt in ihren Äußerungen und ihrem Verhalten das Ausmaß an, inwieweit sie die Welt des anderen mit seinen Augen sieht.
- Sie drückt die vom anderen gefühlten Inhalte und Bedeutungen in tiefgreifenderer Weise aus, als dieser es selbst konnte.
- Ihre Handlungen und Maßnahmen sind dem persönlichen Erleben des anderen angemessen. «
(Tausch & Tausch, 1990, S. 35)

Die aufgezeigten Kriterien machen deutlich, dass es bei diesen Grundlagen hilfreicher Gespräche nicht um ein mechanisch-technisches Einüben von Kommunikationsfertigkeiten geht, sondern um die Bereitschaft, sich dem Patienten tatsächlich zuzuwenden, ihn wahrzunehmen, ihn in so vielen Dimensionen wie möglich erfassen zu wollen. Es geht um die eigene innere Haltung. Holger Sobanski (2012, S. 75) bringt es auf den Punkt: »Haltung schlägt Tool ...«.

Empathie bedeutet im täglichen Umgang mit Patienten, dass ich als Helfer erkenne *und benenne*, was ich von ihm höre, *was ich von dem verstehe, was er mir mitteilt, und letztlich, was ich davon erfasse, was es für ihn bedeutet, was ihn daran bewegt –*

unabhängig von meiner eigenen Meinung dazu, unabhängig von meinem eigenen objektiven Wissen darüber.

Empathie verkörpert die Haltung: Wir beide schauen gemeinsam, aufmerksam, offen und liebevoll zugewandt auf Dich und das, was Dich bewegt.

Rainer Sachse, Professor für Psychologische Psychotherapie an der Ruhr-Universität Bochum, weist in seinen Vorlesungen und Büchern immer wieder darauf hin, wie wichtig empathisches Verhalten des Helfers für den Patienten ist. Seiner Beobachtung nach führt empathisches Verhalten des Helfers dazu,

»… dass der Klient sich beim Therapeuten aufgehoben und angenommen fühlt;
… dass der Klient sieht, dass der Therapeut sich auf ihn einstellen kann;
… dass der Klient dem Therapeuten vertraut.

Dies schafft in sehr hohem Maße ›Beziehungskredit‹, d. h. der Therapeut erhält vom Klienten einen ›Vertrauensbonus‹, mit dem er arbeiten kann« (Sachse, 2003, S. 35).

Ein Helfer, der dem Patienten empathisch begegnen kann, wird mit sehr hoher Wahrscheinlichkeit viel weniger Patienten als schwierige Patienten erleben.

3.3.2 Akzeptanz: Wertschätzung

Akzeptanz des Anderen bedeutet Wertschätzung seiner Person, bei aller kritischen Haltung gegenüber seinen Gedanken und Meinungen. Die Dimension Wertschätzung an der Basis hilfreicher Begegnungen mit Patienten beinhaltet im Wesentlichen die Grundhaltung Achten – Wärme – Sorgen. Die wichtigsten Kennfragen hierbei sind:

- Achte ich den Gesprächspartner als Person?
- Fühle ich wirklich Wärme und Anteilnahme ihm gegenüber?
- Kann ich ihn in seinem Fühlen und in seiner inneren Welt voll annehmen?
- Bin ich ihm wirklich sorgend zugewandt?

Achten – Wärme – Sorgen einer helfenden Person einem anderen Menschen gegenüber lässt sich nach Tausch und Tausch auf einer Stufenskala von eins bis fünf erfassen, wobei Stufe eins die schwächste und Stufe fünf die stärkste Ausprägung darstellt.

Die wichtigen Dimensionen der Wertschätzung sind:

- Eine Person empfindet Achtung und Wertschätzung für den anderen, sie akzeptiert seine Art des Fühlens und Erlebens, auch wenn diese gegensätzlich zu ihren eigenen Wertmaßstäben ist.
- Sie nimmt Anteil an ihm, sie beachtet ihn, lässt ihn gelten, erkennt ihn an, sie lässt ihn erfahren, dass er willkommen ist, sie ist ihm zugeneigt.
- Sie geht mit ihm freundlich, herzlich um, sie ist nachsichtig ihm gegenüber.
- Sie behandelt ihn rücksichtsvoll, liebevoll, sie ist sorgend um ihn bemüht.

- Sie ermutigt ihn, sie behandelt ihn wohlwollend.
- Sie vertraut ihm.
- Sie hält zu ihm.
- Sie steht ihm bei.
- Sie beschützt ihn, sie umsorgt ihn, sie hilft ihm, sie tröstet ihn – sie sorgt dafür, dass er sich wohl fühlt.
- Sie ist ihm nahe, sie öffnet sich ihm gegenüber, gibt Persönliches von sich preis. (Tausch & Tausch, 1990, S. 69)

Einer meiner Freunde erzählte mir, dass er während seiner Ausbildung zum wissenschaftlichen Gesprächspsychotherapeuten bei dem Ehepaar Tausch nie das Gefühl hatte, eine wissenschaftlich-technische Ausbildung zu erhalten. »Nach jeder Ausbildungssitzung hatte ich das Gefühl, mein Mitgefühl und meine Wahrnehmungsfähigkeit für mich selbst und für andere Menschen wieder ein Stück weiter entwickelt zu haben. Ich hatte oft durch die erfahrene Wertschätzung meiner selbst danach das Gefühl, mir selbst und anderen wieder ein besserer Freund sein zu können.«

In Bezug auf die Haltung der Akzeptanz stellt Professor Sachse besonders heraus: »Der Therapeut muss keineswegs alles gut finden, was der Klient sagt; das Entscheidende ist, dass er es gar nicht findet, d. h. dass er es weder positiv noch negativ wertet. ... Diese ›Bewertungsabstinenz‹ ist die Voraussetzung dafür, dass der Klient sich ohne Angst vor Ablehnung öffnen kann, und ist die Voraussetzung dafür, dass der Therapeut dem Klienten gegenüber neutral bleiben kann. Macht ein Klient dagegen die Erfahrung, dass seine Inhalte oder seine Person negativ bewertet werden, dann ›macht er dicht‹, rechtfertigt sich, zensiert seine Inhalte u. ä.« (Sachse, 2003, S. 36).

Die schönste Formulierung für diese vorbehaltlose akzeptierende Haltung, die bestrebt ist, den anderen nicht wertend in seinem So-Sein zu erfassen, fand ich bei dem alten persischen Meister des Herzens, bei Sufi-Meister Rumi:

Draußen, vor der Vorstellung von Rechtmachen und Falschmachen, ist ein Feld. Dort will ich mich mit dir treffen.[6, 7]

Lammers (2017, S. 82) führt hierzu noch vertiefend aus:

---

[6] Und weil ich diesen Satz so beeindruckend und hilfreich finde, können Sie ihn sich im Download-Bereich herunterladen unter https://dl.kohlhammer.de/978-3-17-45560-3. Meine Empfehlung: Gehen Sie mit Ihrem DIN-A4-Ausdruck in den nächsten Copy-Shop und lassen Sie sich diese »Memopille« auf ein gelbes DIN-A3-Poster hochkopieren (besser noch A2, A1 oder gar A0) und hängen es in Ihrem Aufenthaltsraum oder Praxisraum auf.

[7] Wichtiger urheberrechtlicher Hinweis: Alle zusätzlichen Materialien, die im Download-Bereich zur Verfügung gestellt werden, sind urheberrechtlich geschützt. Ihre Verwendung ist nur zum persönlichen und nichtgewerblichen Gebrauch erlaubt. Jede Verwendung außerhalb der engen Grenzen des Urheberrechts ist ohne Zustimmung des Verlags unzulässig und strafbar. Das gilt insbesondere auch für Vervielfältigungen, Übersetzungen, Mikroverfilmungen und für die Einspeicherung und Verarbeitung in elektronischen Systemen.

> »Die Akzeptanz basiert demnach nicht auf einem Mögen, sondern auf der Fähigkeit, den anderen Menschen eben in seiner Andersartigkeit, seinen unangenehmen, unverständlichen, problematischen oder auch verletzenden Verhaltensweisen anzunehmen. Kommen hierbei Schwierigkeiten auf, dann ist es wichtig und hilfreich, mithilfe der Empathie die Hintergründe und Bedingungsfaktoren dieser schwer zu akzeptierenden Seiten zu verstehen, sodass diese nachvollzogen, sprich validiert werden können.«

Kommt der Helfer dabei an seine eigenen Grenzen der Akzeptierung, weil z. B. durch bestimmte Personen und deren Verhalten eigene Schemata, Werte, Erwartungen oder biographische Erfahrungen aktiviert werden (▶ Kap. 1.1.1.1, »Der drückt mir die Knöpfe«), so empfiehlt Sachse (2006c, S. 44) über das Weitervermitteln des Patienten an einen Helfer, der diesem Patienten gegenüber akzeptierend zu sein vermag, hinausgehend, »…hier wird (in der Ausbildung, aber auch zeitlebens) Selbsterfahrung zentral wichtig: Jeder Therapeut [– und ich meine ganz allgemein jeder Mensch, der mit anderen Menschen intensiv arbeitet – Anm. des Verfassers] sollte seine Grenzen kennen, er sollte seine ›Allergie-Schemata‹ kennen und wissen, durch welche Aspekte von Klienten sie getriggert werden.«

Mit anderen Worten, wenn Sie den Patienten negativ bewerten, ist die Wahrscheinlichkeit groß, dass der Patient durch Ihre negative Bewertung zum schwierigen Patienten für Sie wird.

Spürt der Patient jedoch, dass er als Person authentisch geachtet und wertgeschätzt wird, ist die Wahrscheinlichkeit, dass er als schwieriger Patient agiert, wesentlich geringer.

3.3.3 Kongruenz: Echtheit

Kongruenz bedeutet: Sei Du selbst, auch in der Rolle des Helfers. Denny Yuson-Sánchez formulierte es in einem Seminar zur Therapeutenausbildung einmal so: »Wenn Du versuchst Therapie zu machen, wie ich es mache, wirst Du schlechte Therapie machen. Wenn Du versuchst, wie ich zu reden, und versuchst, Dich so zu bewegen wie ich und genau das zu tun, was ich tue, wirst Du niemandem helfen können. Sei einfach Du selbst.«

Fasst man die wichtigsten Aussagen des Ehepaares Tausch zum Thema Echtsein zusammen, so ergibt sich folgendes Bild:

- Ich verstecke mich nicht hinter einer Fassade.
- Ich zeige meine Unzulänglichkeit und zeige, dass auch ich Fehler mache.
- Der Patient kann spüren, dass er es mit dem Menschen selbst zu tun hat und nicht mit einer höflichen oder beruflichen Fassade.

Auch hier gibt das Ehepaar Tausch auf einer Stufenskala von eins (minimale Ausprägung) und fünf (deutliche Ausprägung) die Möglichkeit, sein eigenes Echtsein als helfende Person selbst einzustufen oder von anderen einstufen zu lassen. Die hierbei wichtigsten Dimensionen von Echtsein – ohne Fassade sein – werden benannt mit:

3.3 Grundlagen hilfreicher Begegnungen mit Patienten

- Die Äußerungen einer Person entsprechen ihrem Fühlen und Denken.
- Sie gibt sich so, wie sie wirklich ist.
- Sie verhält sich ungekünstelt, natürlich, spielt keine Rolle.
- Sie ist ohne professionelles, routinemäßiges Gehabe.
- Sie ist sie selbst, sie lebt ohne Fassade und Panzer.
- Sie verhält sich in individueller, origineller, vielfältiger Weise.
- Sie ist vertraut mit dem, was in ihr vorgeht, und setzt sich damit auseinander.
- Sie ist aufrichtig und heuchelt nicht.
- Sie ist ehrlich sich selbst gegenüber, macht sich nichts vor, ist bereit, das zu sein, was sie ist.
- Sie offenbart sich anderen und gibt sich mit ihrem Ich zu erkennen, sie verleugnet sich nicht.
- Sie ist durchschaubar.
- Sie drückt tiefe, gefühlsmäßige Erlebnisse aus.

(Tausch & Tausch, 1990, S. 88)

In Bezug auf die Dimension Kongruenz/Echtheit betont Sachse darüber hinaus für den Praxisalltag die Notwendigkeit, dass Helfer »viele kurze (!) Meta-Statements machen, in denen sie erläutern, was das Ziel ihres Handelns ist, was sie jetzt tun, warum sie es für sinnvoll halten« (Sachse, 2003, S. 36).

Sachse meint, dass ein Klient, der solche Statements erhält, erfährt, dass

- in der Therapie nichts passiert, was er nicht verstehen kann bzw. was er nicht akzeptiert;
- der Therapeut den Klienten ernst nimmt;
- der Therapeut den Klienten nicht manipuliert;
- der Therapeut auf Kooperation des Klienten Wert legt.

Auch diese Botschaften schaffen Beziehungskredit« (Sachse, 2003, S. 36).

Mir persönlich scheint das Ausmaß der Echtheit, mit der wir dem Patienten gegenübertreten, am meisten dazu beizutragen, dass die Interaktion harmonisch und für beide Seiten befriedigend verläuft. Das gilt vor allem dann, wenn Sie mutig genug sind, Ihre eigenen Grenzen und Verständnisprobleme im Gespräch mit dem Patienten offenzulegen. Dies wiederum setzt voraus, dass Sie selbst mitbekommen, was sich in Ihnen regt, was Sie gerade fühlen und denken, und dass Sie wirklich bereit sind, es nach außen hin sichtbar werden zu lassen. Sich selbst zu zeigen, heißt kongruent zu sein in der Begegnung mit dem Patienten. Rogers formulierte schon 1958: »Sobald sich der Helfer um mehr Kongruenz bemüht, hilft er dem Patienten, seinerseits Gefühle zuzulassen und ebenfalls echt zu werden« (Rogers, 1958, S. 12).

Gelso und Hayes (2002) gehen sogar so weit zu sagen, dass von Echtheit geprägte Beziehungen – sie nennen sie reale Beziehungen – nicht von Übertragung und Gegenübertragung verzerrt werden. Ist die Beziehung zum Patienten jedoch nicht mehr unter dem verzerrenden Einfluss von Übertragung und Gegenübertragung, so ist sie auch weniger schwierig. Echtheit hilft somit dabei, viele Schwierigkeiten zu vermeiden, bevor sie eintreten.

Gleichzeitig gilt es jedoch sich bewusst zu machen, dass auch die Medizin Ihrer Authentizität, die für den Patienten sehr hilfreich und heilend sein kann, den gleichen Prinzipien unterliegt wie pflanzliche oder pharmazeutische Medizin. Die alte Regel von Paracelsus gilt auch für Echtheit, Kongruenz, Offenheit, Authentizität: »Die Menge macht das Gift!«

Ob die Interaktion mit dem Patienten durch Sie schwierig oder hilfreich für ihn wird, hängt nicht zuletzt auch davon ab, wie bewusst Sie mit Ihrer Authentizität als Helfer umgehen.

Friedemann Schulz von Thun zitiert hierzu Ruth Cohn, die den Begriff der »selektiven Authentizität« geprägt hat, also der Authentizität, die bewusst gewählt wird:

> »Zur Authentizität gehört – erst einmal – zweierlei: Das eine ist, mir möglichst klar zu werden über meine eigenen Gefühle, Motivationen und Gedanken, mir also sozusagen nichts vorzumachen. Das andere ist, das, was ich sagen will, ganz klar auszusprechen. Zur Klarheit gehört, dass ich es so sage, dass es beim anderen ankommen kann. Der andere hat ja ein ›Empfangsgerät‹, das möglicherweise nicht auf mich eingestellt ist, auf das, was ich sende und wie ich es sende. Ich muss also versuchen mir vorzustellen, wie das, was in mir vorgeht, vom anderen gehört wird. Ich habe einmal formuliert: ›Nicht alles, was echt ist, will ich sagen, doch was ich sage, soll echt sein.‹
> ›Für mich ist Offenheit nicht etwas, das von Anfang an zwischen Menschen möglich ist, sondern etwas, das vorsichtig erworben und gelernt werden muss. Das kann man nicht sofort und mit Gewalt.‹
> Ich glaube allerdings, dass sogar in der allerbesten Beziehung immer noch verschlossene Bereiche übrigbleiben. Ich kann mir keine Beziehung vorstellen, in der totale Offenheit zu jeder Zeit möglich und zu ertragen ist. Ich unterscheide deshalb zwischen optimaler und maximaler Authentizität. Die Richtlinie ist: Das, was sich an persönlicher Erfahrung im Inneren ereignet, ist optimaler innerer Ehrlichkeit und kommunikativer Klarheit – also authentisch – dem Partner mitzuteilen. Optimale Authentizität hat immer selektiven Charakter; maximale, das heißt absolute Aufrichtigkeit kann zerstören. Ich glaube, dass absolute Offenheit ein Aberwitz ist. Andererseits hat unsere Zivilisation eine lange Zeit destruktiver Verschwiegenheit und Heuchelei auszugleichen. Ich glaube daher, dass mit der Offenheit-um-jeden-Preis-Bewegung das Pendel in die Gegenrichtung ausschlägt. Auch hier bedarf es dynamischer Balance – zwischen Scheinheiligkeit und Rücksichtslosigkeit. Oder positiv gesagt: zwischen gutem Schweigen und guter Kommunikation.« (Aus einem Interview mit Ruth Cohn 1979, in Schulz von Thun, 1994, S. 120–121)

Als zusätzlich wichtige Information weist uns Sachse noch darauf hin, dass Helfer nicht nur über diese drei beschriebenen Basisvariablen eine therapeutische Allianz aufbauen; er meint erweiternd: »Sie fördern die Allianz auch dadurch, dass Sie sich als kompetent erweisen. Die Vermittlung von Kompetenz dient vor allem zur Etablierung einer »Besserungserwartung« beim Klienten (vgl. Grawe, 1998, S. 25 ff.). Dies tun Sie z. B., indem Sie

- es schaffen, einen Teil der Erwartungen des Klienten (zunächst einmal) zu erfüllen;
- dem Klienten den Eindruck vermitteln, dass Sie wissen, »wo's lang geht«;
- deutlich Ihren Anteil an der Prozessverantwortung übernehmen;

- dem Klienten Strategien anbieten, die er als nachvollziehbar und als hilfreich empfindet;
- in der Lage sind, Fragen des Klienten kompetent zu beantworten und dem Klienten kurz und verständlich erläutern können, was Psychotherapie (bzw. Ihre Therapie – Anmerkung d. Verf.) ist, kann und tut;
- positive Erfolgserwartungen beim Klienten induzieren.

Therapeuten bauen auch dadurch Kompetenzeinschätzungen beim Klienten auf, indem sie es schaffen, beim Klienten Hoffnung auf Besserung zu erwecken, dem Klienten in Aussicht zu stellen, dass sich sein Zustand durch Therapie verbessern wird. Diese Erwartungsinduktion sollte allerdings von der Größenordnung und von der Dauer der Prozesse her realistisch sein, und sie sollte auch betonen, dass die Mitarbeit des Klienten von Nutzen ist (Sachse, 2003, S. 37).

Ich möchte diese Ausführungen zu den allgemeinen Grundlagen hilfreicher Begegnungen mit Patienten zusammenfassend abschließen mit den treffenden Worten meiner Münchner Kollegin Dr. Eleonore Höfner:

»Ich bin inzwischen auch überzeugt, dass alle wirksamen Methoden der zwischenmenschlichen Beeinflussung im Kern übereinstimmen: Sie erfordern vom Therapeuten eine freundliche Selbst-Relativierung und eine wohlwollende Grundhaltung dem Klienten gegenüber, verbunden mit dem festen Glauben, dass jeder Klient sich zum Positiven verändern kann, wenn er sich ändern will« (Höfner, 2004, S. 2).

3.3.4 Hilfreiche Begegnungen mit Patienten mit Migrationshintergrund

Was heißt es praktisch für uns Helfende, wenn wir davon sprechen, dass wir heute in einer modernen, wertepluralistischen Gesellschaft leben? Was meinen wir, wenn wir sagen, dass unser Gesundheitssystem das Spiegelbild unserer multireligiösen, multiethnischen Gesellschaft darstellt?

Im Jahr 2008 hatten nach Angabe des Statistischen Bundesamtes 19 Prozent der in Deutschland lebenden Menschen einen sogenannten Migrationshintergrund. Im Jahr 2024 wurde diese Zahl aktualisiert auf 29,7 Prozent aller in Deutschland lebenden Menschen, die einen Migrationshintergrund haben. Das bedeutet, dass fast ein Drittel der Bevölkerung Menschen sind, die entweder selbst oder mindestens ein Elternteil von ihnen nach Deutschland eingewandert sind und nicht mehr in dem Land leben, in dem ihre Großeltern wohnten. Wir Helfer begegnen somit alltäglich, viel häufiger als früher, bei unserer Arbeit hilfesuchenden Menschen aus fremden Ländern, fremden Kulturen und fremden Religionen.

3.3.4.1 Spezielle Herausforderungen für den interkulturellen Dialog bei Diagnostik, Therapie und Pflege

Wenn Helfer und Hilfesuchende einen unterschiedlichen kulturellen Hintergrund haben, sind die Sichtweisen bezüglich der Bedeutung einzelner vorgebrachter psychischer oder physischer Beschwerden unter Umständen sehr verschieden. Auch die Erklärungen bezüglich der Genese von Erkrankungen können weit auseinanderliegen.

Helfer und Hilfesuchende haben oft sehr verschiedene soziale Bezugssysteme und sehr verschiedene religiöse Grundüberzeugungen. Unterschiedliche Vorstellungen über sinnvolle Wege der Therapie und Pflege sind die Folge. Die Herausforderungen an jeden Helfer in Bezug auf eine gelingende, hilfreiche, interkulturelle, interreligiöse Kommunikation sind hoch. Es stellen sich noch höhere Herausforderungen an die persönliche Empathiefähigkeit, die persönliche Bereitschaft zur Wertschätzung des oft Unvertrauten bei gleichzeitiger Akzeptanz eigener möglicher Grenzen und damit eigener Authentizität. Dies erfordert Offenheit, Klarheit und Wissen: Wissen über die verschiedenen religiösen Grundüberzeugungen. Wissen über die kulturell verschiedenen Selbst- und Weltkonzepte. Wissen über kulturspezifische familiäre Statusunterschiede. Wissen über die kulturellen Unterschiede im Rollenverständnis von typisch männlichen und typisch weiblichen Verhaltensweisen, Rechten und Pflichten. Wissen um die Tatsache, dass sich innerhalb jeder Kultur zusätzliche Verständnisherausforderungen ergeben in Bezug auf die jeweils vorhandenen verschiedenen Subkulturen. Wissen nicht zuletzt um die Tatsache des konstanten Wandels einer jeden Kultur im Lauf der Zeit. Wissen auch um die Paradoxien bezüglich dieses Wandels, wenn die in der Fremde konservativ gelebte Form vermeintlich eigener Kultur im Herkunftsland bereits längst als Folklore gilt, ohne praktische Bedeutung für den heutigen Alltag.

Dieses Wissen steht zunehmend zur Verfügung. Eva van Keuk und ihre Mitherausgeberinnen vermitteln in ihrem 2010 erschienenen Buch »Diversity« transkulturelle Kompetenz in klinischen und sozialen Arbeitsfeldern. Sie schärfen mit ihrem Buch den Blick für die individuellen Unterschiede zwischen den Kulturen, aber auch innerhalb der jeweils einzelnen Kultur in Bezug auf die Dimensionen Alter, Geschlecht, Religion, Hautfarbe, Behinderung und sexuelle Orientierung.

Yesim Erim beschreibt 2024 in der zweiten Auflage ihres Lehr- und Praxisbuch »Klinische Interkulturelle Psychotherapie« sehr differenziert die relevanten inneren und äußeren Aspekte der Lebenswelten der größten in Deutschland lebenden Migrantengruppen. Zusammen mit dreizehn aus unterschiedlichsten Kulturen stammenden Autoren vermittelt sie uns diesbezüglich hilfreiches, spezifisches Detailwissen.

Carmine Chiellino, Autor italienischer Herkunft, gab schon im Jahr 2000 in seinem Buch »Interkulturelle Literatur in Deutschland« viele Literaturhinweise, die belegen, dass Migranten das Leben in diesem Land entscheidend mitgeprägt haben und dies auch in Zukunft tun werden. Ob »Gastarbeiter« – inzwischen mit deutscher Staatsbürgerschaft oder bewusst beibehaltener eigener Staatsbürgerschaft –, Asylsuchende oder Spätaussiedler, sie alle bereichern unsere kulturellen Ausdrucksformen. Chiellino stellt diese bereichernden kulturellen Einflüsse dar und geht Gemeinsamkeiten in den (Fremdheits-)Erfahrungen der Migrantinnen und Migranten nach, ohne die nationalen und individuellen Differenzen zu verwischen.

Und natürlich gibt es inzwischen auch literarische Reflexionen in heiterer Verpackung, doch deshalb nicht minder hilfreich: Felix C. Volker – selbst aus dem südosteuropäischen Banat stammend – erzählt 2015 mit köstlichem Humor über: »LEIDEN auf Ausländisch: Geschichten mit Migrationshintergrund«.

Diese, weitere und zurzeit noch in Vorbereitung befindliche Werke liefern wertvolle Informationen, die jeden Helfer dabei unterstützen können, Verständnistüren und dadurch möglicherweise auch leichter eigene und fremde Herzenstüren zu öffnen.

Die nachfolgenden Zitate und aus persönlichen Begegnungen stammenden Informationen möchten Sie in diesem Sinne unterstützen bei der Suche nach Ihren eigenen Wegen zur Entwicklung und Vertiefung Ihrer ganz persönlichen interkulturellen Alltagssensibilität und Dialogkompetenz.

3.3.4.2 Dimensionen der interkulturellen Kompetenz

Susanne Doser schreibt 2012 in ihrem kleinen Büchlein »30 Minuten interkulturelle Kompetenz« sehr treffend:

> *»Ein Eisberg hat eine sichtbare Spitze, die über der Wasseroberfläche liegt. Ein wesentlich größerer Teil des Eisberges jedoch, der nicht sofort sichtbare Teil, liegt unterhalb der Wasseroberfläche. Man kann also sagen: Kultur hat einige sichtbare, sofort erkennbare Aspekte und andere, die man nur vermuten und intuitiv erahnen kann. Kultur ist wie ein Eisberg mit sofort sichtbaren Aspekten und den weit größeren unsichtbaren unterhalb der Wasseroberfläche. Stoßen zwei Eisberge aufeinander, so entstehen Konflikte. Diese Konflikte liegen zumeist im Bereich unterhalb der Wasseroberfläche«* (Doser, 2012, S. 11).

Hier also eine Auswahl an Mosaiksteinen und Gedankensplittern bezüglich der vielfältigen Dimensionen interkultureller Besonderheiten, die auf den ersten Blick nicht erkennbar sind oder, um im Bild zu bleiben, sich unter der kulturellen Wasseroberfläche befinden:

Lysann Devantier vermittelt in ihrem Artikel für das Zentrum für Migranten und interkulturelle Studien vom 5. Februar 2010 Hintergrundinformationen, die bei der Behandlung von Menschen mit türkischem Migrationshintergrund sehr hilfreich sein können (Devantier, 2010):

> In der Türkei sind bis heute noch Fragmente aus alten Traditionen in der Volksmedizin verankert. Vor allem in türkischen ländlicheren Regionen mit infrastrukturellen Defiziten spielen sie weiterhin eine wichtige Rolle in der Behandlung erkrankter Menschen. Beispielsweise hat das Aufsuchen eines Hodschas (Heilers) in der Türkei für die Genesung des Patienten bis heute eine große Bedeutung (David & Borde, 2001, S. 45).
>
> Der Hauptgedanke bezüglich der Gesundheits- bzw. Krankheitsvorstellung zeichnet sich darin aus, dass Krankheiten als exogen, also als von außen verursacht angesehen und meist als sehr bedrohlich empfunden werden. Symptome werden als ganzheitlich und körperbezogen erlebt, es besteht nur selten eine Trennung zwischen Leib und Seele. Die Entstehung von Krankheiten durch nicht sicht- oder fühlbare Einflussfaktoren werden in der Regel kaum in Betracht gezogen (Berg, 2001, S. 86). Das bedeutet, dass genetisch bedingte Erkrankungen oder Krankheiten, die endogen, d. h. im Inneren des Körpers, entstanden sind, sowie psychische Leiden von einigen MigrantInnen nicht ausreichend erfasst und gedeutet werden können. Weiterhin wird deutlich, dass ein niedriger sozialer Status mit einer sehr körpernahen und symbollastigen Symptom- und Schmerzdarstellung einhergeht und das kulturspezifische Krankheitsverständnis hier hauptsächlich das Handeln und Verhalten bestimmt. So wird zum Beispiel oft das Besessensein von Geistern durch den bösen Blick in der türkischen Kultur für psychische Erkrankungen verantwortlich gemacht. Das

Verständlichmachen auftretender psychischer Leiden bei türkischen MigrantInnen stellt daher eine schwierige Aufgabe für das Gesundheitswesen des Aufnahmelandes dar (Glier & Erim, 2007, S. 235). Geprägt durch die unterschiedlichen kulturellen Krankheitsvorstellungen und die sprachlichen Diskrepanzen kommt es sehr oft zu Missverständnissen zwischen Arzt und Patient, welches sich auf den Heilungsprozess und den Behandlungserfolg negativ auswirken kann. Es entstehen Unsicherheiten auf beiden Seiten und nicht selten wird dann eine Behandlung abgebrochen (Glier & Erim, 2007, S. 234).

Eine weitere Problematik stellt die westliche »Apparatemedizin« dar, die mit traditionellen Heilungsmethoden (und Erwartungen, wie Heilung bewirkt werden sollte! – Anm. d. Verfassers) türkischer MigrantInnen kollidieren. Es werden immer mehr technische Geräte zur Diagnostik und Behandlung eingesetzt, Werte erhoben, Symbole und Fachbegriffe benutzt, die es den Patienten schwer machen, den Ablauf der Behandlung vollständig nachzuvollziehen und sich so dem Arzt vollstens anzuvertrauen. Das eher »kühle Verhältnis« zwischen Arzt und Patient ist selbst für Deutsche unbefriedigend. Daher ist es nachvollziehbar, wenn es auf MigrantInnen, die ihre Leiden hauptsächlich über ausgedehnte Gespräche mitteilen wollen, zweifach frustrierend wirkt. Gerade die oft durch Zeitmangel geprägten Arzt-Patienten-Beziehungen und zugleich die fehlende Sprachkompetenz, das Leiden genau beschreiben zu können, ruft bei vielen MigrantInnen starken Unmut hervor (Zimmermann, 2000, S. 37 f).

Neben diesen spezifischen Hinweisen zum Hintergrundverständnis für Patienten mit türkischen Wurzeln von Lysann Devantier finden sich bei Fritz A. Muthny und Isaac Bermejo weitere wichtige Hinweise auf spezielle Interaktionsaspekte, die einen achtsamen Umgang mit Kulturunterschieden erleichtern.

In ihrem 2009 veröffentlichten Buch »Interkulturelle Medizin, Laientheorie, Psychosomatik und Migrationsfolgen« wiesen sie aus ihrer eigenen Erfahrung und der Auswertung der Erfahrungen und des Wissens ihrer siebzehn Co-Autorinnen und -Autoren über inzwischen vorliegende empirische Studien hin auf folgende spezielle, interkulturelle Herausforderungen bei Diagnostik, Therapie und Pflege:

- die immer wieder berichtete Schwierigkeit, überhaupt eine kultur- bzw. religionsangemessene Ernährung der Patienten zu ermöglichen (mit entsprechenden Klagen der Patienten);
- die vielfältigen diagnostischen Probleme und auch Fehldiagnosen aufgrund von Kommunikationsproblemen, aber u. U. auch einem anderen Charakter von Beschwerdeäußerungen (bereits in den 1960er Jahren wenig einfühlsam als »Mamma-Mia-Syndrom« bzw. später als »Morbus Bosporus« karikiert);
- die Äußerung von Beschwerden, die möglicherweise Ausdruck eines interkulturellen Unbehagens oder von »Heimweh« bzw. tiefer Enttäuschung aufgrund unerfüllter Erwartungen an die Migration sind;
- die extremen Belastungen schwer traumatisierter Menschen z. T. aus Kriegsgebieten;
- die Complianceprobleme, welche die Möglichkeiten einer Therapie sehr limitieren können – nicht nur aufgrund sprachlicher Barrieren, sondern u. U. auch aufgrund sehr unterschiedlicher Laientheorien in Bezug auf Erkrankungsursachen;
- die konkreten Finanzierungsprobleme der Leistungen, nicht nur bei sogenannten nicht dokumentierten Migranten;

- die Probleme aus einem unterschiedlichen, oft sehr patriarchalischen Verständnis des Verhältnisses der Geschlechter, der Generationen und auch der Arzt-Patient-Beziehung;
- die fordernde Anspruchshaltung gegenüber Ärzten, häufiger noch gegenüber weiblichem Pflegepersonal;
- die gelegentlich weitgehende Abgabe der Verantwortung an den Arzt (ganz im Gegensatz zum neuen politisch gewollten Ideal der partizipativen Entscheidungsfindung);
- das Klagen von Migranten über mangelnde Realisierbarkeit von Trauerritualen nach einem Todesfall, z. B. eine zeitnahe Totenwaschung noch im Krankenhaus;
- der hohe Aufwand durch die manchmal nur mit Dolmetscher mögliche Kommunikation;
- der Stress der Mitarbeiter durch Konfrontation mit massiven emotionalen Reaktionen (die sowohl Trauer als auch Ärger und Wut umfassen können);
- die schwer einzuschätzenden familiären Hintergründe, wenn beispielsweise im Vorfeld einer Lebendspende die im Transplantationsgesetz vorgeschriebene Prüfung der Freiwilligkeit der Spende erfolgen soll, gleichzeitig aber familiäre Rollenfunktionen und Einflusskräfte nur sehr bedingt transparent werden;
- die speziellen Probleme durch Menschen »ohne Papiere« (und ohne Krankenversicherung);
- das Klagen deutscher Mitpatienten über massenhafte Krankenbesuche durch Angehörige bei Patienten mit Migrationshintergrund, wie sie eben eine kollektivistische Mittelmeerkultur »vorschreibt« – oder auch evtl. ein Gesundheitssystem des Herkunftslandes, in dem wesentliche Teile der Gesamtversorgung des Patienten immer noch durch die Angehörigen erfolgen.
- Probleme können aber auch aus unterschiedlichen Erwartungshaltungen der Patienten an den Arzt entstehen: So berichtet Ete (1995), dass Ärzte in Deutschland eher eine differenzierte Beschreibung der Beschwerden vom Patienten erwarten, während türkische Patienten ihrerseits ein aktives Vorgehen des Arztes voraussetzen, der wiederum höchstes Ansehen genießt (Muthny & Bermejo, 2009, S. 5–6).

In meinen Seminaren wiesen mich Kursteilnehmende wiederholt darauf hin, wie oft gerade in Therapie und Pflege die Arbeit mit dem kulturell »Andersartigen« dazu führen kann, dass eigene kulturelle Annahmen unbewusst in den Interaktionsprozess einfließen und zu einer unangemessenen Abwertung des Gegenübers führen können. Sie berichteten mir gegenüber, wie schockierend es oft für sie war, Rückmeldungen über ihr eigenes Verhalten zu bekommen von Menschen aus anderen Kulturen. Verhaltensweisen, Alltagsgewohnheiten, Denk- und Wahrnehmungsmuster, die für sie »normal« waren, in ihrer vom Gegenüber als dramatisch negativ empfundenen Wirkung reflektiert zu bekommen, war für sie eine der wichtigsten Lernerfahrungen zur Erhöhung der eigenen kulturellen Sensibilität. Zu hören, welch unhöfliche und barsche Wirkung es auf Menschen anderer Kulturkreise hat, direkt und ohne Umschweife sofort befragt zu werden, ohne erst das kulturell übliche Warm-up vorzuschalten, war dabei eine der häufigsten Erkenntnisse. Ferner berichteten sie, wie hilfreich es für sie persönlich war, neben dem theoretischen

Wissen aus Büchern und Vorträgen so oft wie möglich eigenes Wissen um Kulturbesonderheiten in aktuellen interkulturellen Interaktionssituationen zu vertiefen. Ihr Rat an alle Helfenden: den klärenden interkulturellen Dialog aktiv zu suchen, inklusive der aktiven Bitte um Rückmeldung über die Wirkung eigenen Verhaltens, privat wie professionell – wieder und wieder.

Der Königsweg zum vertieften Wissen um interkulturelle Besonderheiten: **Zuhören, Wahrnehmen, Fragen.** Die innere Einstellung dabei auch hier: **Draußen, vor der Vorstellung von Rechtmachen und Falschmachen, ist ein Feld. Dort will ich mich mit dir treffen.** (Rumi)

Eine aus so gestaltetem Dialog entstandene wichtige Information – so erklärte mir eine Kollegin aus der Familienberatungsstelle – sei für sie gewesen, den Status des Großvaters neu bewerten zu lernen. In anfänglich vielen für sie nicht nachvollziehbaren Reaktionen kurdischer Familien habe sie sich oft hilflos und therapeutisch inkompetent gefühlt. Durch klärende Gespräche habe sie jedoch mehr und mehr den Statusunterschied deutscher und kurdischer Großväter verstanden. Im Hinblick auf kulturelle familiäre Statusunterschiede sei es für sie inzwischen selbstverständlich, bei der Arbeit mit Kindern kurdischer Eltern darauf zu achten, immer auch den Vater des Vaters des Kindes für geplante familiäre Verhaltensänderungen zu gewinnen.

Mit der Zustimmung des Vaters väterlicherseits seien vermittelte Beratungshinweise in der traditionell lebenden Großfamilie viel häufiger und leichter realisierbar als ohne oder gegen die Zustimmung des Großvaters. Wie von Frau Dr. Yesim Erim (2024) empfohlen, sei es für sie darüber hinaus inzwischen selbstverständlich, bei jeder interkulturellen Therapie immer auch viel mehr Zeit für die familiären Begleitpersonen einzuplanen, als sie es üblicherweise zu tun pflegte.

Bei Notarzteinsätzen in Familien mit Migrationshintergrund – so berichtete mir ein Rettungssanitäter – werde die diensthabende Notärztin oft völlig ignoriert und alle Bitten um Hilfe und Rettung ausschließlich an die männlichen Rettungssanitäter gerichtet. Fragen der Ärztin würden oft nur mit Blick auf den Rettungssanitäter beantwortet.

Diese Beobachtungen machen deutlich, wie wichtig es ist, sich über Ehr- und Wertbegriffe sowie über die Stellung der Frau in den unterschiedlichen Kulturen und Religionen bewusst zu sein. Bei Migranten mit zum Beispiel türkischem Migrationshintergrund, so führt Norbert Hartkamp (in Erim, 2024, S. 288–289) aus, kann ein Mann nur dann eine Stellung als ehrbares und ehrenhaftes Mitglied der Gesellschaft beanspruchen, wenn er in seiner Ehrbarkeit von der Gemeinschaft anerkannt wird. »Namus« – die Ehrenhaftigkeit, ein kraftvoller, machtvoller ehrbarer Mann zu sein, der für die Ehre seiner Frau und der unverheirateten weiblichen Mitglieder seiner Familie eintritt – ist die Voraussetzung für »Şeref« – Ehrbarkeit in der Gesellschaft. Jedes Infragestellen seiner männlichen Rolle stellt demnach einen direkten Angriff auf Namus, seine persönliche Ehre, dar. Würde er diese männliche Ehre verlieren, würde er sofort auch Seref, die Ehrbarkeit in der Gemeinschaft verlieren.

Zu erwähnen ist noch, dass, wie in Erim (2024) ausgeführt, in allen monotheistischen Religionen der Frau eine große Macht zugesprochen wird. Die Macht der Frau, den Mann durch Liebeskunst und Manipulation zu beherrschen, wird im islamischen Schrifttum als »Fitne« bezeichnet. Symbolisch wird dies in dem Märchen »Tausendundeine Nacht« dargestellt, wenn der Mann beim Anheben des Schleiers durch den Anblick der Schönheit der Frau in Ohnmacht fällt. Diese Macht der Frau versucht der Islam nach Berktay durch folgende Gebote zu kontrollieren, die alle darauf abzielen, eine tiefergehende emotionale Bindung des Mannes an seine Partnerin zu unterbinden: das Gebot der Mehrfachehe, der Polygamie für den Mann; das Gebot der unproblematischen Ehescheidung auf Wunsch des Mannes; das Gebot des Ausschlusses der Frau von der Öffentlichkeit.

So weit die Ausführungen in dem Lehrbuch von Frau Dr. Yesim Erim.

Das zuletzt genannte Gebot des Ausschlusses der Frau von der Öffentlichkeit wird in vielen islamischen Ländern auch heute noch praktiziert. In Saudi-Arabien wird dies besonders streng gehandhabt. Hier dürfen Frauen immer noch nicht ohne männliche Zustimmung alleine außer Landes reisen oder heiraten und sind besonders in kleineren Städten und Dörfern nach wie vor in vielen Alltagssituationen auf die Hilfe eines männlichen Vormunds angewiesen.

Am 26. September 2017 erstaunte und erfreute deshalb die DPA die nicht-islamische Welt mit der Nachricht, dass das für Frauen geltende Fahrverbot im streng konservativen Saudi-Arabien aufgehoben werden soll. Die Süddeutsche Zeitung stellte diese Information daraufhin sofort ins Netz (http://www.sueddeutsche.de/news/wirtschaft/verkehr-saudi-arabien-will-fahrverbot-fuer-frauen-aufheben-dpa.urn-newsml-dpa-com-20090101-170926-99-219545, Zugriff 27.08.2018). Die DPA berichtete, dass König Salman die Regierung angewiesen habe, Regularien zu erarbeiten, nach denen sowohl Männern als auch Frauen die Fahrerlaubnis erteilt werden soll. Es werde jedoch damit gerechnet, dass es noch bis Juni 2018 dauern werde, bevor diese neuen Regularien verwaltungsrechtlich umgesetzt werden können. Am 24.06.2018 wurden sie tatsächlich umgesetzt.

Jeder von Ihnen wird als Helfer schon seine eigenen Erfahrungen mit kulturspezifischen Interaktionssituationen gesammelt und sich um einen konstruktiven Umgang damit bemüht haben.

Auch hier an dieser Stelle möchte ich, wie in allen meinen Seminaren, neben dem Hinweis auf die Bedeutung der Introvision, der achtsamen Selbstaufmerksamkeit und Selbstreflexion, auf die bei interkulturell bedingten Schwierigkeiten besonders hilfreiche Funktion von Intervision und Supervision hinweisen. Tauschen Sie, so oft es Ihnen möglich ist, Ihre Erfahrungen im Team aus. Bestehen Sie gegenüber Ihrem Arbeitgeber auf Supervision und regelmäßiger Fortbildung. Sind Sie selbständig tätig, bestehen Sie sich selbst gegenüber darauf. Die Kassenärztliche Bundesvereinigung veranstaltete z.B. am 13. November 2017 in Berlin eine Fachtagung mit dem Thema: »Vielfalt in der Praxis«. Im Mittelpunkt stand dabei die Behandlung von Patienten mit Migrationshintergrund. In Vorträgen und Berichten aus der Praxis wurden beste Beispiele einer gelungenen medizinischen und psychotherapeutischen Versorgung von Patienten mit Migrationshintergrund dargestellt. Die Kultursensibilität in der alltäglichen Praxis konnte dadurch definitiv erhöht werden.

Nutzen Sie solche sich immer wieder bietenden Plattformen, sich zu dem Thema Migration und Gesundheit auszutauschen und Ihr Wissen zu erweitern.

Suchen Sie, wann immer möglich, das klärende Gespräch über irritierende interkulturelle Erfahrungen. Die hierbei gewonnenen Erkenntnisse und Lösungen sind oft verblüffend einfach, wie die nächsten Beispiele zeigen.

Sprachbarrieren – nonverbale Brücken?

Schwierig wird jeder Patient, wenn ich ihn nicht verstehen kann und er mich nicht verstehen kann. Wenn wir beide im wahrsten Sinne des Wortes keine gemeinsame Sprache haben. Natürlicherweise kommt der nonverbalen Sprache dadurch eine noch größere Bedeutung zu. Wahrnehmung und Interpretation von Blick, Mimik, Gesten, Körperhaltungen, Stimmlage, Lautstärke und Rhythmik erfahren im interkulturellen Dialog deshalb besondere Aufmerksamkeit.

Welche Bedeutung hat es, wenn ein Patient, der in Sri Lanka geboren wurde, »Yes, yes!« sagt und dabei den Kopf verneinend hin- und herschüttelt? Verneinend? – Eben nicht! Das in Deutschland kulturspezifische Hin- und Herdrehen des Kopfes als eindeutiges Zeichen für »Nein«! ist für einen Menschen, der in Colombo geboren wurde, ein eindeutiges Zeichen für »Ja«.

Die Bedeutungen nonverbaler Signale und Gesten sind von Land zu Land sehr verschieden und manchmal geradezu diametral zum eigenen Verständnis.

Es ist 0:30 Uhr. Lena, heute Nacht Diensthabende auf Station 2, macht ihren Rundgang. In Zimmer 214 schlafen schon alle Patienten. Gerade als sie die Türe wieder leise schließen will, bemerkt sie Herrn Piazolo, der ihr offensichtlich etwas mitteilen möchte. Aus dem Übergabegespräch weiß sie, dass er in Palermo geboren wurde und auch dort aufgewachsen ist. Mit der Hand führt Herr Piazolo lächelnd eine Trinkbewegung aus und versucht damit nonverbal zu signalisieren, dass er gerne etwas zu trinken hätte. Plötzlich erstarrt seine Miene. Er reagiert ganz offensichtlich ziemlich brüskiert darauf, als er das vermeintliche »O. K., ich habe verstanden«-Zeichen der Diensthabenden sieht.

Was war geschehen? Lena hatte ihre rechte Hand gehoben und mit Daumen und Zeigefinger bei abgespreiztem Mittel-, Ring- und kleinem Finger ein »O« geformt und gemeint, mit diesem »O.K.-Zeichen« besonders schnell und verständnisvoll reagiert zu haben. Was sie nicht wusste, war, dass dieses Zeichen in Sizilien als äußerst beleidigend und vulgär gilt. Hätte sie es gewusst, hätte sie dieses Zeichen auf gar keinen Fall benutzt – und schon gar nicht Herrn Piazolo gegenüber, der doch nur höflich um etwas zu trinken gebeten hatte!

Einsatz von Dolmetschern in der Praxis und in der Klinik

Die Universität Hamburg erstellte von April 1995 bis Mai 2002 eine Dokumentation zu Dolmetscher-Einsätzen im Gesundheitswesen mit über 9000 Datensätzen, die über eine Million Einzeldaten enthielten. Die Auswertung gab Aufschluss sowohl über die Rollenerwartung der Professionellen im Gesundheitswesen an Dolmetscher als auch über das Rollenverständnis der Dolmetscher selbst (www.uke.de/insti tute/medizin-soziologie/index_28387.php, Zugriff 15.10.2010).

Inzwischen wurde in Kooperation mit weiteren EU-Projekten das neue Berufsbild »Sprach- und IntegrationsmittlerIn« konzipiert. Sprach- und IntegrationsmittlerInnen verfügen nach ihrer Ausbildung über das notwendige sprachliche und soziokulturelle Hintergrundwissen sowie das fachliche Grundlagenwissen in den Bereichen Bildung, Soziales und Gesundheit. Sie sind in der Lage, sowohl im Falle der »Sprach- und Kulturmittlung« professionell zu dolmetschen als auch im Falle der »Integrationsassistenz« die Fachkräfte der Sozialen Arbeit zu unterstützen. Um die Vermittlungstätigkeit qualitätsgerecht durchführen zu können, eignen sich die Sprach- und IntegrationsmittlerInnen verschiedene Kompetenzen in einer zweijährigen Fortbildung an. Am 14. November 2007 wurde im ehemaligen Bundestag in Bonn das neue Berufsbild Vertretern von Politik, Bundesministerien, Kommunalverwaltungen, Standesorganisationen und der Wissenschaft vorgestellt. Das Grußwort des Vizepräsidenten der Bundesärztekammer unterstreicht nach Ansicht der Projektgruppe der Uni Hamburg den Bedarf und die Notwendigkeit ebenso wie der Migrationsbericht 2007 der Bundesregierung, in dem die Staatsministerin im Kanzleramt die Umsetzung als Ziel festschreibt (www.uke.de/institute/medizin-soziologie/index_28387.php, Zugriff 15.10.2010).

Inzwischen sind bereits viele Absolventen dieser Ausbildungen im Einsatz. Es bleibt zu hoffen, dass die praktischen Möglichkeiten zur Zusammenarbeit mit diesen neuen Berufsabsolventen uns Helfern in Zukunft zunehmend – und von den Versicherungsträgern dauerhaft finanziert! – zur Verfügung stehen. Erfreulich war hierzu die Information im Deutschen Ärzteblatt, PP, Heft 10, Oktober 2017, auf S. 468, dass alle ambulant tätigen Psychotherapeuten und Psychiater in Hamburg, zumindest im Rahmen eines bis Ende 2018 befristeten Modellprojektes, einen solchen Sprachmittler bzw. Dolmetscher im Gesundheitswesen kostenlos und problemlos beantragen können. Über diese dadurch ermöglichte »Arbeit zu Dritt« eröffnet sich somit auch die Möglichkeit, Psychotherapie für nicht deutschsprechende Patienten anzubieten. Das internationale Forschungsprojekt SeGeMi (Seelische Gesundheit und Migration) hat dies initiiert in Zusammenarbeit mit der Psychotherapeutenkammer Hamburg und dem Paritätischen Wohlfahrtsverband Hamburg. Derzeit besteht das Angebot für Menschen, die zwar kein Deutsch sprechen, dafür aber: Amherisch, Arabisch, Aserbaidschanisch, Dari, Englisch, Französisch, Fula, Russisch, Tigrinya, Türkisch und Urdu.

Überall da, wo diese Zusammenarbeit mit Dolmetschern im Gesundheitswesen bereits seit einiger Zeit – in geringem Umfang und unter erschwerten Verwaltungsbedingungen auch außerhalb von Modellprojekten – erfolgreich praktiziert wird, liegen nun auch schon wichtige ergänzende Hinweise zu dieser »Arbeit zu dritt« vor.

Auf die Besonderheiten und Mikroelemente des dolmetscherunterstützten therapeutischen Gesprächs weist Ingrid Egger (2010) hin, indem sie ausführt:

> »Psychotherapeutin und Dolmetscher sind als therapeutisches Team mit unterschiedlich verteilten Aufgaben zu verstehen. Beide sind gefordert, sich und ihre Kompetenz in den Dienst der Sache zu stellen und auf klare Rollenaufteilung zu achten.

In einem Vorgespräch mit dem Dolmetscher müssen Grundvoraussetzungen wie persönliche Eignung und Verschwiegenheitspflicht des Dolmetschers, Unvereinbarkeit von Psychotherapie und Privatkontakten sowie das Rollenverständnis geklärt werden. Im dolmetscherunterstützten Gespräch geht es manchmal mehr um ein gemeinsames Ringen um Verständigung, denn um exakte Sprachvermittlung. Von Seiten der Therapeutin ist darauf zu achten, dass in verständlichen und kurzen Sequenzen gesprochen wird. Augenkontakt zwischen Therapeut und Klient spielt eine besonders wichtige Rolle und ist entscheidend für die Rollenklärung und den Aufbau der therapeutischen Beziehung (vgl. Egger 2003). Daher sollte der Dolmetscher während des Gesprächs den Augenkontakt zu dem Klienten, die Therapeutin den Augenkontakt zum Dolmetscher vermeiden. Beim dolmetscherunterstützten Gespräch wird der Gesprächsfluss entschleunigt. Das erfordert Geduld und stille Gegenwärtigkeit« (Egger, 2010, S. 118–119).

Die Herausforderung bewältigen

Die Herausforderung besteht für alle Helfenden nunmehr darin, immer wieder, sowohl als Einzelne als auch im Kollektiv, unermüdlich die Forderung nach überall schnell und unbürokratisch verfügbarer professioneller Fremdsprachen-Unterstützung zu stellen.

Leistungsträger der Gesundheitseinrichtungen, der überwiegende Teil der für die Gesundheitsgesetzgebung zuständigen Instanzen und die Öffentlichkeit sind sich ganz offensichtlich der immer dringender werdenden Notwendigkeit zur Überwindung von Sprachbarrieren noch nicht in vollem Umfang bewusst.

Dies kann und darf so nicht bleiben. Modellprojekte sind ein hoffnungsvoller Anfang. Der bürokratiearme, flächendeckende Zugriff auf qualifizierte Sprachmittler ist jedoch das wünschenswerte Ziel.

Auch wenn kritische Stimmen zu Recht anmahnen, dass alle improvisierten Verbesserungen von den für die Finanzierung Verantwortlichen dazu benutzt werden könnten, die erforderlichen Mittel für den Aufbau dieser notwendigen umfassenden Versorgungsmöglichkeit mit Dolmetschern nicht zur Verfügung zu stellen und unerlässliche dauerhafte strukturelle und personelle Verbesserungen weiterhin zu verschleppen, ganz nach dem Motto: »geht doch ...«, möchte ich Ihnen dennoch gangbare Selbsthilfe-Wege zur akuten Verbesserung der Überwindung von Sprachbarrieren aufzeigen.

Sollte Ihnen wie den meisten Helfern der Zugang zu professionellen Dolmetschern fehlen, empfehle ich Ihnen, sich der nachfolgenden praktischen und hilfreichen Hinweise von Kilcher und Spiess, Gün sowie von Sabbioni im interkulturellen Dialog bewusst zu bleiben und diese anzuwenden, um so die alltäglichen Herausforderungen besser bewältigen zu können.

Handlungsanregungen zur Verständigung mit Migranten

- Einfache Sprache verwenden:
  - kurze Sätze, deutlich und langsam sprechen
  - Fachjargon vermeiden: Begriffe mit einfachen Wörtern, Synonymen umschreiben

- nicht mehr als ein Thema auf einmal besprechen
- Mimik, Gestik beachten
- Zeichnungen, Bilder, Piktogramme einbeziehen
- Wörterbuch verwenden
- Diffuse Beschwerden mittels Anatomieatlas gemeinsam lokalisieren
- Eher Bekannte statt Familienangehörige übersetzen lassen, wenn möglich gleichen Geschlechts
(nach: Kilcher & Spiess, 2003)

Ali Kemal Gün weist in Erim (2024) darauf hin, dass für die interkulturelle Öffnung der Gesundheitsdienste im Alltag schnell wesentliche praktische Verbesserungen durch einfache Maßnahmen zu erzielen sind. Seine konkreten Vorschläge lauten:

Interne Fremdsprachenliste erstellen

- Erstellen Sie eine Liste der in Ihrer Einrichtung vorhandenen sprachlichen und kulturellen Ressourcen. Dies ist besonders dann wichtig, wenn z. B. Notsituationen vorliegen und das Heranziehen eines professionellen Dolmetschers aus zeitlichen und organisatorischen Gründen nicht (sofort) möglich ist. Daher ist die systematische Erfassung der internen Ressourcen sowie das Erstellen und regelmäßige Aktualisieren einer internen Fremdsprachenliste, in der Mitarbeiter mit Mutter- und Fremdsprachenqualifikation aufgeführt sind, von großer Bedeutung.

Muttersprachliches Informationsmaterial und Übersetzung relevanter Formulare erstellen

- Da in der Praxis Dolmetscher nur in besonderen Situationen eingesetzt werden, erweist es sich als hilfreich, mehrsprachiges Material für Patienten und deren Angehörige, häufig genutzte Formulare, Merkblätter und Aufklärungsmaterialien, die für die Behandlung und Betreuung der Patienten von Bedeutung sind, zur Verfügung zu stellen. Diese Informationen sollten gegebenenfalls in die Muttersprache der Patienten übersetzt werden.

Intranetportal mit migrantenrelevanten Informationen erstellen

- Jede Einrichtung im Gesundheitsdienst, die über die Möglichkeit einer Intranetverbindung verfügt, sollte ein Intranetportal aufbauen und pflegen, das den Beschäftigten möglichst alle migrantenrelevanten Informationen zugänglich macht.

Datenerhebung

- Mindestens folgende Daten sollten laut Gün routinemäßig erfasst werden: Geschlecht, Alter, Staatsangehörigkeit, Religionszugehörigkeit/Konfession, Geburtsland, Geburtsland der Eltern, Muttersprache, Muttersprache der Eltern, Deutschkenntnis/Einschätzung des Grades der Deutschkenntnisse.

Der in Bern arbeitende Arzt Marzio Sabbioni, Facharzt für Psychiatrie und Psychotherapie sowie Innere Medizin, veröffentlichte in der Schweizer Zeitschrift für Hausarztmedizin bereits 2005 folgende aus seiner Erfahrung zusätzliche hilfreiche Fragen bei der Anamnese von Patienten mit Migrationshintergrund:

Zusätzliche spezielle und hilfreiche Fragen aus der Migrationsanamnese

- Herkunftsgeschichte
  - Biografische Daten
  - Ausbildung
  - Berufserfahrung
  - Rechtliche, soziale und ökonomische Situation im Herkunftsland
- Migrationsgeschichte
  - Motivation zur Migration
  - Verlauf der Migration, Flucht
  - Traumatisierungen
- Integrationsgeschichte
  - Rechtlicher Status (Aufenthaltsbewilligung)
  - Soziale, ökonomische und aktuelle Wohnraumsituation
  - Aktuelles Gesundheitsverhalten
- Spezifische Fragen
  - Wie nennt man Ihre Beschwerden in Ihrer Muttersprache?
  - Was hat nach Ihrer Ansicht Ihre Beschwerden verursacht?
  - Was hat Ihnen in der Vergangenheit am meisten bei diesen Beschwerden geholfen?
  (nach: Sabbioni, 2005)

Auch diese Analyse der Besonderheiten in der Begegnung mit Patienten mit Migrationshintergrund macht es erneut offensichtlich: Der andere mag zwar anders sein als wir, er mag anders denken, fühlen, handeln, er mag anders aussehen, anders sprechen, andere Vorstellungen haben über ein sinnvolles erfülltes Leben – schwierig ist er deshalb nicht. Nicht, solange wir ihn nicht als schwierig bewerten.

Den schwierigen Patienten gibt es nicht – es gehören immer zwei dazu.

4 Rezeptsammlung – das Beste aus Theorie und Praxis

4.1 Die Telefonanlage oder: Weshalb Manuel die wichtigsten Vorbehalte gegen Rezepte nie erfuhr

Heute Morgen habe ich mit meinem Neffen Manuel telefoniert, um mich nach seinen Geburtstagswünschen zu erkundigen. Im Verlauf des heiteren Gesprächs fragte er mich natürlich auch, womit ich mich in diesen Tagen beschäftige. Seine erste Reaktion auf die Information, dass ich schon seit Monaten an einem Buch über den schwierigen Patienten schreibe, war: »Und schreibst Du da auch richtige Rezepte hinein, wie die Menschen, die mit Patienten arbeiten, es besser machen können?«

Ich musste lächeln. Die alte Frage nach dem einzig richtigen Rezept. Ich wollte gerade tief Luft holen, um ihm einen Vortrag über die Komplexität des Themas zu halten, als die Verbindung unterbrochen wurde. Irgendein technischer Defekt in der Telefonanlage. Pause. Ständiges Besetztzeichen. Faxsignalgeräusche.

In meinem Kopf tauchten Sätze aus Vorlesungen während meiner Studienzeit in Heidelberg auf. Auf der Suche nach den richtigen Worten für meinen Neffen, die die Notwendigkeit betonen sollten, eine differenzierte Sichtweise einzunehmen bei so komplexen Vorgängen wie der Kommunikation und Interaktion zwischen Patient und Helfer, hörte ich innerlich Professor Weinert dozieren: »Denken Sie stets auch an intra und interindividuelle Differenzen.«

Ich weiß noch, wie ich damals innerlich für mich selbst übersetzte: »Aha, also es gibt Unterschiede innerhalb ein und derselben Person, je nachdem wie sie geschlafen hat, wo sie sich gerade befindet, mit wem sie gerade Kontakt hat, ob sie gerade Erfolg oder Misserfolg erlebt hat, ob es gerade Morgen oder Abend ist und ob ich dieselbe Person im Alter von 10, 20 oder 50 Jahren treffe.

Ja, und das Wort interindividuell versteht sich von selbst. Es ist klar, dass es Unterschiede zwischen verschiedenen Personen gibt in Bezug auf die Ausprägung verschiedener Persönlichkeitsmerkmale, Verhaltensweisen, Gedanken und Gefühle in ein und derselben Situation.«

Ich dachte, es wäre ein guter Ansatz, Manuels Wunsch nach einfachen Rezepten für Helfer im Umgang mit Patienten begründet zurückzuweisen, indem ich ihm etwas über intra- und interindividuelle Unterschiede bei Patienten und Helfern erzählen würde.

Die Leitung blieb weiterhin besetzt.

Rainer Bastine, zu meiner Studienzeit Professor für klinische Psychologie am Psychologischen Institut der Universität Heidelberg, meldete sich in mir zu Wort: »Am besten lesen Sie bei Kiesler (1971) nach, wenn Sie der Versuchung erliegen, sich frustriert zu fühlen, weil eine von Ihnen hervorragend zum Einsatz gebrachte psychologische Intervention nicht den gewünschten therapeutischen Effekt erzielt und Ihr Patient – für Sie als Helfer nicht nachvollziehbar – damit unzufrieden ist.«

Kiesler eröffnete uns Praktikern in der Anwendung von therapeutischen Interventionen einen weiten Blick auf das Feld der Komplexität der Wechselwirkungen zwischen Patient und Helfer. Bei der Frage, wie erfolgreich ein bestimmtes Vorgehen bei einem bestimmten Patienten wohl sein werde, lautete Kieslers Gegenfrage: »Welcher Patient wird zu welchem Zeitpunkt, mit welchem Problem, von welchem Therapeuten, mit welcher Vorgehensweise, mit welcher Technik, an welchem Ort und unter welchen Umständen behandelt? »Wow, was für ein Satz«, dachte ich damals. Ich versuchte so viele Kombinationen wie möglich in meiner Vorstellung entstehen zu lassen.

- **Welcher Patient?**
  »Klar«, dachte ich, »ist es ein Unterschied, ob der Patient jung oder alt ist, die deutsche Sprache beherrscht oder nur teilweise, ob er Frau oder Mann ist, Arbeit hat oder nicht, sein Geld mit schwerer körperlicher Arbeit verdient oder am Schreibtisch, alleine lebt, eine Familie hat …« Ich schaute zum Fenster hinaus auf die Heidelberger Hauptstraße. Ein dichter Strom von Menschen. Japanische Touristen, Amerikaner, eine italienische Reisegruppe, Schüler, Hausfrauen mit kleinen Kindern, Studenten, Geschäftsleute und ein kleiner Trupp trommelnder Bettelmönche der Hare-Krishna-Bewegung, die mit ihrem von Zimbeln begleiteten monotonen Gesang die Vorlesung mit Tönen aus einer ganz anderen Weltsicht untermalten: »Hare Krishna, Hare Krishna, Krishna, Krishna, Hare, Hare …« Ja, welcher Patient also?
- **Zu welchem Zeitpunkt?**
  »Hm«, dachte ich, »stimmt schon, es macht einen Unterschied, ob jemand vor mir sitzt, dessen Vater *gestern* gestorben ist, der *gestern* von einem geliebten Menschen verlassen wurde, der *gestern* die Kündigung, *gestern* die Nachricht über einen vorliegenden Krebsbefund erhalten hat, oder ob er mir berichtet, dass all das schon 15 Jahre zurückliegt.«
- **Mit welchem Problem?**
  Das verstand sich für mich von selbst: Trauer ist ein anderes Problem als Angst. Der Verlust eines Beines eine andere Ausgangssituation als eine Essstörung.
- **Welcher Therapeut?**
  »Na ja«, ging es mir durch den Kopf, »ich kann mir schon vorstellen, dass mancher Patient denkt: ›Aber ich will von einem erfahrenen Therapeuten behandelt werden. Der sieht ja so jung aus!‹« Kiesler sah das meiner Meinung nach ganz richtig. Für viele Patienten spielt es eine bedeutende Rolle, welchen Therapeuten sie vorfinden: Frau oder Mann, jung oder alt, ihm attraktiv oder unattraktiv erscheinend, freundlich zugewandt oder abweisend kalt, von gleicher Nationalität und gleichem Dialekt oder davon verschieden.

- **Mit welcher Technik?**
»Viele Wege führen nach Rom«, dachte ich, »doch aus der Vielfalt der jeweils infrage kommenden Vorgehensweisen kann jeder Helfer sowieso nur mit denjenigen Verfahrensweisen arbeiten, die er selbst erlernt hat. Jeder Helfer wird vorhersagbar immer einige Techniken haben, die ihm besonders leicht von der Hand gehen, von denen er selbst am meisten überzeugt ist, unabhängig von objektiv vorliegenden Untersuchungen bezüglich der Effektivität einzelner Vorgehensweisen für bestimmte Problembereiche. Und natürlich werde ich nur das an therapeutischen Interventionen zur Anwendung bringen können, was mir technisch zur Verfügung steht. In einer Institution, die über kein Biofeedback-Gerät verfügt, werde ich niemandem Biofeedback-Therapie anbieten können, auch wenn es mir von der Person, der Störung und meinen Kompetenzen her für sinnvoll und angemessen erscheinen mag.«
- **An welchem Ort?**
Findet die Behandlung zu Hause statt, in der ambulanten Praxis, in einer Beratungsstelle, stationär? Ist der Ort der Behandlung abgeschirmt vor Störungen? Findet zum Beispiel die Konfrontationstherapie bei Höhenangst auf einem einsamen Aussichtsturm mitten im Frankenwald statt oder auf dem belebten Ulmer Münster? Wird der diabetische Fuß des Patienten im Untersuchungszimmer neu verbunden oder im Patientenzimmer, während ein anderer Patient am Tisch sitzt, die Bildzeitung liest und ständig neugierig herüberschaut?
- **Unter welchen Umständen?**
Damals hatte ich die Ausführungen über die Situation des Patienten und die Situation des Helfers natürlich noch nicht geschrieben, aber innerlich wohl im Telegrammstil für mich schon ausformuliert: »Ah ja, situative Faktoren: Zeitdruck, finanzielle Aspekte, institutionelle Gepflogenheiten, Freiheiten, Zwänge.« Die bei uns Studenten in den 1970er-Jahren beliebteste sozialkritische Frage war mir im Hinterkopf selbstverständlich auch präsent: »Man muss doch mal fragen, wer hier eigentlich das Hauptinteresse an dieser Behandlung hat?!«

Als ich erneut versuchte, Manuel anzurufen, war schon einige Zeit verstrichen, in der ich meinen Gedanken innerlich nachgegangen war. Meine Schwester nahm diesmal den Hörer ab und so wandte sich das Gespräch auf den gestrigen Geburtstag meiner 82-jährigen Tante Trudel, die wir alle liebevoll TT nennen. Nein, das richtige Helferverhalten ist nicht auf Rezept zu haben. Richtiges, angemessenes Verhalten ist in jeder Situation etwas anderes. Mit jedem Patienten, zu jedem Zeitpunkt eine eigene, hilfreiche Begegnung, die für Patient und Helfer in sich stimmig sein sollte. Jeder Helfer ist dabei grundlegend sein eigener Experte. Aus den Besonderheiten der Situation, den Besonderheiten seiner eigenen Verfassung und der jeweiligen Verfassung des Patienten das angemessene Verhalten abzuleiten, ist dabei die Kunst.

Meine beste Freundin Tina hat ihre eigene Sprache dafür entwickelt: »Wenn Du auf dem Strahl bist, ist es kein Problem. Falls nicht, ist guter Rat teuer. Dann kannst Du tun, was Du willst, es wird auf jeden Fall wenig fruchten.« Diese Aussage liegt nicht weit entfernt von der Formulierung, die sich bei dem chinesischen Philosophen Laotse findet, der etwa 600 v. Chr. in seinem Standardwerk Tao Te King meint: »Wenn Gesetzmäßigkeit verloren geht, entstehen Gesetze« (Laotse, 1979, S. 25). Er geht sogar so weit zu sagen: »Gesetzlichkeit begräbt Gesetzmäßigkeit. Immer belauert Gesetzlichkeit Gesetzmäßigkeit« (Laotse, 1979, S. 69). Die immerwährende Herausforderung für jeden Helfer besteht darin, im Einklang mit den Naturgesetzen zu handeln, im Fluss zu sein, die eigene Intuition zu benutzen, kritische Distanz zu wahren zu allen Regeln, die versuchen absolutistisch festzuschreiben, was richtiges und falsches Verhalten sei. Dieser Herausforderung gewachsen zu sein, erfordert die Bereitschaft zu konstantem Lernen und konstantem persönlichem Wachstum. Täglicher Selbstrückbezug, tägliches Erfahren tiefer Ebenen der Stille im eigenen Bewusstsein fördert ganz sicher die Achtsamkeit dafür, was in jedem Moment angemessenes Verhalten ist.

Sigrun Schmidt-Traub betont 2003 in einem Artikel über die wichtigsten Elemente, die eine hilfreiche, gute therapeutische Beziehung ausmachen, vor allem die Notwendigkeit zu ständiger Supervision eigenen therapeutischen Handelns und regelmäßiger Selbsterfahrung. Sie schreibt:»Um eine optimale Therapieplanung zu entwickeln, muss der Psychotherapeut in der Lage sein, seine therapeutische Vorgehensweise und Beziehungshaltung ganz flexibel auf den Patienten und dessen Lebensbedingungen einzustellen. Das ist schwierig und erfordert Fähigkeiten wie Selbstdisziplin, Improvisation, Wendigkeit und Geschmeidigkeit, die ohne gute psychotherapeutische Ausbildung, laufende Supervision und Selbsterfahrung einfach nicht denkbar sind« (Schmidt-Traub, 2003, S. 126).

Und doch! Manuel hatte Recht! Der Wunsch nach Rezepten ist legitim: Rezepte, die Sie dabei unterstützen sollen, für sich herauszufinden, welches Verhalten das günstigste ist in den unterschiedlichsten Situationen Ihres Helferalltags; welches das angemessene Verhalten gegenüber den unterschiedlichsten Patienten mit den unterschiedlichsten Verhaltensweisen und Motiven ist; welches das jeweils stimmige Verhalten unter Anerkennung Ihrer eigenen unterschiedlichsten Befindlichkeitszustände ist.

Deshalb an dieser Stelle – auf besonderen Wunsch von Manuel – Rezepte nach bestem Wissen und Gewissen.

4.1.1 Rezept Nr. 1: Ich will auf mich selbst achten und es soll mir Vergnügen machen

»Ich beginne meine Arbeit immer mit zwei Vorsätzen: Ich will auf mich selbst achten und es soll mir Vergnügen machen.« Seit ich 1976 diesen Satz bei Sheldon B. Kopp in seinem Buch über Psychotherapie und Selbsterfahrung zum ersten Mal gelesen hatte, wusste ich: Wenn ich als Helfer auf Dauer hilfreich sein möchte, ohne auszubrennen, dann ist genau diese Grundhaltung ein hilfreiches Rezept. Auf ganz pragmatischer Ebene heißt das: Es ist gut, genau zu wissen, wann das Vergnügen für mich aufhört. An welcher Stelle im Körper spüre ich die ersten Anzeichen von Unbehagen in einer sozialen Interaktionssituation?

In Stressbewältigungsseminaren nach Kaluza werden die Teilnehmer oft mit dieser Frage zur Selbsterfahrung angeleitet: »An welcher Stelle in Ihrem Körper spüren Sie zuerst, wenn Ihnen eine Situation zu viel wird, wenn Sie anfangen, diese Situation als Stress zu erleben?« Cecchin, Lane und Ray sind zuversichtlich, dass Sie als Helfer diese Signale bewusst zu registrieren lernen, wenn sie schreiben: »Mit der Zeit werden dem Therapeuten die idiosynkratischen Mittel und Wege auffallen, in denen sich sein Unbehagen niederschlägt. Manche Therapeuten bekommen Rückenschmerzen oder Kopfweh. Andere werden unruhig. Manche entwickeln Fantasien, dass die Klienten nicht wiederkommen könnten. Oder sie entwickeln Selbstzweifel, ob sie den richtigen Beruf gewählt haben. Gleichgültig welches Symptom auch auftaucht, für den Therapeuten kann es ein Zeichen sein, dass er Hilfe braucht« (Cecchin, Lane & Ray, 1996, S. 83).

Wenn Sie Ihre eigenen Körpersignale rechtzeitig wahrzunehmen in der Lage sind, wird es Ihnen leichter möglich sein, in solchen Situationen besonders bewusst mit sich und dem Patienten umzugehen.

Finden Sie heraus, was Ihre eigenen, ersten, minimalen Signale sind, an denen Sie erkennen, dass eine Situation anfängt, Ihnen unangenehm zu werden. Dies ermöglicht Ihnen, die Falle zu vermeiden, die in der alten Denkgewohnheit liegt: »Oh, der Patient ist aber heute schwierig«. Ein typisches Selbstgespräch eines erfahrenen Helfers wäre etwa: »Aha, ich spüre, mein rotes Signallämpchen geht an. Ich ziehe wieder meine Schultern hoch, presse die Zähne aufeinander, halte die Luft an, verspüre dieses flaue Gefühl im Magen oder das typische Ziehen in der Brust. Jetzt gilt es, besonders wach zu sein!«

Was immer Ihr M. C., Ihr Minimal Cue, Ihr erstes minimales Anzeichen auch sein mag – es ist gut, wenn Sie es kennen. So wird es Ihnen viel leichter möglich sein zu denken: »Aufgepasst! Was immer ich jetzt dem Patienten vermitteln möchte – es soll auch mir selbst Freude bereiten.«

Spüren Sie in solchen Situationen als Helfer in sich hinein, was Sie jetzt brauchen, um sich wieder wohler fühlen zu können. Schauen Sie hin, was die Interaktion mit dem Patienten jetzt braucht, was der Patient jetzt braucht, damit Sie sich beide wieder wohler in der Begegnungssituation fühlen können.

In Anlehnung an Friedemann Schulz von Thun (1998, S. 54) können Sie sich selbst in Wilhelm-Busch-Manier immer wieder liebevoll ermahnen: »Willst Du ein guter Helfer sein – dann schau auch in Dich selber rein.«

4.1.2 Rezept Nr. 2: Während ich im Kontakt mit mir selbst bleibe, bleibe ich im Kontakt mit dem Patienten.

Erfahrene Helfer, die selten Situationen mit Patienten als schwierig erleben, haben natürlicherweise im Laufe ihrer jahrzehntelangen Praxis genau diese oszillierende doppelte Bewusstheit entwickelt: Bewusstheit nach innen und nach außen, eine klare Bewusstheit meiner selbst, meiner eigenen Verhaltensweisen, Gedanken, Gefühle und Bedürfnisse sowie klare Bewusstheit für mein Gegenüber und die Situation, in der wir uns begegnen. Ein Auge nach innen – ein Auge nach außen; sozialbezogene Autonomie, autonome Sozialbezogenheit; liebe Deinen Nächsten wie Dich selbst, Selbstfürsorge als Basis der Fremdfürsorge – dies alles sind Synonyme für diese im wahrsten Sinne des Wortes ganzheitliche Grundhaltung in der Begegnung mit Patienten.

Eine junge Kollegin berichtete mir begeistert von ihrem ersten Einführungskurs zur Anwendung klinischer Hypnose in der Verhaltenstherapie. »Mensch«, sagte sie, »das ist klasse, man muss wirklich nur ganz genau hinschauen, was der Patient gerade tut, während man ihm die Einleitungsanweisungen gibt und kann so gemeinsam mit ihm, Schritt für Schritt, in seiner eigenen Geschwindigkeit, ganz leicht den Weg in tiefe Bereiche für ihn eröffnen.« Ja, genau! Wenn Sie als Helfer nicht in Ihren Ideen verloren gehen, was der Patient jetzt tun oder unterlassen sollte, sondern hinschauen, was genau er jetzt tut, denkt und fühlt, können Sie ihn leichter da abholen, wo er jetzt steht, und beharren nicht starrsinnig darauf, dass er woanders stehen sollte. Bleiben Sie dabei oszillierend im Kontakt mit sich selbst, ist das, was Sie tun und sagen, auch stimmig für Sie selbst.

In Kontakt mit sich selbst zu bleiben, hilft Ihnen auch, an Ihren eigenen Körper- und Gefühlsreaktionen festzustellen, ob es irgendwo in der Interaktion mit dem Patienten im wahrsten Sinne des Wortes »hakt«. Übergehen Sie Ihre eigenen Reaktionen auf das, was der Patient sagt oder tut, auf keinen Fall. Beachten Sie Ihre eigenen Reaktionen genauso aufmerksam wie die Reaktionen, die Sie bei Ihrem Patienten auf Ihr Verhalten ihm gegenüber wahrnehmen.

Um Ihre persönlichen, subjektiven Erfahrungen als Grundlage für ein angemessenes Feedback benutzen zu können, hat sich die doppelte Bewusstheit als unverzichtbar erwiesen: Kontakt mit sich selbst als Basis für den optimalen Kontakt mit Ihrem Patienten.

4.1.3 Rezept Nr. 3: Gangbare Wege gehen

Ist die Situation mit dem Patienten erst einmal schwierig geworden, hilft die Orientierung an Idealen meist recht wenig. Es gilt dann, sehr pragmatisch zu sein. Gangbare Wege zu gehen. Was ist jetzt in dieser Situation für Sie als Helfer und für den Patienten möglich?

> Herr Haas, Besitzer eines kleinen Imbiss-Standes in einem Einkaufszentrum, war dialysepflichtig geworden. Tagsüber zur Dialyse zu gehen, wäre für ihn jedoch mit einem nicht akzeptablen finanziellen Verlust verbunden, da er – geschieden, 45 Jahre alt und unterhaltspflichtig für seine zwei Kinder – keinen Euro entbehren konnte. Die von ihm erbetene Möglichkeit zur Nachtdialyse wurde zuerst abgelehnt, da diese nur für Patienten geeignet ist, die sehr diszipliniert mit ihren erlaubten Flüssigkeitszufuhrmengen umgehen und sich an die notwendigen Diätvorgaben halten. Diese strengen Kriterien sind deshalb notwendig, da bei der Nachtdialyse in der Regel keine unmittelbare Arztpräsenz gewährleistet ist. Die Nachtdialyse ist darum üblicherweise nur für ansonsten gesunde dialysepflichtige Patienten vorgesehen.
>
> Da Herr Haas jedoch offensichtlich deprimiert über seine derzeitigen Lebensumstände war und zusätzlich weit davon entfernt, seine Nierenerkrankung zu akzeptieren, war genau mit diesen notwendigen Voraussetzungen nicht zu rechnen. Würde das Dialyseteam ihm jedoch die Nachtdialyse verweigern, würde dies seinen finanziellen Druck und damit seine Gesamtbelastung unweigerlich

verschärfen. Die Teilnahme an der Nachtdialyse wurde ihm daher dennoch, wenngleich mit großen Vorbehalten, gewährt.

Zuerst ging alles gut. Herr Haas erschien regelmäßig und pünktlich mit angemessener Flüssigkeitszunahme zur Nachtdialyse. Doch schon nach wenigen Wochen trat ein, was das Dialyseteam befürchtet hatte: Herr Haas erschien manchmal einfach nicht zu den vereinbarten Terminen, kam alkoholisiert und mit massiv erhöhter Flüssigkeitszunahme. All dies war aus der Sicht des Dialyseteams nicht tragbar. Einfach nicht zum Termin zu erscheinen, bedeutete Kosten, die von der Kasse nicht übernommen wurden. Alkoholisiert zu erscheinen, hieß, die Gefahr von Übelkeit und Erbrechen sowie eine Katerstimmung zu erzeugen, die durch die schnelle Alkoholausscheidung bei der Dialyse in den meisten Fällen eintritt. Zu hohe Flüssigkeitszufuhr erhöht zudem erfahrungsgemäß die Kollapswahrscheinlichkeit während der Dialyse. Guter Rat war teuer. Eine Verlegung in die ärztlich überwachte Tagesdialyse erschien unumgänglich.

Der verantwortliche Arzt bat Herrn Haas zu einem persönlichen Gespräch, erklärte ihm die Fakten aus der Sicht des Dialyseteams und vermittelte ein ausführliches Beratungsgespräch mit der Diätassistentin, um die Flüssigkeitszunahme und die Kaliumwerte in Grenzen zu halten. Zusätzlich vereinbarte der Arzt mit Herrn Haas, dass zu den Nachtterminen die Dialysegeräte nur noch rechtzeitig aktiviert würden, sofern er sich zwei Stunden vor seinem Termin telefonisch auf Station meldete, um die Bestätigung zu geben, dass er auch tatsächlich komme. Der Arzt verzichtete bewusst auf Straf- und Moralpredigten. Das Ergebnis: Herr Haas kommt heute noch regelmäßig zur Nachtdialyse, nüchtern und mit angemessener Flüssigkeitszufuhr.

Dem Arzt war es gelungen, einen Teufelskreis zu durchbrechen: In seiner depressiven Grundhaltung erlebte Herr Haas die festgelegten Zeiten, zu denen er an die Dialysemaschine gehen musste, als vollständigen Verlust seiner Autonomie. Er fühlte sich durch dieses Zeitkorsett als Sklave seiner Krankheit. Seine Depressionen nahmen zu. Entlastungstrinken und das trotzige Brechen aller angemessenen Diätregeln waren die Folge. Die ihm vom Arzt eingeräumte Wahlfreiheit, bei jedem angesetzten Termin darüber entscheiden zu können, ob er kommen wolle oder nicht, gab ihm die wichtige Erfahrung der Selbstbestimmungsfreiheit wieder zurück. Er konnte aus freien Stücken wollen, was gut für ihn war.

Gangbare Wege zu gehen, kann in einer gegebenen Situation auch bedeuten, dass wir einem Patienten, den wir als schwierig erleben, Teile seiner Selbstverantwortung und damit seiner Selbstbestimmung wieder zurückgeben.

4.1.4 Rezept Nr. 4: Viel über Kommunikation wissen und Spaß dabei haben, dieses Wissen anzuwenden

Nach einem Seminar über Kommunikation und Interaktion im Praxisalltag, das ich im Rahmen der Weiterbildung für Diätassistentinnen gegeben hatte, meinte eine Teilnehmerin: »Wenn man sieht, wie komplex die Vorgänge sind, die ablaufen, wenn zwei Leute einen einfachen Satz miteinander austauschen, dann wundert man sich wirklich, wie es je möglich sein soll, dass der eine den anderen tatsächlich versteht.« Ich meine, sie hat recht! Wir reden zwar miteinander, aber das heißt noch lange nicht, dass wir uns wirklich einander mitteilen und einander verstehen können.

Für den professionellen Helfer im Bereich der Diagnostik, Therapie und Pflege ist dies jedoch unabdingbare Voraussetzung. Die Fakten sind:

- Das Gespräch ist die häufigste ärztliche und pflegerische Handlung.
- Ein Arzt führt etwa 20 000 Aufklärungsgespräche über Diagnosen im Laufe seines Berufslebens.
- Die Qualität der Kommunikation bestimmt maßgeblich das Befinden des Patienten.
- Eine gelungene Kommunikation ist einer der Hauptgründe der Zufriedenheit von Patienten.
- Eine misslungene Kommunikation ist ein Hauptgrund der Enttäuschung von Patienten.

Das Erlernen achtsamer Kommunikation ist deshalb im wahrsten Sinne des Wortes »*Not*-wendig«.

Das akademische Wissen um die Gesetze, die einer gelungenen Kommunikation zugrunde liegen, nimmt erfreulicherweise stetig zu. Dennoch sind viele Helfer meist nach wie vor so sehr mit den Inhalten, mit den Informationen, die sie vermitteln möchten, beschäftigt, dass andere Aspekte der Kommunikation häufig unter den Tisch fallen. Schwierigkeiten in der Interaktion mit den Patienten sind die Folge.

»Mein Gott, war der wieder schwierig!« – Sätze wie dieser werden nach einem Beratungsgespräch nicht selten geäußert. Der interaktionelle Aspekt bleibt dabei eindeutig unbeachtet. Verschaffen wir uns daher hier noch einmal einen konzentrierten Überblick über die wichtigsten Dimensionen professionell gestalteter Kommunikation:

4.1.4.1 Die Grundlagen der Kommunikation

Wenn zwei Menschen miteinander kommunizieren, kann das verbal oder nonverbal geschehen. Auf die Frage Ihrer Kollegin »Soll ich Dir auch eine Tasse Kaffee mitbringen?«, können Sie sagen »Ja, gerne« oder einfach nur mit dem Kopf nicken. Eine verbale Antwort (»Ja, gerne«) wird auch als digital bezeichnet, eine nonverbale (Kopfnicken) als analog.

Paul Watzlawicks berühmter Satz »Man kann nicht *nicht* kommunizieren« (Watzlawick, Beavin & Jackson, 1990, S. 53) verdeutlicht, dass ich, auch wenn ich nichts sage und nicht mit dem Kopf nicke, dem anderen gegenüber dennoch eine Aussage mache. Nur ist diese Aussage so vieldeutig interpretierbar, dass unklar bleibt, ob das, was der Schweigende damit »sagen« will, auch genau das ist, was der andere versteht.

4.1 Die Telefonanlage oder: Weshalb Manuel die Vorbehalte nie erfuhr

Sagt er mir damit: »Ich habe Deine Frage nicht gehört«, oder »Lass mich in Ruhe!«, oder »Mit Dir rede ich überhaupt nicht mehr, Du stinkst mir!«, oder »Frag nicht so blöd, Du weißt doch, dass ich immer Kaffee mag, wenn es welchen gibt!«, oder »Wenn ich welchen wollte, würde ich *ja* sagen, da ich aber nichts sage, ist doch klar, dass ich ›Nein danke!‹ meine«.

Wenn die Kollegin, die Sie gefragt hat, ob Sie Kaffee möchten, auf Ihr Schweigen hin kommentieren würde: »Du, wenn Du nicht antwortest, weiß ich nicht, was das jetzt bedeuten soll, gib mir bitte eine Antwort und sage Ja oder Nein«, dann würde es sich hier um den klassischen Fall von Metakommunikation handeln. Von Metakommunikation sprechen wir, wenn wir direkt die Art und Weise ansprechen, in der wir miteinander kommunizieren. Im Rahmen der Partnerschaftstherapie können wir beobachten, dass Paare, die ein hohes Maß an Metakommunikation pflegen, also häufig über die Art und Weise sprechen, in der sie miteinander sprechen, wesentlich weniger Schwierigkeiten miteinander haben als Paare, die dies nicht tun.

Jenseits der wissenschaftlichen Analyse von Kommunikation empfinden wir oft intuitiv: Kommunikation beginnt energetisch. Der Körper drückt unsere subjektive Wahrheit aus, die Lücke füllen wir dann noch mit Worten, während sich die Energie weiterbewegt.

Für viele entscheiden die ersten drei Minuten einer Rede alles. Wie ist die Ausstrahlung des Redners? Wie sieht er aus? Wie ist die Stimme? Je nachdem wie die eigene innere Bewertung ausfällt, hört man dann noch zu oder auch nicht.

Der Sozialpsychologe Albert Mehrabian und seine Kollegin Susan Ferris haben hierzu bereits 1967 eine erstaunliche Beobachtung gemacht, die zu der Formulierung der 55–38–7-Kommunikationsregel führte.

In mehreren Studien beobachteten sie, dass bei Präsentationen vor Gruppen 93(!) Prozent der Wirkung nicht durch den *Inhalt* der Rede erzielt wurden, sondern durch das *Wie*:

- 55 Prozent der Wirkung bestimmte in diesen Experimenten offensichtlich die Körpersprache, also Körperhaltung, Gestik, Mimik und die Tatsache, ob Augenkontakt gehalten wurde oder nicht.
- 38 Prozent der positiven oder negativen Wirkung erzielten die Redner in diesen Experimenten durch ihre Stimmlage
- und nur der verschwindend geringe Anteil von 7 Prozent der Gesamtwirkung wurde durch den Inhalt ihres Vortrags erzielt.

Die von vielen populären Coaches aus diesem sozialpsychologischen Experiment gezogene allgemeine Kommunikationsregel »55–38–7« – also 55 Prozent Bedeutung der Körpersprache, 38 Prozent Bedeutung der Stimmqualitätsmerkmale und nur 7 Prozent Bedeutung des Inhalts dessen, was wir dem anderen mitteilen möchten – ist so sicher nicht haltbar. Bei sozialen Kontakten jenseits einer öffentlichen Vortragssituation spielen erfahrungsgemäß noch ganz andere und differenzierter zu betrachtende Aspekte eine Rolle, die wechselseitiges Verstehen und Sympathie beeinflussen.

Wissenschaftlich exakt und umfassend hat Friedemann Schulz von Thun, Professor für Kommunikationspsychologie an der Universität Hamburg, seit 1973 das

Wissen über die Grundlagen der Kommunikation zusammengefasst, erweitert, unermüdlich neu formuliert und dank seiner Bildersprache für viele verständlich gemacht. Wer sich einen umfassenden Einblick in die Grundlagen der Kommunikation erarbeiten möchte, der wird mit großem Nutzen die vier Bände mit dem Titel »Miteinander reden« von Friedemann Schulz von Thun zu lesen bereit sein.

Das Erfreuliche an den Ausführungen von Schulz von Thun ist, dass er sein Kommunikationswissen auch in seinen Büchern zur Anwendung bringt. *Einfachheit, Kürze, Gliederung und anregende Zusätze* werden von ihm konsequent eingehalten. Comics, eine klare Sprache und viele mitgeteilte persönliche Gedanken machen das Lesen zu einem Vergnügen. Was mich besonders an seinen Ausführungen über das Thema »Miteinander reden« freut, ist, dass auch er die Vielschichtigkeit im Aufbau unserer Persönlichkeit anschaulich darstellt und in die Erklärung menschlicher Kommunikation mit einbezieht. Fassen wir seine Ausführungen zusammen, so ergibt sich ein komplexes Bild von vielen inneren Teilpersönlichkeiten: vier Schnäbeln, mit denen jedes unserer inneren Teammitglieder redet, und vier Ohren, mit denen jede von unseren vielen inneren Teilpersönlichkeiten zuhört, wenn unser Gegenüber sich an uns wendet (▶ Abb. 4.1).

Abb. 4.1: Kommunikation ist ein komplexer und vielschichtiger Vorgang mit zahlreichen Möglichkeiten zu Missverständnissen.

Wir sprechen mit vier »Schnäbeln«

Wenn wir sprechen, sprechen wir sozusagen mit vier Mündern:

- ein Mund, der bei jeder Äußerung etwas über mich selbst aussagt;
- ein Mund, der sich vor allem auf das Inhaltliche, auf die Tatsachen bezieht;
- ein Mund, der meinen Wünschen an Dich Ausdruck gibt – dieser Mund äußert den Appell, den ich an Dich richte mit dem, was ich sage;

- und ein Mund, der vor allem Sprachrohr ist für das, was ich Dir über den Stand unserer Beziehung mitteilen möchte.

Abb. 4.2: Wir sprechen mit vier Mündern.

In jeder Botschaft, die von mir kommt, liegt nach Friedemann Schulz von Thun eine **Selbstaussage**, eine **Sachaussage**, ein **Appell** und eine **Beziehungsaussage**. Wenn ich Dir also etwas mitteile, sind immer alle vier »Schnäbel« beteiligt, und ich äußere mich dabei zu allen vier Ebenen der Kommunikation:

»Ich sage Dir jetzt Folgendes …«

- »Was ich Dir über mich dabei mitteilen will, ist …« (Selbstaussage)
- »Und was ich Dir damit über die Sache sagen will, ist …« (Sachaussage)
- »Was ich damit von Dir zu tun erwarte, ist …« (Appell)
- Und letztendlich »Was ich Dir damit über meine Sicht über unsere Beziehung zueinander sagen will, ist …« (Beziehungsaussage)

Oftmals ist mir selbst gar nicht bewusst, dass immer alle vier Ebenen in der Botschaft enthalten sind, die ich Dir gegenüber äußere. Häufig meine ich nämlich, »nur« eine reine Sachaussage von mir gegeben zu haben. In der inneren Bewusstheit spreche ich also häufig sozusagen nur mit einem »Schnabel«, obwohl unvermeidbar alle vier »Schnäbel«, wenn auch in unterschiedlichen Gewichtsanteilen, an dem, was ich Dir sage, beteiligt sind.

Wenn Sie zu einem Patienten sagen: »Bitte nehmen Sie noch etwas Platz«, lautet die Selbstaussage, die in diesem einfachen Satz enthalten ist: »Ich organisiere hier den Arbeitsablauf.« Auf der Sachebene teilen Sie dem Patienten mit: »Es dauert noch eine Weile, bis Sie an der Reihe sind.« Der Appellaspekt ist bei dieser Aussage eindeutig: »Setzen Sie sich hin, seien Sie geduldig, warten Sie!« Die Beziehungsaussage lautet: »Für Sie bin ich im Moment der einzige Helfer, ich habe aber im Moment gleichzeitig viele andere Patienten zu betreuen und Sie sind für mich einer dieser vielen.« An diesem einfachen Beispiel wird deutlich, wie sehr sich die Bedeutung des Satzes, »Bitte nehmen Sie noch etwas Platz«, unterscheiden kann. Je nachdem, in welchem Tonfall, mit welcher Mimik, mit welcher Gestik und aus welcher räumlichen Nähe oder Distanz er gesprochen wird, kann er etwas völlig Entgegengesetztes ausdrücken. Ohne die nonverbalen Aspekte dieses Satzes genau zu kennen, wird es nicht wirklich möglich sein einzustufen, wie der Helfer diesen Satz gemeint hat. Das Ganze wird noch spannender, wenn wir uns die Frage stellen, wie der Patient diesen Satz für sich aufnehmen wird. Schauen wir uns dazu denjenigen an, den der Sender, hier der Helfer, anspricht. Der Patient ist Empfänger dieser Botschaft, und er hört sie mit vier Ohren.

Wir hören mit vier Ohren

Wenn ich höre, was Du zu mir sagst, höre ich Dir mit vier Ohren zu.

- **Ein Ohr** von mir ist darauf gerichtet, was Du mit dem, was Du zu mir sagst, über Dich selbst aussagst. (Selbstaussage)
- **Ein Ohr** von mir ist darauf gerichtet, was Du über die Sache zu mir sagst. (Sachaussage)
- **Ein Ohr** von mir ist darauf gerichtet, was Du von mir willst. (Appell)
- Und **ein Ohr** von mir ist darauf gerichtet, was Du über unsere Beziehung zueinander aussagst. (Beziehungsaussage)

Abb. 4.3: Wir hören mit vier Ohren.

Während Du zu mir sprichst, wird also das Ohr von mir, das auf Deine Selbstaussage gerichtet ist, meinem Gehirn melden: »Ich höre Dich über Dich selbst sagen: ›Ich bin …‹«

Das Ohr von mir, das auf den Sachaspekt Deiner Aussage gerichtet ist, wird meinem Gehirn melden: »Ich höre Dich über die Sache Folgendes sagen: ›Du sagst also, dass …‹«.

Das Ohr von mir, das darauf gerichtet ist zu hören, was Du von mir willst, nämlich deinen Appell an mich zu verstehen, meldet meinem Gehirn: »Ich höre die Aufforderung von Dir an mich, dass ich … tun soll.«

Das Ohr von mir, das auf die Aussagen von Dir gerichtet ist, die unsere Beziehung zueinander betreffen, meldet meinem Gehirn die Information: »Ich höre, dass Du mit dem, was Du mir sagst, Dich mir gegenüber ... fühlst und Du unsere Beziehung zueinander folgendermaßen siehst: ...«

Der Patient, der diesen vom Helfer geäußerten Satz hört: »Bitte nehmen Sie noch etwas Platz«, kann mit einem weit aufgestellten Selbstaussage-Empfangsohr die Nachricht erhalten: »Oh je, die stehen heute unter Stress, die haben noch keine Zeit für mich.« Das weit auf Empfang eingestellte Sachinformationsohr kann nüchtern die Information aufnehmen und an das Gehirn weiterleiten: »Aha, es dauert noch etwas, bis ich drankomme.« Das auf Empfang geschaltete Appellohr kann die Aufforderung ans Gehirn weiterleiten: »Setz Dich hin, halt' die Klappe, stör' uns hier nicht.« Das Beziehungsohr wiederum ist hauptsächlich an der in dieser Aussage enthaltenen Beziehungsaussage interessiert: »Na ja, ich bin eben nur ein einfacher Kassenpatient. Wenn ich jetzt Privatpatient wäre, würde ich bestimmt sofort drankommen. Ich bin eben nicht so wichtig für die, da sie an mir nicht so viel verdienen können.«

> Wenn wir uns klarmachen, dass jeder von uns seine bevorzugte Kommunikationsebene hat, also, um im Bilde zu bleiben, jeder einen Lieblingsschnabel hat, mit dem er spricht, und jeder von uns ein Lieblingsempfangsohr hat, mit dem er hört, dann ist deutlich, wie viele Stolperfallen selbst bei einfachsten ausgetauschten Sätzen bestehen.

Nur durch achtsame Kommunikation kann dies vermieden werden. Nur indem ich dem anderen zurückmelde, was bei mir angekommen ist von dem, was der andere gesagt hat, kann dieser seine Botschaft bei Abweichungen angemessen neu formulieren, so dass ich verstehen kann, was er mir eigentlich mitteilen wollte.

Übung 19

Mit „vier Schnäbeln" sprechen

Da wir mit unseren „vier Schnäbeln" alle sehr unterschiedlich ausgeprägt sprechen, achten Sie in den nächsten Tagen darauf, mit welchem „Schnabel" Sie besonders häufig reden. Wenn Sie die Ziffer 1 eintragen bei Ihrem „Hauptschnabel", dann können Sie auch leicht sehen, welcher „Schnabel" auf Platz 2, 3 und 4 bei Ihnen liegt. (Manchmal teilen sich die „vier Schnäbel" auch die vorderen Plätze.)

○ Wenn ich zu jemand anderem etwas sage, kommt es mir vor allem darauf an klarzumachen, worum es bei der Sache, über die ich spreche, eigentlich geht.

Ich rede besonders häufig mit dem „Schnabel" für Sachaussagen.

sehr oft   *sehr selten*

○ Wenn ich jemand anderem etwas sage, ist es mir vor allem wichtig, dass der andere jetzt weiß, was ich von ihm erwarte.

Ich rede besonders häufig mit dem „Schnabel" für Appellaussagen.

sehr oft   *sehr selten*

○ Wenn ich mit jemand anderem rede, ist es mir vor allem wichtig, dass unsere Beziehung zueinander damit zum Ausdruck kommt.

Ich rede besonders häufig mit dem „Schnabel" für Beziehungsaussagen.

sehr oft   *sehr selten*

○ Wenn ich zu jemand anderem etwas sage, ist es mir vor allem wichtig, ihm zu zeigen, was ich alles habe, weiß und kann.

Ich rede besonders häufig mit dem „Schnabel" für Selbstaussagen.

sehr oft   *sehr selten*

Übung 20

Mit „vier Ohren" hören

Da wir mit unseren „vier Ohren" alle sehr unterschiedlich zuhören, achten Sie in den nächsten Tagen darauf, mit welchem Ohr Sie besonders aufmerksam zuhören. Wenn Sie die Ziffer 1 bei Ihrem „Hauptohr" eintragen, dann können Sie auch leicht sehen, welches Ohr Platz 2, 3 und 4 bei Ihnen einnimmt. (Manchmal teilen sich die „vier Ohren" auch die vorderen Plätze.)

○ Ich höre besonders darauf, worum es bei dem, was der andere mir sagt, eigentlich geht.

Ich habe ein besonders großes Ohr für Sachaussagen.

sehr oft   *sehr selten*

○ Ich höre besonders darauf, was der andere mit dem, was er jetzt sagt, von mir erwartet, was ich jetzt tun soll.

Ich habe ein besonders großes Ohr für die Appelle an mich.

sehr oft   *sehr selten*

○ Ich höre besonders darauf, wie der andere zu mir steht bei dem, was er mir sagt, wie seine Beziehung zu mir ist.

Ich habe ein besonders großes Ohr für Beziehungsaussagen.

sehr oft   *sehr selten*

○ Ich höre besonders darauf, was der Sprecher über sich selbst aussagt mit dem, was er mir sagt.

Ich habe ein besonders großes Ohr für Selbstaussagen

sehr oft   *sehr selten*

Lassen Sie uns noch eine Stufe tiefer in unserer Analyse der bevorzugten Kommunikationsebenen gehen. Wenn wir die Aussagen hinzunehmen, die John Gray 1993 und 2009 in seinem Buch »Männer sind anders, Frauen auch« und Allan und Barbara Pease 2002 in ihrem Buch »Warum Männer nicht zuhören und Frauen schlecht einparken« beschrieben haben, dann wird es noch interessanter. Es scheint tatsächlich so zu sein, dass Männer schwerpunktmäßig in ihrer Kommunikation die Sachaussage als bewussten Sprachkanal benutzen und das Sachohr übermäßig hoch entwickelt haben. Frauen hingegen beziehen sich in ihrer Kommunikation wesentlich mehr auf den Beziehungsaspekt. Sie tun dies, während sie mit anderen sprechen und auch während sie dem anderen zuhören. Die Wahrscheinlichkeit, dass »geschwätzige« Patientinnen von männlichen Helfern als schwierig erlebt werden, ist somit größer. Weibliche Helfer, die dem gleichen Redefluss begegnen, werden sich damit höchstwahrscheinlich weniger schwertun.

Im Zusammenhang mit den bereits erwähnten kulturellen Unterschieden ist diese Schwierigkeit für männlich sachinformations- und zielorientierte Helfer noch größer. Sie haben hier eine besonders hohe Anforderung an ihre Kultursensibilität zu bewältigen, wenn sie mit kulturspezifisch ausschweifendem Rede- und Antwortstil konfrontiert sind.

Umgekehrt liegt die Schlussfolgerung nahe, dass kurz, knapp, emotionslos und sachlich kommentierende, westlich sozialisierte männliche Patienten von weiblichen Helfern eher unter der Kategorie »schwieriger Patient« verbucht werden als von männlichen Helfern. Wer schon einmal mit einer Gruppe von weiblichen und männlichen Freunden in dem Buch »Warum Männer nicht zuhören und Frauen schlecht einparken« den Test auf Seite 103 bis 112 gemacht hat (Pease & Pease, 2002), wird leicht feststellen können, dass die Ausnahmen und Widersprüche zu den eben aufgezeigten Grundtrends leicht erklärbar sind. Im inneren Team vieler Männer kann es einen hohen Anteil weiblicher Anteile geben und im inneren Team von Frauen einen überproportional hohen Anteil männlicher Teammitglieder. Ebenso gibt es viele Menschen mit Migrationshintergrund, die im privaten Kontext sehr ausschweifend zu sprechen gewohnt sind, im beruflichen Kontext jedoch gelernt haben, wesentlich präziser, sachlicher und faktischer zu argumentieren als so mancher Deutschmuttersprachler.

Somit kommen wir zur nächsten Erweiterung unseres Grundlagenwissens über die Kommunikation, nämlich zur Frage: Wer aus meinem inneren Team spricht gerade mit welchem Schnabel (▶ Abb. 4.4)?

Der nächste Schritt führt zu der Frage: Mit welchem Ohr hört der Patient zu (▶ Abb. 4.5)?

Die nächste Stufe führt zu der Überlegung: Wer in meinem inneren Helferteam spricht mit welchem Schnabel zu welchem Teammitglied innerhalb des Patienten, und mit welchem Ohr hört dieses innere Teammitglied zu (▶ Abb. 4.6)?

Und die nächste Erweiterungsstufe: Wer in mir spricht mit welchem Schnabel zu wem in Dir? Mit welchem Ohr hört dieser Teil in Dir zu? Und wo, in welchem Kontext, zu welcher Zeit, findet unser Gespräch statt (▶ Abb. 4.7)?

Ich hoffe, Ihnen schwirrt jetzt nicht der Kopf angesichts der Vielschichtigkeit, die vorliegt, wenn wir miteinander reden. Mir persönlich hat es sehr viel Spaß gemacht, die verschiedenen Ebenen der Kommunikation kennenzulernen und mehr und

4.1 Die Telefonanlage oder: Weshalb Manuel die Vorbehalte nie erfuhr

Abb. 4.4: Wer spricht in mir, mit welchem Schnabel?

Abb. 4.5: Mit welchem Ohr hört der Patient zu?

Abb. 4.6: Welcher Schnabel von wem, zu welchem Ohr von wem?

mehr im Alltag anwenden zu können. Meine private und klinische Erfahrung ist: Wenn zwischen Menschen Unversöhnlichkeiten entstehen, so ist in mehr als 90 Prozent der Fälle misslungene Kommunikation der Grund dafür. Bei aller Komplexität haben wir zum Glück dennoch sehr oft das Gefühl einer stimmigen Kommunikation. Stimmig für uns selbst im Einklang mit unseren inneren Werten und Überzeugungen, stimmig in Bezug auf die Situation, die Zeit, den Ort, den Kontext, in dem wir uns begegnen. Und stimmig in Bezug auf unsere Rollenbeziehung zueinander und die (auch kulturell bedingten) Besonderheiten des anderen.

Abb. 4.7: Wer spricht wann, wo, wie, mit welchem Schnabel, zu welchem Ohr von wem?

Vor dem Hintergrund der Basisüberlegungen zur Kommunikation wird deutlich, dass es nicht um optimale »Gesprächstechniken« geht, sondern um ein tiefes Verständnis und eine tiefe Bewusstheit: Bewusstheit über die Vorgänge in uns selbst, Bewusstheit über die Situation des anderen und Bewusstheit über die Situation, in der wir uns begegnen. Ich stimme Schulz von Thun voll und ganz zu, wenn er schreibt: »Kann die Psychologie zur Verbesserung der zwischenmenschlichen Kommunikation beitragen? Meine Überzeugung: Ja, sogar entscheidend. Und zwar dann, wenn sie deutlich macht, dass es um Haltungen und nicht in erster Linie um Verhalten und schon gar nicht um Formulierungen geht. Es sind diese Haltungen, die der Empfänger zwischen den Zeilen herausliest und die seelisch wirksam werden. So sind Kommunikation und Persönlichkeitsbildung zwei Seiten derselben Medaille« (Schulz von Thun, 1994, S. 265).

Kommunikation beginnt im Körper, nicht im Kopf

Maja Storch, Gründerin und Leiterin des Instituts für Selbstmanagement und Motivation Zürich, und Wolfgang Tschacher, Professor an der Universitätsklinik für Psychiatrie und Psychotherapie, Universität Bern, nahmen diese Aussage von Schulz von Thun auf und haben noch eine ganz gewichtige Erweiterung, ja sogar eine existenzielle Infragestellung zu diesen bisher dargelegten theoretischen Überlegungen zur Kommunikation vorgebracht. Sie möchten die bisherigen Überlegungen zur Kommunikation, die sie als »Kanaltheorie« bezeichnen, erweitert wissen um die Bedeutung unserer körperlichen Haltung, unseres körperlichen Ausdrucks und Erlebens bei stattfindender Kommunikation. Sie sprechen hierbei von »Embodied Communication« und kürzen dies in ihren Texten folgerichtig mit »EC« ab.

Den Ausdruck »Kanaltheorie« wählen sie deshalb, weil sie die üblichen Sender-Empfänger-Ausführungen zur Kommunikation zusammenfassend so visualisieren:

> »Die Kanaltheorie besagt, dass in der Kommunikation zwischen einem Sender und einem Empfänger eine fixe Botschaft hin und her geschickt wird – vergleichbar der Flaschenpost in einem Kanal. Verstehen hat nach dieser Theorie stattgefunden, wenn die Flasche vom Empfänger gefunden, entkorkt und der Inhalt der darin befindlichen Botschaft korrekt entziffert wurde. Der Sender ist in dieser Theorie eine Art schiffbrüchiger Robinson, der

seine Botschaft auf die Reise schickt. Der Empfänger ist derjenige, der die Flaschenpost sucht. Wir sind überzeugt: Diese Ansicht ist falsch.« (Storch &Tschacher, 2016, S. 11–12)

Ihr Credo, dass Kommunikation im Körper beginnt und nicht im Kopf, geht sogar so weit, dass sie für den Abschied von der Vorstellung plädieren, dass es eine fixe Botschaft gäbe, die zwischen Sender und Empfänger übermittelt und verstanden werden könne.

Die von ihnen für diesen revolutionären Standpunkt gegenüber der Kanaltheorie vorgebrachten Argumente formulieren sie in vier Basisüberlegungen so:

»Überlegung 1:
Einander verstehen bedeutet nach der Kanaltheorie, dass die richtige Bedeutung einer Botschaft irgendwo vorhanden ist und nur gefunden werden muss. Diese Ansicht ist falsch.

Die EC-Theorie postuliert: Es gibt keine fixe Bedeutung einer Botschaft, die verstanden werden kann. Es gibt lediglich das gemeinsam erzeugte Gefühl der Einigung auf eine Sprechweise, die aber aus der Interaktion spontan und neu entsteht und die nicht von Anfang an vorhanden ist« (Storch & Tschacher, 2016, S. 12). (»Die Information, die ›Botschaft‹, entsteht erst im Prozess – während der Kommunikation.«) [a. a. O., s. S. 180]

»Überlegung 2:
Das Menschenbild der Kanaltheorie geht von einem Sender aus, der präzise weiß, was er sendet, und der auch weiß, wann seine Botschaft beim Empfänger richtig angekommen ist und verstanden wurde. Dieses Menschenbild ist falsch.

Die EC-Theorie postuliert, dass im Allgemeinen ein großer Teil des psychischen Geschehens unbewusst verläuft, was insbesondere Bedürfnisse und Motive betrifft. Viele Menschen sind sich über ihre unbewussten Bedürfnisse und Motive nicht im Klaren und können im Speziellen auch nicht präzise wissen, was für eine Botschaft sie senden. Ebenso können sie darum auch nicht präzise einschätzen, wann ihre Botschaft vom Empfänger verstanden wurde« (Storch & Tschacher, 2016, S. 13). (»Wer sendet, empfängt zugleich auch – wer empfängt, sendet zugleich auch. Wir finden hier beiderseitige Beeinflussung, die gleiche Dynamik also, wie grundlegend auch beim Embodiment der Kognition zwischen Körper und Geist. Das ist wenig überraschend, Kommunikation ist schließlich ebenfalls embodied.«) [a. a. O., s. S. 181]

»Überlegung 3:
Die Ansicht, es gebe verstandesmäßiges Verstehen einer immateriellen Botschaft, die ohne Beteiligung des Körpers entziffert werden kann, ist falsch.

Die EC-Theorie besagt, dass Wörter, für sich allein genommen, sinnlose Silben sind. Die Bedeutung eines Wortes erzeugt der Körper, nicht der Verstand.« (Storch & Tschacher, 2016, S. 13)

»Überzeugung 4:
Die Ansicht, zwei Menschen könnten sich über immaterielle Botschaften in einer Art luftleerem Raum austauschen, indem sie fixe Botschaften mittels Chiffrier- und Dechiffriermaschine hin- und herschieben, ist falsch.

Die EC-Theorie besagt, dass die Psyche eingebettet ist in Körper und Umwelt. Auf die kommunikative Interaktion zwischen zwei Menschen wirken zum einen körperliche sogenannte Synchronie-Prozesse ein, zum anderen der Aufforderungscharakter der Umwelt.« (Storch & Tschacher, 2016, S. 12–13)

Der obige Satz von Schulz von Thun, »dass es um Haltungen und nicht in erster Linie um Verhalten und schon gar nicht um Formulierungen geht«, liest sich in ihrem neuesten Werk »Embodied Communication – Kommunikation beginnt im Körper und nicht im Kopf« 2016 deswegen so:

»Der Unterschied zwischen einer Person, die mit EC kommuniziert [also mit dem Wissen um all die beteiligten umweltbezogenen und körperlichen Aspekte, die bei der Kommunikation eine Rolle spielen, eben Embodied Communication, Anm. d. Verf.], und einer Person, die mit einer Kanaltheorie kommuniziert, liegt woanders. Er liegt in der Haltung, die eingenommen wird. Haltung kann man hier ruhig doppeldeutig verstehen. Innerlich hat eine Person bei EC eine andere Haltung im Sinne von Einstellung. Dies schlägt sich dann mit großer Wahrscheinlichkeit zusätzlich auch in einer anderen Körper-Haltung nieder« (Storch & Tschacher, 2016, S. 8).

Diese Aussage lässt uns sofort an alltäglich bekannte Formulierungen denken, in denen der Zusammenhang von innerer Haltung zum Gesprächspartner und der dazugehörige körperliche Ausdruck identisch sind, etwa in Sätzen wie diesen:
»Die beiden sind einander zugeneigt«,
»Er hat eine deutliche Abneigung gegen ihn«,
»Sie hat sich ihm zugewandt«,
»Die beiden sind in ihren Ansichten sehr weit voneinander entfernt«,
»In diesem Punkt kann ich Ihnen nicht entgegenkommen« und viele weitere Redewendungen, die körperlich innere Einstellungen und Haltungen sichtbar machen.

Eingedenk dieser theoretisch vielschichtigen Grundüberlegungen möchte ich Ihnen dennoch empfehlen, Ihr Wissen über die Kommunikation auch um das Wissen über pragmatisch anwendbare Kommunikationstechniken und die Wirkung bestimmter Formulierungen zu bereichern.

4.1.4.2 Kommunikationstechniken

Die pragmatische Anwendung der EC-Theorie, nämlich dass Kommunikation immer auch den Körper miteinbezieht und dass die »Botschaft« ein Interaktionsphänomen ist, bestünde demnach darin, dass Sie sich als »Technik« angewöhnen, ausnahmslos immer, wenn Sie mit jemandem sprechen, diesen Menschen dabei auch anzuschauen. Ihn anschauen, ihm zuhören und innerlich tatsächlich präsent und achtsam zu sein gegenüber dem, was der andere mitzuteilen bereit und fähig ist – dies ist die effektivste »Technik«, um Synchronisation, Stimmigkeit und Verstehen zu ermöglichen. Storch und Tschacher sprechen davon, dem anderen als Grundlage gelingender Kommunikation das **AAO-Geschenk** zu machen:

A – Aufmerksam sein
A – Augen auf
O – Ohren auf

Probieren Sie es aus:
Achten Sie bei Ihren nächsten Kontakten darauf, ***wirklich* aufmerksam zu sein.**
Aufmerksam auf Ihr Gegenüber, aufmerksam auf die eigenen Gefühle, die Sie in sich wahrnehmen, und aufmerksam auf die Gefühle Ihres Gegenübers.
Im Zeitalter der allgegenwärtigen Nutzung des Smartphones scheint ein Präsent- und Aufmerksamsein auf mein Gegenüber für viele zu einer schier unlösbaren Aufgabe geworden zu sein. Push-Nachrichten treffen ein, SMS-Nachrichten,

WhatsApp-Nachrichten, Facebook-Nachrichten, E-Mails und da und dort sogar ein Anruf ...

Ganz zu schweigen von all den anderen in der Begegnungssituation vorhandenen Ablenkungsreizen sowie den eigenen plappernden Mitfahrern im inneren Omnibus persönlicher Vielfalt, die die Aufmerksamkeit immer wieder vom anderen auf eigene innere Angelegenheiten zu ziehen bemüht sind.

Sollte es uns dennoch gelingen, ganz im Hier und Jetzt mit dem anderen zu sein, so gilt ganz sicher:

> »Ein Mensch, dem Aufmerksamkeit in dieser Form geschenkt wird, fühlt sich gut. Aufmerksamkeit und die damit verbundene Zeit, die man in das Gespräch investiert, sind wertvolle Ressourcen, das ist instinktiv spürbar.« (Storch & Tschacher, 2016, S. 123)

Natürlicherweise bedeutet die aufmerksame Präsenz für den anderen, sich auch des eigenen Befindens gewahr zu sein: Wie fühle ich mich selbst innerhalb der Kommunikation, welche Haltung drückt sich durch meinen Körper aus, fühle ich mich wohl? Denn auf mich selbst will ich immer *auch* achten!

Aufmerksamkeit zu schenken wird es uns auch leicht ermöglichen, Diskrepanzen wahrzunehmen zwischen dem, was mein Gegenüber sagt, und der dazu unter Umständen überhaupt nicht passenden Körpersprache. Ob es sich stimmig anfühlt, dies sofort oder eher später anzusprechen, lässt sich aus aufmerksamer Präsenz heraus viel leichter entscheiden als nur über abstrakt mentales Nachdenken.

Augen auf, als die zweite wichtige Komponente des AAO-Geschenks, bedeutet ganz einfach: Schauen Sie Ihr Gegenüber an, wenn Sie miteinander sprechen. Schenken Sie aufmerksame Blicke. Selbst wenn Sie unter Zeitdruck sind und von einem Zimmer ins nächste eilen, ist der kurze Blickkontakt mit den im Wartezimmer oder auf dem Flur Wartenden eine wichtige Geste, die die nachfolgende ausführlichere Kommunikation schon im Vorfeld ganz wesentlich erleichtern wird. Die negative Variante dürfte (fast) jeder aus seinem familiären Alltag kennen: Während der andere erzählt, geht man »eben schnell mal« ins Nebenzimmer, um einen Kugelschreiber zu holen oder die liegengelassene Brille. Die Grundbedingung für gute Synchronisation und stimmige Kommunikation der beteiligten Gesprächspartner ist jedoch, sich gegenseitig immer wieder anzuschauen!

Ohren auf: Hier kommen wieder uns nunmehr schon sehr bekannte Erkenntnisse zu der »Technik« des AAO-Geschenks hinzu:

Zuhören und Wahrnehmen – jenseits von Bewertungen, jenseits von Rechthaben und Falschmachen ist ein Feld, dort will ich mich mit Dir treffen ... – dies ist das Feld des aufmerksamen Zuhörens.

> »Wenn ich jemandem mein Ohr leihe, muss ich gar nicht viel sprechen, ich muss keine Lösungen anbieten, keinen Trost spenden.« (Storch & Tschacher, 2016, S. 130)

Und wenn ich die Bereitschaft in mir kultiviere, wirklich aufmerksam, innerlich präsent, hinsehend und hinhörend zu sein, dann ...

> »besteht kein Zwang, sich in die Riemen zu legen wie ein indischer Wasserbüffel und dem Gegenüber aus der Patsche zu helfen. Man übergibt das AAO-Geschenk und weiß, man hat das Bestmögliche getan, damit im Gegenüber ein schönes, warmes, hilfreiches Stimmigkeitsgefühl auftaucht. So macht Helfen Spaß, am besten, Sie probieren es gleich aus!« (Storch & Tschacher, 2016, S. 131)

Und ich möchte hinzufügen: Nicht nur ein warmes hilfreiches Stimmigkeits-*Gefühl* kommt auf. Darüber hinaus gibt die Erfahrung, gehört, gesehen, wahrgenommen zu werden und den Raum zu bekommen, ein Thema im eigenen Inneren zu bewegen, auch die Chance, neue Lösungen zu erkennen und eigene neue Wege in sich zu entdecken, auf denen vermeintlich Unlösbares wieder lösbarer wird.

Darüber hinaus wird jeder »AAO-Schenkende« in sich selbst die Erfahrung machen können, dass durch das bewertungsfreie, präsente, aufmerksame Zuhören eigene oftmals sehr enge Grenzen sich erweitern und (Vor-)Urteile sich in der so gestalteten Kommunikation auflösen können.

Eine Kursteilnehmerin berichtete mir im Anschluss an ein Seminar zur bewussteren Kommunikation mit Patienten, dass sie bei diesen Ausführungen zum AAO-Geschenk und dem sich dabei entwickelnden Erweiterungsfeld vorurteilsfreierer Kommunikation das Empfinden eines Feldes aller Möglichkeiten in sich verspürt habe. Unwillkürlich seien ihr Assoziationen gekommen zu zwei archaischen, im Religiösen verankerten Formulierungen: »Geht zusammen, sprecht zusammen, wisset, dass euer Geist gleichen Ursprungs ist und mit allem anderen zusammenwirkt, ebenso wie die Impulse der Kreativen Intelligenz am Anfang, nahe ihrer Quelle, miteinander vereinigt bleiben.« (Rig Veda, 10. Mandala, Sukta 191, Vers 2) und »... wo Zwei oder Drei versammelt sind in meinem Namen, da bin ich mitten unter ihnen« (Bibel, Evangelium nach Matthäus, Kap. 18, Vers 15).

Ich fand diese Assoziationen so erweiternd und dabei so weit außerhalb des ansonsten üblichen wissenschaftlichen Diskurses liegend, dass ich sie Ihnen nicht vorenthalten wollte.

Lassen Sie uns nun von der »Technik« des AAO-Geschenks weitergehen zu der

Technik des empathischen Fragens

Bei der »Technik« des empathischen Fragens möchte ich auch hier die Anführungszeichen mit dazu gedacht wissen. Es ist und bleibt meine tiefste Überzeugung, dass ohne wirklich authentische Empathie keine hilfreiche professionelle Therapie möglich ist. Wissenschaftlich gehört der Wirkfaktor Empathie inzwischen zu den am besten belegten hilfreichen Bestandteilen therapeutischer Beziehungsgestaltung (s. Lammers, 2017).

Darüber hinaus gilt es bei jeglicher Anwendung von Kommunikations-»Technik« immer zu bedenken, was Gunther Schmidt in Übereinstimmung mit der EC-Theorie der Kommunikation treffend formuliert hat:

> »Die Vorstellung von Macht und Beeinflussungskapazität ist ein lineares Konzept, das in verzerrender Weise die Wechselwirkung von Partnern auf gleicher Ebene vernachlässigt. Niemand kann von außen die autopoietische[8] Organisation eines Systems steuern. Man

---

8 Maturana und Varela stellten die These auf, dass soziale Systeme ausschließlich aus Kommunikation bestehen und eben nicht aus Individuen. Mit dem aus der Biologie entliehenen Begriff »Autopoiesis« drücken sie aus, dass soziale Systeme sich in einem ständigen, nicht zielgerichteten Prozess quasi aus sich selbst heraus erschaffen. Die Systeme produzieren und reproduzieren demnach sich selbst. Das Wort *Autopoiese* (altgriechisch) enthält das Wort

kann sich höchstens als Element eines Kontextes anbieten, in dem dann das System gewünschte Antworten gibt. Für mich ist das sehr beruhigend« (Schmidt, 2015, S. 153).

Ihr Patient sagt: »Ich habe solche Angst vor der Chemotherapie!« Was würden Sie antworten? Überlegen Sie bitte einen Moment, bevor Sie weiterlesen.

Ganz sicher braucht Ihr Patient jetzt keine Beschwichtigungen: »Ach, da müssen Sie doch keine Angst haben!« Ganz sicher braucht Ihr Patient jetzt auch keine ausgefeilten wissenschaftlichen Erklärungen: »Durch Chemotherapie sinkt Ihr Rezidivrisiko um 68 Prozent und ist daher in Ihrem Falle die Ultima Ratio!«

Wie antworten Sie richtig?

Sie fragen nach!

Die angemessene Antwort ist kommunikationstechnisch gesehen immer eine empathische Antwort, besser noch eine empathische Frage:

Sie schauen den Patienten offen, interessiert fragend an – laden ihn mit Ihrem zugewandten Schweigen ein, mehr von sich und seiner Angst zu erzählen.

30 Sekunden Schweigen sind nicht zu lang.

Sie fragen den Patienten: »Was meinen Sie damit – erzählen Sie mir mehr davon« oder »Wovor haben Sie am meisten Angst?«

Selbst wenn der Patient antwortet: »Was machen wir, wenn die Chemotherapie nicht wirkt?«, widerstehen Sie Ihrem Impuls zu einer sofortigen fachlichen Antwort.

Besser: »Sie befürchten, dass die Chemo nicht wirken könnte? – Sie sorgen sich, wie es dann weitergehen könnte?« – Zeit lassen, viel Zeit lassen zum Antworten – 30 Sekunden offen sein für die Antwort kann Ihnen sehr, sehr lange vorkommen.

> **Praxistipp**
>
> Üben Sie mit einem Freund, der Ihnen sagt: »Jetzt sind 30 Sekunden um.«

»Ja, das kann sein, dass es Grenzen gibt«, kann eine empathischere Antwort sein als militant optimistisches, positives Beschwichtigen. Das Beste erhoffen und das Schlimmste bedenken ist empathischer als die Verweigerung, zusammen mit dem Patienten das Schlimmste zu bedenken: »Wir werden alles tun, damit Sie es schaffen, aber Sie müssen auch damit rechnen, dass Sie es nicht schaffen.«

Das technische kommunikative Grundgesetz lautet: Bevor ich nicht empathisch reagiert habe, kommt keine fachliche Information wirklich an.

Empathisch antworten heißt: Ich erkenne und benenne Deine Sorge. Ich höre Dich und frage nach, um zu verstehen, was Du meinst. Wenn Sie an dieser Stelle jetzt noch einmal zurückblättern zu Kapitel 3.3.1 »Empathie: Einfühlendes, nicht wertendes Verstehen«, werden Sie das dort Beschriebene noch einmal mit noch mehr Interesse lesen und damit noch tiefer in sich aufzunehmen vermögen.

---

autos, zu Deutsch *selbst*, und *poiein*, zu Deutsch *schaffen*, *bauen*. In der Biologie versteht man darunter den Prozess der Selbsterschaffung und Selbsterhaltung eines Systems.

Professor Matthias Volkenandt von der Ludwig-Maximilians-Universität München ließ seine Studenten leidenschaftlich gerne und mit seinem ihm eigenen Charme mehrmals innerhalb seiner Vorlesungen zur Patientenkommunikation skandieren:

»FRAGEN KANN NIE SCHADEN – FRAGEN KANN NIE SCHADEN – FRAGEN KANN NIE SCHADEN – FRAGEN KANN NIE SCHADEN – FRAGEN KANN NIE SCHADEN«

Fragen Sie nach, bevor Sie Wissen oder Ratschläge austeilen. Vorschnell ausgeteiltes Wissen findet selten fruchtbaren Boden. Das Wissen, das Sie weitergeben, nachdem der Patient dafür durch Ihre empathische Reaktion offener ist, kann nun mit den nachfolgenden Informationen noch effektiver vermittelt werden.

NLP-Kommunikationstechniken

Das Grundwissen über Kommunikationstechniken aus dem Neurolinguistischen Programmieren (NLP), wie es z. B. in jeder Verkaufsschulung vermittelt wird, hat da, wo wir dem Patienten Gesundheit bzw. gesundheitsgerechtes Verhalten »verkaufen« wollen, sicherlich einen großen Nutzen und hilft, viele Schwierigkeiten zu vermeiden, bevor sie entstehen. Die allgemein bekannten NLP-Grundregeln sind hier hilfreich und nützlich, insbesondere die beiden Regeln:

Regel 1: Ersetzen Sie bei Einwänden des Patienten Ihre Tendenz zu dem sprachlichen Stereotyp: »Ja, aber ...« durch »und«.
Regel 2: Sehen Sie Einwände des Patienten nicht als Widerstand oder schwierig an, sondern als Herausforderung für eine besonders bewusste Kommunikation.

In ihrem Seminar »Coaching in der Diabetesberatung«, das die beiden NLP-Trainer Hans-Jürgen Grundmann und Kathrin Meng regelmäßig zur Steigerung der Kommunikationskompetenz für Diabetesberaterinnen anbieten, betonen sie in Bezug auf den schwierigen Patienten: »Vorbehalte drücken das Interesse des Patienten am Thema, am Gespräch, an der Zusammenarbeit aus. Hinter Vorbehalten und Einwänden verbergen sich meist Fragen des Patienten, die beantwortbar sind, oder Wünsche nach mehr Information. Durch genaues Zuhören und entsprechendes Umdeuten helfen Sie dem Patienten, aus einer negativen Denkstruktur herauszukommen und neue, zielorientierte und positive Strukturen anzunehmen.

Umdeutungen finden sich am leichtesten, wenn Sie jeden Vorbehalt als Frage sehen: Was möchte der Patient jetzt wissen, was wünscht er sich?

Beispiel:

Patient: ›Das ist alles so schwierig mit dem Abnehmen!‹
Helfer: ›Sie möchten also gerne wissen, wie es für Sie leichter gehen kann!‹«

Auf ganz pragmatischer Ebene raten die NLP-Trainer kommunikationstechnisch zu folgendem Verhalten: »Wenn Sie einen Vorbehalt hören: Bleiben Sie freundlich, behalten Sie den Blickkontakt! Nehmen Sie den Einwand des Patienten an. Zeigen Sie ihm, dass Sie seinen Einwand gehört haben und ihn ernst nehmen, indem Sie z. B. sagen: ›Ja, ich verstehe.‹ Oder: ›Ja, das kann ich gut nachvollziehen.‹ Nicken Sie dabei.«

Auch Grundmann und Meng warnen vor dem tief in unserem Alltagssprachgebrauch verankerten Reaktionsmuster, auf einen Einwand sofort mit »ja – aber« zu reagieren. Sie betonen: »Vorsicht vor der »Ja-aber-Falle«, einem oft unbewussten Verhaltensmuster. Sagen Sie stattdessen **»Und«.**

Zusätzlich weisen sie darauf hin, dass negative Aussagen von Patienten in der Reflexion durch den Helfer neutralisiert werden können: »Neutralisieren Sie negativ besetzte Worte. Sagt z. B. ein Patient ›Das ist alles so schwierig!‹, so neutralisieren Sie über ›aktives Zuhören‹ das Wort ›schwierig‹, indem Sie beispielsweise sagen: ›Ich weiß, dass das nicht ganz einfach ist‹« (Grundmann & Meng, 2002, S. 25).

Literatur zu Kommunikationstechniken

Wer sich schnell einen sehr umfassenden Überblick über die Kommunikationstechniken des NLP verschaffen möchte, sei auf das Buch »NLP – Handbuch für Anwender, NLP aus der Praxis für die Praxis« von Peter B. Kraft verwiesen, das er 2003 im Junfermann-Verlag Paderborn veröffentlicht hat.

In Bezug auf einen bewussten Umgang mit der Sprache möchte ich hier auch auf meine Kollegen Manfred Prior und Norbert Lotz aus Frankfurt hinweisen. In seinem sehr amüsant zu lesenden Büchlein, das 2023 inzwischen in seiner 19. Auflage erschienen ist, »MiniMax-Interventionen, 15 minimale Interventionen mit maximaler Wirkung«, gibt Prior viele Tipps und Tricks zum bewussten Umgang mit der Sprache, die sich im Therapiealltag bewährt haben. Ein richtiges »Vokabelheft« hilfreicher Redewendungen für die Arbeit mit Patienten. Wer von Ihnen in der Schule Englisch gelernt hat, erinnert sich sicherlich noch an die »Idioms«, die neben den einzelnen Vokabeln zu lernen waren, um sich angemessen ausdrücken zu können. Idiome, so schreiben Lister und Veth (2011) auf dem Klappentext ihres Sprachbuches, »sind die Kür beim Erwerb einer Sprache: Erst wer einen Großteil der besonderen Redewendungen beherrscht, bewegt sich wirklich sicher und elegant auf fremdem Sprachterrain.« Manfred Prior ermöglicht uns Helfenden genau das: Die 15 besten Redewendungen kennenzulernen, die dabei helfen, viele Schwierigkeiten zu vermeiden, bevor sie entstehen, und sich sicher, hilfreich und elegant auf dem Kommunikationsparkett mit Patienten zu bewegen.

Lotz wiederum vermittelt 2011 unter dem Titel: »Rhetorik im Alltag« mittels CD, DVD und Buch Schlagfertigkeitstechniken, um (fast) jede Gesprächssituation, die sich in Gefahr befindet, schwierig zu werden, kreativ, lösungsorientiert und damit konstruktiv zu gestalten. Er beginnt seine praktischen Hinweise mit dem verblüffenden Hinweis, dass Sie jederzeit frei sind, schweigen zu dürfen. »Ich muss nicht antworten!« – ich kann, wenn ich möchte, und werde es später vielleicht auch noch tun, aber ich *muss* nicht antworten. Schon gar nicht auf suggestive Fragen des

Gegenübers, die darauf abzielen, die eigene negative Sichtweise bestätigt zu bekommen. Dies verschafft Ihnen Zeit und inneren Freiraum, angemessen antworten zu können, wenn Sie sich in einer konkreten Interaktionssituation in der Gefahr befinden, durch vorschnelle, aus Gereiztheit entstehende, unreflektierte Aussagen die therapeutische Allianz mit Ihrem Patienten zu gefährden.

Svenja Ehlers ist Beraterin für Mitarbeiter in großen Altenpflegeeinrichtungen. In ihrem Buch »Psychosoziale Beratungsgespräche«, erschienen 2003, hat sie in Kapitel 2 auf nur 52 Seiten mit vielen Beispielen und Übungen einen sehr guten Überblick über Gesprächstechniken gegeben. Übungen, die Ihnen dabei helfen,

- die vier Seiten einer Nachricht zu hören,
- digitale und analoge Kommunikation zu nutzen,
- Metakommunikation zu verstehen und anzuwenden,
- nonverbale Signale zu erkennen und anzusprechen,
- Zuhören, Spiegeln, Fokussieren und Reframing einzusetzen und
- die Kunst des Fragens zu beherrschen.

Und wo immer der Hinweis auf hilfreiche Fragen auftaucht, werde ich nicht müde, die Werbetrommel zu rühren für das wirklich, wirklich hilfreiche Buch von Carmen Kindl-Beifuß: »Fragen können wie Küsse schmecken. Systemische Fragetechniken für Anfänger und Fortgeschrittene« (2015). Sie selbst gibt die treffendste Erklärung für diesen von ihr gewählten Titel, die meinem Anliegen durch und durch gerecht wird, dass nämlich jede Art von Technik hohl und nutzlos ist, wenn sie nicht getragen ist von grundlegender Wertschätzung und Sympathie für mein Gegenüber:

> »*Fragen können wie Küsse schmecken* ist eine Metapher, eine Einladung, ein kleiner Blick in eine Lebensphilosophie, mit aller Energie bei den Menschen zu sein, leidenschaftlich zu fragen, voran zu wollen und dabei alle verfügbare Behutsamkeit zu zeigen und Lust auf die Schnörkel in der Seele anderer Menschen« (Kindl-Beifuß, 2015, S. 8).

Und ein paar Seiten weiter fährt sie fort, die so unabdingbar wichtige wertschätzende innere Haltung dem anderen, dem Patienten, dem »Schwierigen« gegenüber vertieft zu erläutern:

> »Es ist deshalb eine schöne Idee, dem Gesprächspartner mit größtmöglichem Interesse und Respekt zu begegnen und ihm das Gefühl zu vermitteln, dass er eine VIP, eine *very important person* ist, statt ›Bekümmerter‹, ›gescheiterte Existenz‹, ›Kranker‹ oder gar ›Verrückter‹« (Kindl-Beifuß, 2015, S. 20).

Hilfreiche Kommunikationstechniken, wenn Patienten Sie nicht mehr zu Wort kommen lassen

Wenn Ihre Patienten meinen, Ihnen ihre Krankengeschichte in allen Details vom Anbeginn der Zeit bis heute erzählen zu müssen, schnell abschweifen oder ihre Beschwerden übertrieben schildern, beanspruchen sie damit oftmals mehr Zeit, als Ihnen zur Verfügung steht. Bedenken Sie jedoch: Sie als professionell helfende Person *wissen*, worauf es Ihnen ankommt. Der Patient weiß es oft nicht und meint daher viel mehr erklären und berichten zu müssen, damit ihm geholfen werden kann, als tatsächlich nötig. Hinzu kommt, dass Sie als professionelles Gegenüber vielleicht die erste Person sind, der gegenüber vertrauensvoll das eigene Leid geklagt werden kann, was sich dann oftmals im detaillierten Übermaß seinen Weg nach außen bahnt.

Ganz gleich also, ob es sich um eine notorisch vielredende Person handelt oder ob dieses ausschweifende Reden der Besonderheit der Situation geschuldet ist – vergessen Sie niemals die Basismotivation eines jeden Menschen: »We all need love, not pain«.

Damit die Ihnen realistischerweise zur Verfügung stehende Zeit effektiv genutzt werden kann, ohne dass Sie durch eigene Genervtheit Ihre innere Bereitschaft zu angemessener hilfreicher Zuwendung verlieren, können folgende Hinweise für Sie nützlich sein:

- Seien Sie besonders aufmerksam und achten Sie darauf, dass Sie die relevanten Informationen inmitten der vielen irrelevanten Aussagen erkennen.
- Erlauben Sie sich, den Patienten in seinen Ausführungen zu unterbrechen. Der ideale Zeitpunkt, den Redefluss zu unterbrechen, ist nach Noyon und Heidenreich (2013), wenn der Patient dabei ist, das Thema zu wechseln, und zum nächsten Punkt springen möchte. Hier ergibt sich eine gute Möglichkeit strukturierend einzugreifen, um nicht gemeinsam im Redeschwall davongespült zu werden.
- Wählen Sie für die Unterbrechung angemessene Formulierungen. Angemessene Formulierungen können etwa sein:
  – »Mein Vorschlag wäre, dass wir zunächst bei den Magenschmerzen bleiben. Versuchen Sie bitte, meine Fragen möglichst kurz zu beantworten.«
- Stellen Sie Ihre Fragen selbst so konkret, dass Sie die für Sie relevanten Informationen mit größtmöglicher Sicherheit auch erhalten können, z. B.:
  – »Wann sind die Magenschmerzen in den letzten drei Tagen aufgetreten – wenn Ihr Magen leer war, also vor dem Essen, oder wenn Ihr Magen voll war, also nach dem Essen?«
  – »Was mich interessiert: Spüren Sie die Herzstiche, wenn Sie körperlich in Ruhe sind oder wenn Sie sich körperlich verausgaben?«
  – »Was genau sind Ihre wichtigsten Fragen, die Sie heute von mir beantwortet haben möchten?«
  – »Woran möchten Sie heute in dieser Sitzung arbeiten?«
  – »Worauf möchten Sie den Scheinwerfer Ihrer Aufmerksamkeit heute in den nächsten 50 Minuten dieser Psychotherapiesitzung richten?«
- Bestehen Sie darauf, zu Wort zu kommen. Kommt Ihr Patient auch mit diesen strukturierenden Maßnahmen immer wieder in einen Modus irrelevanter Vielsprecherei (manche Kollegen nennen es in ihrer eigenen Hilflosigkeit, den Redeschwall zu stoppen, auch despektierlich »Logorrhoe« – also Sprechdurchfall), so bedarf es deutlicherer Mechanismen, um das Gegenüber angemessen und dennoch wertschätzend zu unterbrechen:
  – Schauen Sie den Patienten an und sprechen Sie ihn mit Namen an.

- Sollten Sie den Patienten damit noch nicht erreichen, tippen Sie ihn mit den Fingerspitzen kurz am Unterarm an, um seine Aufmerksamkeit zu gewinnen.
- Validieren Sie dann zuerst die Weitschweifigkeit und strukturieren Sie zugleich, etwa mit Worten wie diesen: »Ich höre, dass es Ihnen sehr wichtig ist, mir ganz genau Ihre Beschwerden zu schildern, und da unsere Zeit leider begrenzt ist, würde ich sie gerne nutzen mit gezielten Fragen, um all das zu erfahren, was mir hilft, Ihnen auf die bestmögliche Art und Weise zu helfen. Sind Sie damit einverstanden?«
- Wenn der Redeschwall ungebrochen weiterfließt, weisen Sie metakommunikativ auf die Abschweifung hin und erinnern Sie an die eben getroffene Abmachung: »Jetzt sind wir schon wieder bei einem anderen Thema gelandet, lassen Sie mich zurückkommen auf meine Frage: ...«

- Bestehen Sie notfalls expressiv darauf, zu Wort zu kommen.

Hilfreich ist es bei besonders redehartnäckigen, unterbrechungsresistenten Patienten, bei denen auch die subtilen Handzeichen versagen, die andeuten sollen, dass Sie nun auch etwas sagen möchten, das Gespräch kurz zu unterbrechen. Stehen Sie auf, sagen Sie kurz: »Einen Moment bitte!« und verlassen dann für 30 Sekunden das Zimmer. Atmen Sie auf dem Gang tief durch, kommen Sie dann in das Zimmer zurück und beginnen erneut das Gespräch. In Anlehnung an die Empfehlungen von Noyon und Heidenreich (2013) etwa mit: »Ich möchte Ihnen helfen! Und wenn wir so weitermachen wie bisher, ist mir das leider nicht möglich. Deshalb schlage ich Ihnen jetzt Folgendes vor: Immer dann, wenn ich die Hand so hebe – jetzt heben Sie Ihre Hand und halten Ihre flache Hand in Augenhöhe etwa 50 cm vor dem Gesicht Ihres Gegenübers – hören Sie einfach auf zu sprechen. Sie stoppen einfach. Sie geben mir einfach Gelegenheit, das zu sagen, was mir zu sagen wichtig ist. Sie sind erst dann wieder an der Reihe, wenn ich fertig bin. Was halten Sie davon?«

In äußerst hartnäckigen Fällen ist es tatsächlich immer wieder auch notwendig mit der Hand zu wedeln, ja, mit beiden Händen zu wedeln – wie der Mann auf dem Rollfeld, der dem Piloten die Anweisung gibt: »Rollen beenden!«, »Motor aus!«, »Du bist in der Parkbucht angekommen ...!«

Dabei ist es durchaus erlaubt und angeraten, scherzhaft übertrieben »Haaaaalt!« zu rufen. Dies hat in den meisten Fällen bisher mehr zu gemeinsamer Heiterkeit und tatsächlichem Stopp des Redeflusses beigetragen als zu Verstimmungen.

Und auch hierbei gilt der Grundsatz: »Haltung schlägt Verhalten!«. Ihre innere wohlwollende Grundhaltung dem Patienten gegenüber ist auch hier wieder die beste »Technik«, die es ermöglicht, diese schwierige Situation aufzulösen. Der Patient, der so in seinen dysfunktionalen Interaktionsmechanismen verhaftet ist, dass es ihm tatsächlich unendlich schwerfällt, ein angemessenes Wechselspiel von Sprechen und Hören zu realisieren, wird Ihnen letztendlich sehr dankbar sein für Ihre liebevolle und dennoch konsequent fordernde Kommunikationsstrukturierung. Er spürt instinktiv, dass jeder gute DLRG-Lebensretter auch kraftvoll zuzupacken gelernt haben muss, wenn er dem im Ertrinken um sich Schlagenden rettende Hilfe bringen möchte.

Prof. René Diekstra, einer meiner geschätzten Lehrer, bei dem ich die Rational-Emotive Verhaltenstherapie erlernen konnte und später darin wiederholt von ihm supervidiert wurde, pflegte in solchen Gesprächssituationen häufig die Supervisionsanweisung zu geben: »Sei in all diesen Fällen mild und streng – und dies in genau dieser Reihenfolge.«

Hilfreiche Kommunikationstechniken, wenn Patienten (fast) gar nicht sprechen und Ihre Fragen nicht beantworten

Das Kontrastprogramm können Sie mit Patienten erleben, die im Gegensatz zu den vorgenannten Patienten fast gar nicht sprechen, nur mit »ja«, »nein«, »vielleicht« oder »weiß nicht« antworten. Auch hier wird der weitere Verlauf des Gesprächs ganz wesentlich davon abhängen, wie *Sie* diese Einsilbigkeit interpretieren. Unterstellen Sie dem Patienten Schüchternheit? Sprach- und Verständnisschwierigkeiten? Abwehr gegen Ihre Behandlungsversuche oder gar gegen Sie als Person?

Erinnern Sie sich zuerst immer an die Regel: Nachdem Sie eine Frage gestellt haben, schauen Sie den Patienten offen, interessiert fragend an – laden Sie ihn mit Ihrem zugewandten Schweigen ein zu sagen, was in ihm die Antwort zu Ihrer Frage ist. Dreißig Sekunden Schweigen sind dabei nicht zu lang.

Sollten Sie nach mehr als dreißig Sekunden Schweigen unsicher sein, ob Ihr Patient noch über Ihre Frage nachdenkt oder innerlich aus dem Feld gegangen ist, fragen Sie einfach nach. Noyon und Heidenreich (2013) haben die beste Erfahrung damit gemacht, ihre eigene Unwissenheit darüber, wo sich der Patient innerlich gerade befindet, transparent zu machen und etwa zu fragen: »Was geht gerade in Ihnen vor?«

Wenn nach einer weiteren angemessenen Wartezeit von ca. dreißig Sekunden immer noch keine Antwort kommt, können Sie ganz transparent sagen:

»Sie schweigen jetzt schon eine Zeitlang. Wenn Sie noch Zeit brauchen, dann möchte ich Sie nicht stören, aber ich bin mir gerade unsicher« (Noyon & Heidenreich, 2013, S. 117).

Kommt dagegen stereotyp und ohne wirkliches Nachdenken die Antwort: »Weiß nicht«, gilt es abermals, ganz differenziert in Erfahrung zu bringen, was die dahinterliegende innere Überzeugung oder Einstellung des Patienten sein mag, die ihn so stereotyp antworten lässt.

Fragen wie: »Wenn Sie es nicht *genau* wissen, genügt es mir, wenn Sie mir so ganz ungefähr sagen können, wann die Koliken auftreten, z. B. eher vor dem Essen oder eher nach dem Essen?« Diese Frage ist besonders hilfreich bei Patienten, die Angst haben, etwas »Falsches« zu sagen, oder einen sehr hohen Perfektionsanspruch an sich haben. Diese Patienten sagen dann eher »Ich weiß nicht«, als dass sie sich auf ungenaue Angaben einlassen würden. Im Gegensatz zu ihren redefreudigen Mitpatienten verhalten sie sich eher nach dem Motto: »Bevor ich irgendetwas Ungenaues sage, sage ich lieber gar nichts!«

Sie können diese Patienten deshalb auch explizit wissen lassen: »Es ist nicht notwendig, es perfekt zu wissen – es genügt, wenn Sie eine Idee dazu haben, eine Spur.«

Handelt es sich jedoch um eine systematische Aussageverweigerung, können Sie den Patienten einladen, mit Ihnen gemeinsam die Gründe für das Schweigen zu ergründen, um es dann möglicherweise zu überwinden. Möchte der Patient aus Angst vor weiteren Konsequenzen nicht hinschauen? Manche Patienten haben die tiefe Überzeugung: »Je weniger Genaues ich dem Helfer sage, umso weniger kann er bei mir finden, was nicht okay ist, umso weniger muss ich ändern ...«

Bleiben Sie entspannt und lassen Sie den Patienten wissen, dass es selbstverständlich *seine* Entscheidung ist zu antworten oder auch nicht. Der Patient hat selbstverständlich das Recht zu entscheiden, wem er was wie ausführlich und differenziert mitteilt.

Lassen Sie ihn dann jedoch wissen – ohne es wie eine Drohung klingen zu lassen – dass *er* es dann auch ist, der die Verantwortung dafür trägt, dass Sie ihm ohne ausreichendes Wissen über das, was in ihm vorgeht, nicht gut zu helfen vermögen. Machen Sie ihm klar, dass es für den Erfolg der Therapie wesentlich ist, ob Sie relevante Aussagen erhalten oder nicht.

All dies gilt natürlich nur sehr, sehr eingeschränkt für diejenigen von Ihnen, die auf der Palliativ-Station arbeiten. Doch das wissen Sie selbst am besten: Schweigendes Präsentsein, einfaches wortloses Dasein ist hier oftmals die tiefste Form helfender Kommunikation. Auch ohne Worte kann es eine in tiefer Stille verbundene Kommunikation geben.

Hilfreiche alltägliche Kommunikationstechniken im Klinik- und Praxisalltag

Meine persönliche Erfahrung in Bezug auf alltägliche klinische Kommunikation ist, dass viele schwierige Situationen mit Patienten dadurch entstehen, dass diese oft weniger als die Hälfte von dem verstehen, was der Helfer ihnen vermitteln möchte: Es kann sich dabei um eine Übung handeln, die zu Hause durchgeführt werden soll, z. B. um genaue Angaben wie Medikamente einzunehmen sind oder um sonstige wichtige Informationen, die wir dem Patienten vermitteln wollen. Um auf praktischer Ebene zu wissen, was beim Patienten tatsächlich angekommen ist, brauche ich die Rückmeldung des Patienten. Erst wenn er mir sagt, was er von dem, was ich zu ihm gesagt habe, verstanden hat, weiß ich, was von meiner Information überhaupt bei ihm angekommen ist.

Schillinger und Mitarbeiter haben 2003 in einer Studie nachgewiesen, dass bei diabetischen Patienten die Wahrscheinlichkeit, einen unterdurchschnittlichen HbA1c-Wert zu haben, wesentlich davon abhängt, wie der Arzt neue Informationen vermittelt. Die alltägliche, in Fleisch und Blut übergegangene Kommunikationstechnik des wiederholten Nachfragens macht hier den entscheidenden Unterschied. Bei Patienten, bei denen der Arzt nach neuen Informationen das Verständnis durch Nachfragen prüfte, war der Erfolg 15fach höher. Es lohnt sich also, nach Informationen an den Patienten die Frage zu stellen: »Können Sie mir sagen, wie Sie meine Erläuterungen verstanden haben?«, anstatt nur zu fragen, »Haben Sie verstanden?« Bei der zweiten Frage wird der Patient höchstwahrscheinlich mit »ja« antworten. Wozu er aber tatsächlich »ja« gesagt hat, wissen Sie nicht.

Bedenken Sie zusätzlich bei Patienten über 40 Jahren, dass die Augen nachlassen und viele ältere Menschen schlechter hören. Die Kommunikationsprobleme treten somit bereits häufig beim Aufnehmen der Information auf. Was jedoch nicht richtig wahrgenommen werden kann, das wird auch nicht verstanden werden. Bei älteren Patienten treten zudem Veränderungen im sensorischen Speicher und im Kurzzeitspeicher des Gedächtnisses auf. Die Informationsmenge, die gleichzeitig verarbeitet werden kann, nimmt ab. Gesprochene Worte, also über das Gehör aufgenommene Informationen, zerfallen schneller. Viele ältere Patienten haben am Ende eines langen Satzes bereits den Anfang vergessen. Bilder dagegen hinterlassen länger ihren Eindruck im Kurzzeitspeicher. 60 Prozent aller Informationsverarbeitungsprozesse beziehen sich auf visuelle Inputs. Sagen und zeigen Sie daher dem Patienten, was Sie ihm vermitteln wollen. Durch die Kombination von Sagen und Zeigen erhöhen Sie die Menge der Information, die aufgenommen werden kann. Diese im klinischen Alltag oftmals vernachlässigte Kommunikationstechnik kann gar nicht oft genug in ihrer Bedeutung hervorgehoben werden. Und falls es um Übungen geht oder die Handhabung von Blutdruckmessgeräten oder anderen medizinischen Handlungen am eigenen Körper durch den Patienten, erinnern Sie sich an das, was Konfuzius schon 500 v. Chr. gesagt hat:

Sage es mir, und ich werde es vergessen. Zeige es mir, und ich werde es vielleicht behalten. Lass es mich tun, und ich werde es können (Konfuzius 551–479 v. Chr.).

Auch die Aufnahmefähigkeit des Langzeitgedächtnisses verändert sich mit zunehmendem Alter. Informationen, die sich der Patient merken soll, bedürfen der mehrfachen Wiederholung.

Vor allem bei älteren Patienten sollten Sie auf Folgendes achten:

- Verwenden Sie kurze Sätze.
- Sprechen Sie laut, deutlich und langsam.
- Für den älteren Patienten ist es hilfreicher, wenn Sie einen Satz dreimal unverändert wiederholen, statt in drei verschiedenen Sätzen das Gleiche zu sagen.
- Geben Sie dem Patienten nach Möglichkeit Zeit, Gehörtes gleich aufzuschreiben, und lassen Sie es sich noch einmal von ihm vorlesen. Bei praktischen Übungen, die der Patient zu Hause durchführen soll, lassen Sie sich diese Übungen am besten noch einmal von ihm zeigen.

Die praktische Beobachtung zeigt, dass der Patient, der bei seinem nächsten Besuch bei Ihnen zu erkennen gibt, dass er Ihre Information nicht angewandt hat, sehr wahrscheinlich nicht schwierig ist, sondern einfach häufig nicht verstanden oder schon wieder vergessen hat, was Sie ihm vermitteln wollten.

Sollten Sie als Helfer dazu neigen besonders leicht enttäuscht zu sein, wenn Patienten ihre »Hausaufgaben« nicht gemacht haben, dann schauen Sie mit einem liebevollen Auge auf diese »schwierigen« Patienten. Erinnern Sie sich still in Ihrem Inneren an den Satz von Konrad Lorenz und erklären Sie die notwendige Anleitung dem Patienten einfach noch einmal.

Der Lieblingssatz von Konrad Lorenz in Bezug auf mangelhafte Ergebnisse nach erfolgter Informationsvermittlung:

»Gesagt ist noch nicht gehört.
Gehört ist noch nicht verstanden.
Verstanden ist noch nicht angewandt.
Einmal angewandt ist noch nicht beibehalten.«

Mit diesem Wissen um den natürlichen Informationsverlust und Ihrer Bereitschaft zum wiederholten Erklären von wichtigen Informationen haben Sie schon die Grundlage für das Rezept Nr. 5 verwirklicht. Sie sind lösungsorientiert, nicht problemorientiert. Bevor wir uns jedoch Rezept Nr. 5 zuwenden, möchte ich mit Ihnen den interessanten Kommentar einer Kollegin teilen, den sie mir zu diesen Ausführungen zukommen ließ:

»Das ist wie bei Pferden. Viele Pferde folgen den Anweisungen ihrer Reiter nicht. Der Grund dafür liegt weder darin, dass sie frech, faul oder störrisch wären – sie wissen einfach nicht, was sie überhaupt tun sollen. Viele Reiter vergessen, dass sie die Reitlehre gelesen haben und nicht das Pferd. Viele Pferde haben z. B. Schwierigkeiten mit der Anweisung, ruhig stehen zu bleiben. Anstatt hektisch an den Zügeln zu ziehen, kann aber auch ›Halt!‹ gesagt werden und ein Helfer gibt dem Pferd in diesem Moment etwas zu fressen. Natürlicherweise bleibt das Pferd dann ruhig stehen, um in Ruhe zu fressen. Dann muss man ihm nur noch sagen ›genau das war es, was ich von Dir wollte!‹ Vorhersagbar geht dann ein Aufatmen durch das ganze Pferd: ›… Ach, stehen bleiben soll ich, das ist einfach, das kann ich!‹ und es gibt nie wieder ein Problem, jedenfalls nicht mit dem Stehenbleiben.«

So weit dieser bereits sehr lösungsorientierte Kommentar.

Zu dem Wort »Hausaufgaben« möchte ich noch als wichtigen Sprachhinweis Folgendes bemerken: Das Wort »Hausaufgabe« wird wohl bei den allermeisten Ihrer Patienten negativ belegt sein. Wer hat schon gerne Hausaufgaben gemacht? Die sprachtechnisch bessere Vorgehensweise besteht darin, es so zu benennen, wie es tatsächlich ist. Den Patienten deutlich zu sagen, worum es *wirklich* geht: Es handelt sich um Übungen, um Verhaltensexperimente, um interessante neue Erfahrungen, die Sie ihnen ermöglichen möchten. Es geht darum, einmal etwas auszuprobieren, was man so noch nicht gemacht hat. Und dies darf auch genau so benannt werden. Experimentieren Sie damit, welche Formulierungen Ihnen am leichtesten von den Lippen gehen, probieren Sie aus, mit welchen Worten Sie die Aufmerksamkeit und die Bereitschaft Ihrer Patienten am leichtesten gewinnen können, sich auf neue, hilfreiche Verhaltensexperimente einzulassen. Diese anfänglich nur als Experiment durchgeführten neuen Verhaltensweisen können dann die Tür öffnen und durch öftere Wiederholung zu neuen gesünderen Verhaltensgewohnheiten werden.

Das Wort »Experiment« beinhaltet per se den Vorteil, dass die Antwort auf die nachfolgende Frage, welche Erfahrungen der Patient mit dem Experiment gemacht hat, *immer* konstruktiv verwertet werden kann. Selbst bei einem nicht durchgeführten »Experiment« kann dann gemeinsam erforscht werden, welche äußeren oder inneren Faktoren dazu geführt hatten, dass das Experiment nicht wie geplant durchgeführt wurde, und was es zu tun gilt, um den nächsten Versuch erfolgreicher verlaufen zu lassen. Diese lösungsorientierte Haltung vermeidet auf beiden Seiten viel Frustration, bevor sie überhaupt entstehen kann.

4.1.5 Rezept Nr. 5: Lösungen statt Probleme

Auf der Basis der therapeutischen Grundhaltungen – Empathie, Wertschätzung, Echtheit – hat sich auch eine prinzipiell lösungsorientierte Einstellung im praktischen Umgang mit Patienten bewährt. Anstatt hypnotisiert auf reale oder vermeintliche Probleme in der Interaktion mit dem Patienten zu schauen, lohnt es sich, den Blick auf das Ziel zu richten: achtsame, authentische und hilfreiche Begegnungen. Eine lösungsorientierte Grundeinstellung zu haben, heißt: Ich schaue auf das Ziel.

Auf sehr pragmatischer Ebene formuliert Steve de Shazer: »Im Allgemeinen erfordern Lösungen einfach, dass jemand etwas anders macht oder etwas anders sieht, was zu einer größeren Zufriedenheit führt« (de Shazer, 1993, S. 28). Die Summe der Empfehlungen in seinem Buch »Der Dreh: Überraschende Wendungen und Lösungen in der Kurzzeittherapie« lassen sich so zusammenfassen: »Ganz gleich, wie schwierig sich die Interaktion mit dem Patienten gestaltet, richten Sie Ihre ganze Aufmerksamkeit auf die beschwerdefreie Zeit: Wie habe ich mich da anders verhalten? Was habe ich da anderes gedacht? Wie habe ich mich da anders gefühlt?«

Probleme neigen dazu, sich selbst aufrechtzuerhalten. Bin ich lösungsorientiert, ist es daher sinnvoll, immer wieder in schwierigen Situationen mit Veränderungen in meinem eigenen Denken, in meinem eigenen Fühlen und Wahrnehmen zu experimentieren.

Paradoxerweise kann das – wie schon mehrfach ausgeführt – bedeuten, eben nicht sofort für den Patienten nach einer Lösung zu suchen oder ihn mit Informationen und Ratschlägen zu erschlagen. Bei Kindern machen wir es oft instinktiv richtig: »Zeig mal her, wo hast Du Aua – oh, das ist für Dich jetzt ganz schlimm...«

> Wir haben es in Pflege und Therapie alle schon wiederholt erlebt: Bevor wir nicht zuerst empathisch reagiert haben, kommt vorschnell gegebene fachliche Information beim Patienten in den seltensten Fällen wirklich an.

Lösungsorientiertes Denken heißt auch, Aufmerksamkeit auf die Zeit, auf den Ort und die räumlichen Bedingungen der Begegnung zu richten. Ist es mir möglich, auf einer oder mehrerer dieser Ebenen Veränderungen vorzunehmen, sind Lösungen unausweichlich. Auch der lösungsorientierte Ansatz fordert uns auf, sehr bewusst zu sein, mit welcher Grundeinstellung wir uns dem Patienten nähern. Steve de Shazer, der Altmeister der Kurzzeittherapie, bringt es auf den Punkt: »Wenn also der Klient sieht, dass der Therapeut ihn als ›schwierigen Fall‹ behandelt, wird er sich selbst als schwierigen Fall betrachten, und folglich entsteht ein schwieriger Fall« (de Shazer, 1993, S. 120).

Denny Yuson-Sánchez wiederum vermittelte gerne in Ausbildungsseminaren die Essenz seiner jahrzehntelangen Therapeutenerfahrung mit dem lösungsorientierten Ansatz so: »Je schwieriger sich der Patient verhält, desto mehr liebevoller Zuwendung bedarf er.«

Ich möchte hinzufügen: Wer in sich keine Liebe mehr spürt zu seinen Patienten, wer morgens beim Aufwachen schon mit Widerwillen an seine Patienten denkt, sollte seinen Beruf als Helfer beenden – zumindest aber einen langen, langen Urlaub einlegen. Auch Ihre Patienten brauchen Liebe und keinen Schmerz. Die Therapieforschung hat mehrfach gezeigt, dass abwertende Therapeuten nicht nur nicht mehr hilfreich sind, sondern nachweisbar ihren Patienten schaden. Und dies verwundert wohl niemanden.

Im Grunde sind wir alle tatsächlich nicht sehr verschieden. Wir möchten alle eher Zuneigung, Anerkennung und Wertschätzung als Ablehnung, Missachtung, Abwertung und Bestrafung. Die Art und Weise, wie wir danach streben, Anerkennung und Liebe zu erhalten, ist oftmals unangemessen. Und dennoch: Es ist gut, wenn Sie sich bewusst sind, dass jeder Mensch, der Ihnen begegnet, nach Anerkennung, Liebe und Zuwendung sucht. Mit diesem Wissen ist es leicht, gelassen zu bleiben gegenüber den problematischen Verhaltensanteilen, mit denen der Patient fälschlicherweise glaubt, Ihre liebevolle, wertschätzende authentische Zuwendung erringen zu können.

4.1.6 Rezept Nr. 6: Flexibilität erhöhen

Friedemann Schulz von Thun weist in seinem Grundlagenwerk »Miteinander reden« in Band 3 darauf hin, wie notwendig es ist, seine eigene Fähigkeit der Flexibilität zu schulen. Er zeigt auf, dass schwierige Interaktionen vermieden oder aufgelöst werden können, wenn wir bei einer Anfrage mehr Wahlmöglichkeiten haben, als nur eine Zusage oder eine Absage zu geben. Die erweiterte Möglichkeit besteht darin, auf eine Anfrage eine Zusage zu geben, die an eine Bedingung geknüpft ist, oder eine Absage zu geben, die mit einem Gegenangebot in Verbindung gebracht wird.

Es ist also wesentlich günstiger, wenn auf eine Bitte nicht nur die Wahlmöglichkeiten Ja oder Nein zur Verfügung stehen. Auflösen lassen sich schwierige Interaktionen, wenn ich flexible Lösungen anbieten kann, z. B. in Form von »Ok, heute ja, aber das nächste Mal nein« (▶ Abb. 4.8).

4.1.7 Rezept Nr. 7: Vermeide die Gefahr, bevor sie eintritt

Heyam dukham anagatam – Vermeide die Gefahr, bevor sie eintritt. Diese uralte Anweisung zur Konfliktvermeidung findet sich in den Veden. Die Veden gelten als die ältesten Aufzeichnungen menschlicher Erfahrung. Das Wort Veda selbst bedeutet Wissen.

Dort, wo es in der Interaktion mit dem Patienten schwierig wird, sind Sie gut beraten die Gefahr zu vermeiden, bevor sie eintritt. Zwei Armlängen Abstand zu einem sehr aggressiv-erregten, wütenden Patienten vermindern auf natürliche Weise die Gefahr, dass dem anderen »die Hand ausrutscht«. Stellen Sie diesen Abstand langsam her. Bleiben Sie in Bewegung. Sorgen Sie dafür, dass zwischen Ihnen und dem sehr erregten, wütenden Patienten stets ein Schreibtisch, eine Behandlungsliege oder ein anderes solides Möbelstück steht (vgl. Linkemer, 2000).

Abb. 4.8: Wir haben mehr Möglichkeiten als »ja« oder »nein«, um auf eine Anfrage zu antworten (nach Schulz von Thun 1999, S. 97, 98; Friedemann Schulz von Thun, Miteinander reden 3. Das »Innere Team« und situationsgerechte Kommunikation; Copyright © 1998, Rowohlt Verlag GmbH, Hamburg).

Wenn es Ihnen gelingt, den Patienten zum Sitzen aufzufordern, tun Sie es – je tiefer sein Stuhl oder Sessel, umso besser. Der Weg, den er zum körperlichen Äußern seiner Wut zurücklegen muss, ist damit auf jeden Fall länger geworden.

Achten Sie darauf, selbst ruhig und natürlich zu reden. Die Aggressionsforschung hat gezeigt, dass die Verhaltensweisen Schlagen oder tätlicher Angriff ganz selten demgegenüber auftreten, der gerade ruhig mit der erregten Person spricht. Oft wird Wut auch bei Patienten ausgelöst durch die innere Überzeugung, dass ihnen niemand zuhört oder sie von niemandem ernst genommen werden. Wenn Sie sich an Kapitel 1.3.1 erinnern, »Ein ganz besonderes Motiv besser verstehen«, so können Sie leicht nachvollziehen, wie viel Frustration und damit potenziell auch Wut sich aufstauen kann, wenn ein Patient sich wiederholt in seinem Wunsch nach Hilfe und Unterstützung nicht ernst genommen fühlt, da professionelle Helfer seine Beschwerden als deutlich weniger bedrohlich erleben als er selbst. Ebenso wichtig ist es, gegenüber Patienten mit Störungen der Impulskontrolle zu signalisieren, dass Sie ihnen zuhören. Wiederholen Sie den Standpunkt Ihres Patienten in eigenen Worten. So signalisieren Sie ihm auf die deutlichste Art und Weise, dass Sie ihm aufmerksam zuhören und bemüht sind, ihn in seinen Ausführungen zu verstehen. Eine weitere Eskalation wird damit unwahrscheinlicher.

Die Mitarbeiter von Paul Watzlawick, Fisch, Weakland und Segal, schreiben schon 1982 hierzu in ihrem legendären Buch »The Tactics of Change, Doing Therapy Briefly«, das 1987 auf Deutsch unter dem Titel »Strategien der Veränderung«

erschienen ist: »Es liegt auf der Hand, dass eine Behandlung unter diesen Bedingungen (dass der Patient aggressiv ist) nicht konstruktiv sein kann …«

Sie empfehlen deshalb, den Patienten direkt darauf hinzuweisen, dieses Verhalten zu unterlassen, und betonen im weiteren Verlauf ihrer Ausführungen ausdrücklich:

»Der Therapeut muss dem Patienten zu verstehen geben, dass diese Einschüchterungsversuche aufhören müssen, sonst würde er der Therapie ein Ende setzen. Er kann ganz einfach sagen: ›Wenn Sie versuchen, mich weiterhin mit Ihren Wutausbrüchen aus der Fassung zu bringen, muss ich die Behandlung abbrechen‹. Doch der Patient ist sich nicht bewusst, dass er diese Reaktion hervorruft. Er hält sein Verhalten für legitim. Infolgedessen empfindet er die Bemerkungen des Therapeuten als ärgerlich: ›Warum üben Sie fortgesetzt Kritik an mir?‹ Stellt also der Therapeut sein Ultimatum zu unverblümt, ruft das erst recht ein Wutgeheul hervor. Dies kann vermieden und der gute Wille des Patienten zur Mitarbeit gewonnen werden, wenn man das Ultimatum in einem Gesprächston auf gleicher Ebene hervorbringt: ›Eines sollten Sie wissen, was ich für wesentlich halte: Natürlich weiß ich, wie wichtig es ist, seinen Gefühlen Luft zu machen, und dem versuche ich auch bei allen meinen Patienten Rechnung zu tragen. Doch bin ich leider nicht im Stande, mit der notwendigen Intensität auf solche Gefühlsausbrüche einzugehen. Wenn Sie also laut werden und anfangen zu schreien, überschreitet das meine Kompetenz. Unglücklicherweise fühle ich mich dann wie gelähmt, und wenn ich wie gelähmt bin, tauge ich für niemanden. Wenn Ihnen so viel daran liegt, Ihre Gefühle dermaßen intensiv zu äußern, wäre es eine Verschwendung von Zeit und Geld, mit einem Therapeuten zu arbeiten, der sich dabei wie gelähmt fühlt. Wenn Sie dennoch mit mir arbeiten wollen, dann nur unter der Voraussetzung meinerseits, dass Ihre Gefühlsäußerungen weniger emotional vor sich gehen. Es tut mir leid, so bin ich nun einmal‹« (Fisch, Weakland & Segal, 1987, S. 70).

In Bezug auf den drohenden, gewalttätigen Patienten führen sie im weiteren Verlauf aus:

»So wie der zornige, muss auch der gewalttätige Patient ermahnt werden, dass weitere Drohungen zum Abbruch der Therapie führen können. In diesem Fall sollte der Therapeut offen zu erkennen geben, dass ihn die Drohungen erschrecken. Unserer Meinung nach besteht der häufigste Fehler von Therapeuten darin zu verbergen, dass sie sich bedroht fühlen. Wenn der Patient den Therapeuten absichtlich einzuschüchtern versucht, wird er es als Erfolg verbuchen, wenn der Therapeut über die Sache hinweggeht. Wenn dagegen die Drohungen des Patienten auf eine Abwehrhaltung zurückzuführen sind (sodass er nicht wie ein Löwe, sondern wie ein in die Enge getriebener Stier kämpft), wird er wahrscheinlich fortfahren zu drohen, da er die Zurückhaltung des Therapeuten als Missbilligung oder als Rückzug auslegt. In jedem Fall kann der Therapeut weniger Fehler begehen, wenn er in aller Ruhe, aber entschlossen zugibt, dass er sich durch das Verhalten des Patienten bedroht fühlt: ›Tatsache ist, dass Sie mich zu Tode erschrecken, wenn Sie mich anstarren und plötzlich wutschnaubend aufstehen und im Zimmer auf- und abrennen. Ich kann nicht vernünftig denken, wenn ich Angst habe. Und wenn ich nicht klar denken kann, kann ich Ihnen auch in keiner Weise nützlich sein. Ich weiß, es mag sich komisch anhören, doch wenn ich Ihnen irgendwie helfen soll, müssen auch Sie mir helfen.‹ Je nach Antwort des Patienten kann es damit sein Bewenden haben; oder aber der Therapeut muss, wenn nötig, die Drohung, die Behandlung abzubrechen, noch unmissverständlicher formulieren« (Fisch, Weakland & Segal, 1987, S. 72).

Diese Technik des »One-Down«, also des »Sich-selbst-klein-Machens«, um damit wieder am längeren Hebel zu sitzen, hat sich auch als sehr effektiv bewährt, wenn es um das Beenden von sexuell übergriffigem Sprachverhalten männlicher Klienten gegenüber jüngeren weiblichen Therapeutinnen geht. Wenn Patienten auf eine Ihnen persönlich unangenehme Weise anfangen, sexualisierten Sprachgebrauch anzuwenden, erdulden Sie dies auf gar keinen Fall. Sprechen Sie das Kommunikationsverhalten Ihres Gegenübers direkt an:

> »Herr Müller, ich möchte Sie bitten, mir zu helfen«. Wenn der Patient dann erstaunt schaut oder genau diese Aussage zur Grundlage nimmt, vertieft sexualisiert zu sprechen und in zweideutiger Tonlage Sätze äußert wie diesen »... aber *Ihnen* helfe ich doch jederzeit gerne ...«, fahren Sie einfach ruhig und klar fort: »Ja, Herr Müller, ich brauche tatsächlich Ihre Hilfe. Sie haben in Ihren letzten Sätzen mich nun schon zum wiederholten Male auf eine Art und Weise angesprochen, mit der ich mich als Frau sehr schwertue. Und wenn ich mich als Frau in Ihrer Gegenwart nicht mehr wohl fühle, dann kann ich keine gute Therapeutin für Sie sein. Wenn es Ihnen also wichtig ist, weiterhin mit mir arbeiten zu können, bedarf ich Ihrer Hilfe, die darin besteht, diese Art von direkten oder zwischen den Zeilen liegenden sexuellen Formulierungen einfach aus unseren Gesprächen herauszuhalten. Für den Fall, dass Ihnen dies nicht möglich sein sollte, werde ich leider die weitere Behandlung beenden müssen. Vielleicht finden Sie ja einen Kollegen oder eine Kollegin, die sich mit solchen Formulierungen nicht so schwertut. Ich auf jeden Fall komme hier an die Grenzen meiner professionellen Souveränität«. Sollte der Patient daraufhin bemerken, dass das doch nur »Scherze« seien und er niemals gedacht hätte, dass Sie als professionelle Therapeutin sich mit »so etwas Banalem« schwertun würden, bleiben Sie klar und ernst: »Ja, damit tue ich mich schwer«.

Der Patient hat nun die Möglichkeit, gesichtswahrend von seiner Seite aus die Therapie zu beenden, da er ganz offensichtlich an eine für ihn viel zu empfindliche Therapeutin geraten ist, die ihm wirklich nicht hilfreich zu sein vermag, oder aber er ändert sein Verhalten und eine weitere konstruktive Zusammenarbeit ist damit wieder für beide Seiten möglich.

4.1.8 Rezept Nr. 8: Mit Kritik richtig umgehen

Etwas weniger bedrohlich als der Umgang mit aggressiven und potenziell gewalttätigen Patienten und dennoch für viele Helfer schwierig ist der Umgang mit offen vorgebrachter Kritik, die sich direkt auf den Helfer bezieht. Rainer Sachse formuliert 2003 die Grundregel für den Umgang mit diesen Situationen so:

> »In schwierigen Interaktionssituationen eine offene und keine defensive Haltung einnehmen, empathisch sein und offen für das, was der Patient sagen will. Das Grundprinzip bei Kritik ist, sich der schwierigen Interaktionssituation zu stellen. Ein Helfer sollte hier also nicht vermeidend oder defensiv reagieren, sondern ›nach vorne gehen‹. Damit macht er dem Patienten deutlich, dass diese Situation bearbeitet werden kann und bearbeitet werden wird.« (Sachse, 2003, S. 320)

Kritisiert der Patient den Helfer, dann ist es sinnvoll, eine klare innere Landkarte zu haben, ein Grundverständnis über die hierbei hilfreiche Vorgehensweise:

1. Gehen Sie niemals über die geäußerte Kritik hinweg.
Halten Sie den »normalen« Ablauf zwischen Ihnen und dem Patienten für einen Moment an. Machen Sie klar, dass Sie bereit sind, dieser Situation Ihre volle Aufmerksamkeit zu schenken und ihr auf keinen Fall ausweichen wollen. Sagen Sie zum Beispiel: »Ich finde das jetzt ganz wichtig, was Sie da gerade sagen«.

2. Beziehen Sie sich und Ihr Verhalten ausdrücklich mit ein.
Sagen Sie zum Beispiel: »Ich merke, dass Sie mit mir und dem, was ich gerade/gestern/letzte Woche gemacht habe, ganz unzufrieden sind.« Die Kritik wird also nicht als das alleinige Problem des Patienten von vornherein indirekt abgewertet. Sie signalisieren dem Patienten damit eindeutig, dass Sie bei sich selbst hinzuschauen bereit sind.

3. Loben Sie den Patienten für seine Kritik.
Sagen Sie zum Beispiel: »Ich finde es sehr gut, dass Sie ganz offen sagen, dass Sie unzufrieden sind, denn das gibt uns die Chance, Ihre Unzufriedenheit zu klären und zu sehen, was wir konstruktiv damit machen können.«

»Diese dritte Intervention dient dazu, die Situation zu entschärfen, dem Klienten zu signalisieren, dass er den Therapeuten kritisieren darf, dass er deshalb weder die Therapie, noch die Akzeptanz des Therapeuten verliert. Die Intervention dient allerdings auch dazu, den »Kampfmodus« des Klienten zu entschärfen: Sie erlaubt dem Klienten nicht nur Kritik, sie bewertet die offene Äußerung von Unzufriedenheit sogar als ausdrücklich positiv. Dieses Entgegenkommen des Therapeuten reduziert oft die Aggressivität eines Klienten sehr stark, da der Klient nicht mit einer positiven Reaktion rechnet: Aus seiner Biografie kennt er eher gegen-aggressive oder defensive Reaktionen, die dann seine Wut eher noch steigern. Dass ein Interaktionspartner darauf positiv reagiert, ist ungewöhnlich und unerwartet: Und es nimmt dem Klienten den Wind aus den Segeln. Der Klient sieht kaum noch eine Veranlassung, auf einen entgegenkommenden Therapeuten, der sich mit der Kritik auseinandersetzen will, aggressiv zu reagieren« (Sachse, 2003, S. 323).

Im Bild der Persönlichkeitsvielfalt eines ganzen Omnibusses, voll mit den unterschiedlichsten Persönlichkeitsanteilen (▶ Abb. 1.2, S. 22) gesprochen, heißt das: Ich lade damit einen versöhnlicheren Persönlichkeitsanteil ein, das Steuer zu übernehmen. Der am Steuer sitzende »Rambo« erhält Anerkennung: »Gut, dass Du klar und kampfentschlossen hingewiesen hast auf etwas, was für Dich so nicht akzeptabel war. Die Botschaft ist angekommen, Du hast Deinen Job gut gemacht. Dein Auftrag ist voll und ganz erfüllt.« Rambo wird damit – meist erfolgreich – aufgefordert, den Platz am Steuer abzugeben. »Du kannst jetzt die Kleinarbeit der Klärung und Verbesserung der Angelegenheit den Problemlösern, den Mitarbeitern des Friedenscorps unter Deinen Mitfahrern in Deinem Persönlichkeitsomnibus beruhigt und mit Stolz auf Deinen Erfolg überlassen.«
Beachten Sie hierbei jedoch die Mahnung von Rainer Sachse:

»Wesentlich für die Wirkung einer solchen Intervention ist, dass ein Therapeut sie kongruent realisieren kann: Wenn er eine solche Äußerung macht, dann sollte er auch davon überzeugt sein oder er sollte sie gar nicht machen. Da schwierige Interaktionssituationen auch für Klienten schwierig sind, kann man annehmen, dass Klienten stark auf die Reaktionen der Interaktionspartner konzentriert sind: Die Wahrscheinlichkeit ist daher recht hoch, dass sie Inkongruenzen beim Therapeuten bemerken. Es sollte für einen Therapeuten jedoch nicht schwierig sein, einen Klienten für das offene Ansprechen von Kritik zu loben: Denn im Grunde macht der Klient ja dadurch die Schwierigkeiten, die er hat, transparent und offen bearbeitbar. Er gibt dem Therapeuten damit die Chance, die Schwierigkeiten zu klären und gemeinsam zu beseitigen. Viel unangenehmer wäre es, wenn der Klient seine Unzufriedenheit ständig unterschwellig realisieren würde (durch Nörgeln, Sabotage der therapeutischen Arbeit und anderes). Dies würde einem Therapeuten die Klärung und Beseitigung der Schwierigkeiten sehr erschweren« (Sachse, 2003, S. 323).

4. Loten Sie die Kritik kontrolliert aus
Der Formulierungsvorschlag von Rainer Sachse lautet: »Ich finde es deshalb wichtig, dass wir uns jeden Ihrer Kritikpunkte ganz gründlich nacheinander ansehen, damit wir keinen Aspekt vergessen.« Die vierte Intervention dient der Gewinnung von Kontrolle über den Prozess. Es ist wesentlich, dass der Therapeut erreicht,

1. dass die Bearbeitung der Kritikaspekte sukzessiv und nicht simultan geschieht,
2. dass er nicht von Kritikpunkten überschwemmt und damit matt gesetzt wird,
3. dass er eine Eskalation von Aggression verhindert,
4. dass er die Compliance des Klienten gewinnt.

Das Gründlichkeitsargument ist dazu in der Regel sehr gut geeignet: Die Ankündigung, sich gründlich mit den Argumenten des Klienten zu beschäftigen, nimmt den Klienten ernst und wichtig und macht ihm ein Angebot, das er nur schwer ablehnen kann.
  Sie könnten etwa sagen: »Ich möchte gerne zu Ihrer Kritik Stellung nehmen und mich gründlich damit auseinandersetzen. Damit ich das kann, muss ich jedoch zunächst verstehen, worum es Ihnen genau geht. Daher möchte ich Sie bitten, einmal ganz genau zu beschreiben, womit Sie unzufrieden sind.«
  Wichtig ist hierbei, dass der Helfer auf keinen Fall versuchen darf, die Kritik als einen Teil des Klientenproblems zu definieren. Ein solches Vorgehen kann in massiver Weise dazu führen, dass ein Klient sich nicht ernst genommen und abgewertet fühlt, was die Aggressivität des Klienten steigern und zu einer Verschärfung der schwierigen Situation führen kann (vgl. Sachse, 2003, S. 324).
  Im Bild des Omnibusses gesprochen: Der friedliche, verhandlungsbereite, problemlösungsorientierte Persönlichkeitsanteil des Patienten wird gebeten, es sich bequem zu machen, die Position hinter dem Lenkrad voll und ganz einzunehmen, damit die »Interaktionsfahrt« nunmehr lösungsorientiert fortgesetzt werden kann.
  Falls es sich um eine komplexe Kritik mit vielen Details handelt, nehmen Sie sich etwas zu schreiben und notieren Sie die einzelnen Punkte. Bevor Sie dazu Stellung nehmen, vergewissern Sie sich, ob Sie alle Punkte verstanden und vollständig erfasst haben. Wiederholen Sie, was der Patient gesagt hat, lesen Sie ihm Ihre aufgezeichneten Kritikpunkte noch einmal vor. Fragen Sie noch einmal nach, ob wirklich alle Punkte seiner Kritik so richtig von Ihnen verstanden wurden. Erst wenn Sie ein »Ja, genau – ja, so meine ich es!« hören, ist der Patient innerlich wirklich offen und fähig, Ihren Kommentar zu seiner Kritik in sich aufzunehmen.

5. Nehmen Sie tatsächlich Stellung zur Kritik des Patienten
Das Versprechen, sich mit der Kritik des Patienten auseinanderzusetzen, muss

selbstverständlich eingelöst werden. Logisch lassen sich vier Fälle von Kritik unterscheiden:

1. Die Kritik des Patienten ist berechtigt.
2. Die Kritik des Patienten ist nicht begründet.
3. Die Kritik ist zu einem Teil berechtigt, zu einem anderen Teil aber auch nicht.
4. Die Kritik ist so komplex, dass der Helfer gar nicht unmittelbar in der Lage ist, die Verantwortlichkeiten zu erkennen.

Schauen wir uns diese vier Fälle gemeinsam mit Rainer Sachse an:

1. Fall: Die Kritik des Patienten ist berechtigt.
Grundhaltung: Als Helfer gebe ich offen zu, dass die Kritik des Patienten berechtigt ist. Ich verhandle mit dem Patienten darüber, ob und wie Fehler oder Versäumnisse von mir korrigiert werden können.
Helferverhalten: Sich als Helfer bewusst sein, dass man ein gutes Modell ist dafür, wie man mit eigenen Fehlern umgeht: dass man sie erkennen kann, zu ihnen stehen und sie auch wieder korrigieren kann. Besonders wesentlich ist auch hier, dass Therapeuten gute Modelle dafür sein können, wie man interaktionell mit eigenen Fehlern umgehen kann. Dass man nicht defensiv oder aggressiv reagieren muss, sondern dass man kooperativ mit Fehlern umgehen kann.

2. Fall: Die Kritik des Patienten ist nicht begründet.
Grundhaltung: In einem solchen Fall sollte der Helfer die Verantwortung für die Patientenkritik auch nicht übernehmen.
Helferverhalten: Der Helfer kann dem Patienten seine Sichtweise des Problems erläutern und deutlich machen, dass er die Sichtweise des Patienten nicht teilt.

3. Fall: Die Kritik ist zu einem Teil berechtigt, zu einem anderen Teil aber auch nicht.
Grundhaltung: In diesem Fall sollte der Helfer für seine Anteile an dem Problem die Verantwortung auch übernehmen, dem Patienten aber deutlich machen, dass dieser ebenfalls Anteile an dem Problem hat.
Helferverhalten: Der Helfer gibt dem Patienten gegenüber offen zu, dass er beispielsweise einige Aspekte übersehen hat, der Patient jedoch bestimmte Informationen, die für eine Indikationsentscheidung wesentlich gewesen wären, auch nicht gegeben hat.

4. Fall: Die Kritik ist so komplex, dass der Helfer gar nicht unmittelbar in der Lage ist, die Verantwortlichkeiten zu erkennen.
Grundhaltung: In diesem Fall sollte sich der Helfer nicht unter Druck setzen lassen.
Helferverhalten: Er sollte sich einerseits nicht gegen die Kritik immunisieren, sondern diese ernst nehmen, andererseits aber auch zu seinem kritisierten Handeln die Meinung von professionellen Experten wie Supervisoren oder zumindest von Teamkollegen einholen, um sich über den Status der Patientenkritik Klarheit zu verschaffen (vgl. Sachse, 2003, S. 326).

4.1.9 Rezept Nr. 9: Irrationale Überzeugungen über Bord werfen

Im Rahmen der Lösungssuche bei schwierigen Interaktionen hat die kognitive Verhaltenstherapie besonderen Wert gelegt auf die im Hintergrund ablaufenden inneren Selbstgespräche. Die von Albert Ellis als irrationale Gedanken bezeichneten ungünstigen Grundannahmen führen nicht nur in vielfältigen Alltagssituationen zu Schwierigkeiten (ausführlich dargestellt in Kowarowsky, 2017), sondern eben auch und besonders in der Interaktion mit Patienten. Helfer, die besonders häufig Interaktionen als schwierig erleben, haben nicht selten ungünstige oder eben irrationale Überzeugungen wie:

- Ich muss dem Patienten helfen.
- Er muss sich doch helfen lassen.
- Er muss doch tun, was ich ihm sage.
- Ich weiß doch, was für ihn gut ist.
- Es gibt nur entweder oder: Entweder ich kann ganz und gar hilfreich sein oder ich habe versagt.
- Ich muss es allen recht machen.
- Wenn ich dem Patienten gegenüber eine klare Position beziehe, wird es zu Schwierigkeiten kommen.

Mit solchen ungünstigen, irrationalen Grundeinstellungen sind Spannung auf Seiten des Helfers und Widerstand auf Seiten des Patienten vorprogrammiert. Die Herausforderung besteht also darin, sich seiner eigenen Grundüberzeugungen und Grundeinstellungen bewusst zu werden und sie da zu ändern, wo wir sie selbst als irrational erkennen.

Ist es uns möglich, unsere eigene ungünstige Einstellung zu ändern, so werden vorhersagbar viel weniger Patientenkontakte als schwierig oder problematisch erlebt werden. Bei Helfern, die angeben, relativ selten Schwierigkeiten mit Patienten zu erleben, finden wir häufig folgende rationale, hilfreiche Gedanken gegenüber Patienten:

- Ich muss nicht mit jedem Patienten arbeiten.
- Ich biete dem Patienten meine Hilfe an, er muss diese Hilfe nicht annehmen.
- Ich achte ihn als Person.
- Er darf ängstlich, misstrauisch, ärgerlich, hoffnungslos, abweisend und uneinsichtig sein.
- Ich erwarte nicht Einsicht des Patienten in seine eigene Unzulänglichkeit.
- Ich bin bereit, meine eigenen Grenzen und Unzulänglichkeiten zu erkennen und offen darüber zu kommunizieren.
- Ich bin bereit, gangbare Wege zu gehen.
- Ich bin bereit, relative Fortschritte anzuerkennen, weit entfernt vom Alles oder Nichts.
- Ich bin bereit, mich auch zu erfreuen an: »Es ist etwas besser als das letzte Mal.«

- Ich kann nicht allen widersprüchlichen Erwartungen gleichzeitig gerecht werden.
- Ich beziehe klar Position.
- Ich will und werde die Antwort auf die folgenden Fragen für mich selbst entscheiden: Wo komme ich anderen entgegen? Wo ziehe ich meine Grenzen? Was erwarte ich von anderen?

Indem ich eine klare Position dem Patienten gegenüber einnehme, nehme ich auch Einfluss darauf, welche Erwartungen zukünftig an mich gestellt werden. Schwierigkeiten werden so vermieden, bevor sie entstehen.

Von Friedemann Schulz von Thun bekommen wir zusätzlich noch den wichtigen Hinweis:

»Eine klare Linie haben bedeutet nicht sturen Eigensinn, nach dem Motto: Ich gehe meinen Weg, egal was er dazu sagt oder denkt. Der eigene Standpunkt hat sich immer auch im Dialog zu bewähren. Auch hier heißt es für die Führungskraft, wieder die Balance zu halten: Ein klares Rollenverständnis muss sich mit einer dialogischen Haltung verbinden, mit der Bereitschaft sich infrage stellen und belehren zu lassen: ›Die Wahrheit beginnt zu zweit!‹« (Schulz von Thun et al., 2004, S. 20)

Übung 21

Ihre persönlichen irrationalen Helfer-Überzeugungen

Listen Sie die Ihrer Meinung nach irrationalsten Überzeugungen auf, die Sie als Helfer in sich tragen.
(z. B. *Ich muss alle meine Patienten heilen. Ich muss von allen Patienten geschätzt werden. Ich darf niemals ...*)

Meine irrationalen Überzeugungen sind:

Übung 22

Ihre persönlichen rationalen Alternativen

Ersetzen Sie diese irrationalen Überzeugungen jetzt durch rationale Alternativen. Rationale Alternativen finden Sie, indem Sie sich zu jeder Ihrer irrationalen Annahmen die beiden entscheidenden Fragen stellen:

- **Ist das, was ich denke, wahr?**
- **Ist das, was ich denke, hilfreich, mich selbst bei meiner Arbeit mit den Patienten gut zu fühlen und meinen Patienten so förderlich wie möglich zu sein?**

Meine rationalen Alternativen:
(z. B. Ich biete dem Patienten meine Hilfe an. Es wird immer Patienten geben, die mich nicht wertschätzen – und das darf so sein!)

_____

_____

_____

_____

_____

_____

_____

_____

_____

_____

4.1.10 Rezept Nr. 10: Selbstfürsorge – ganz pragmatisch

Fassen wir die bis hierher gemachten Aussagen zusammen, kommen wir zu der Essenz, dass ein gutes und effektives Miteinander zwischen Patient und Helfer dann abläuft, wenn es getragen ist von den Elementen Bewusstheit über das eigene Tun und Verständnis für die innere und äußere Situation des anderen. Der Prozess der Interaktion zwischen Patient und Helfer verlangt vom professionellen Helfer zuallererst Bewusstheit und Verständnis. Zum Thema Selbstfürsorge kommen wir gleich. Lassen Sie uns jedoch zuvor die Begriffe Bewusstheit und Verständnis noch einmal näher beleuchten.

4.1.10.1 Bewusstheit

In der Gestalttherapie wird der Begriff Bewusstheit – englisch *awareness* – beschrieben als: »Zustand aufmerksamer Wachheit gegenüber den Dingen, die im jeweiligen Augenblick hier und jetzt in mir, mit mir und um mich herum vorgehen« (Petzold, 1973, S. 276).

Wir sind als Helfer gefordert, da zu sein – hier und jetzt. Die Begegnung mit dem Patienten findet immer im Hier und immer im Jetzt statt. Unsere letzte Begegnung mit ihm können wir nicht mehr rückgängig machen. Unsere nächste Begegnung mit ihm liegt noch in der Zukunft. Wir treffen *jetzt* auf ihn. Jetzt brauchen wir unsere volle Bewusstheit. Jetzt brauchen wir den Zustand aufmerksamer Wachheit über das, was in uns und um uns herum vor sich geht. Wir brauchen *awareness* – wir brauchen Bewusstheit, wir brauchen Achtsamkeit.

An dieser Stelle möchte ich auch noch einmal die besondere Bedeutung der Achtsamkeit bei der Art und Weise, wie wir mit unseren Patienten und über unsere Patienten sprechen, hervorheben. Es geht mir hierbei weniger um gut angewandte »Kommunikationstechniken«, sondern um die Bewusstheit darüber, welch große Unterschiede in der Interaktion entstehen, ausgelöst durch bewusst gewählte Sprache oder achtlos verwendete Worte.

Granello und Gibbs veröffentlichten hierzu 2016 im Journal of Counseling & Development eine Untersuchung, die sie an der Ohio State University durchgeführt hatten.

Sie wiesen nach, dass das Verhalten von Studenten, Pflegenden, Ärzten und anderen Helfenden gegenüber Patienten deutlich abwertender und distanzierter war, wenn diese als »psychisch kranke Menschen« vorgestellt wurden, als wenn die gleichen Patienten vorgestellt wurden mit den Worten »Menschen mit einer psychischen Erkrankung«.

Der Unterschied, ob zuerst die Person genannt wurde oder die psychische Erkrankung, führte sogar dazu, dass die Frage, *ob psychisch kranke Menschen von der Gesellschaft isoliert werden sollten*, häufiger bejaht wurde als die Frage, *ob Menschen mit psychischen Erkrankungen von der Gesellschaft isoliert werden sollten*.

Achten Sie auf Ihre Sprache. Bleiben Sie sich bewusst, dass Sie immer Menschen behandeln, die in diesem oder jenem Bereich Probleme oder Störungen haben.

Diese konstante Bewusstheit führt zu einer völlig anderen Interaktion mit Ihren Patienten, als wenn Sie »Störungen« oder »Krankheiten« behandeln.

In dem Buch »Individualisierte Burnout-Therapie (IBT)« (Kowarowsky, 2017) beginnt das erste Kapitel mit dem Satz: »Das Burnout betritt das Behandlungszimmer ... – doch es bringt Herrn Maier mit.«

Achten Sie auf Ihre eigene Bewusstheit und erinnern Sie sich wieder und wieder:

Wir behandeln Menschen – und keine Krankheiten.

4.1.10.2 Verständnis

Es geht zuallererst um unser Selbstverständnis als Helfer. Es geht um unser Verständnis für die Grenzen und Möglichkeiten unseres Helfens. Manuel Horlacher richtete am 9. Oktober 2000 auf dem Fortbildungskongress der Pflegekräfte in der TU München Fragen an die Teilnehmer, Fragen, von denen ich meine, dass sie auch Ihnen hilfreich sind. Fragen, die Ihnen ein klareres Bild ermöglichen über Ihr eigenes Verständnis. Ihr Verständnis über sich in Ihrer Rolle als Helfer. Ihr Verständnis gegenüber dem Patienten. Ihr Verständnis gegenüber dem, was in der Begegnung mit dem Patienten zwischen Ihnen und dem Patienten geschieht:

- Haben wir uns wirklich schon einmal gefragt, ob wir zuhören können?
- Haben wir gelernt, Gespräche zu führen?
- Haben wir gelernt, unser Gegenüber zu respektieren, ernst zu nehmen?
- Haben wir gelernt, andere Lebenswelten als die unseren zu respektieren?
- Haben wir gelernt, dass Lebensqualität etwas Persönliches und Individuelles ist?
- Haben wir gelernt, unseren Arbeitsablauf den Bedürfnissen der Patienten anzugleichen?
- Haben wir gelernt, Patienten geduldig und ihrem Niveau entsprechend Erklärungen für unser Tun zu geben?
- Haben wir gelernt, zu Patienten eine vertrauensvolle Beziehung aufzubauen?
- Haben wir gelernt, mit unseren eigenen Gefühlen umzugehen, sie zuzulassen, sie zu zeigen?
- Haben wir gelernt, mit den Patienten gemeinsam Entscheidungen zu treffen?
- Haben wir gelernt, von anderen Mitarbeitern gleiches Verständnis und Handeln einzufordern?
- Haben wir gelernt, in aussichtslosen und schwierig erscheinenden Situationen professionelle Hilfe einzufordern und zu nutzen?
- Nehmen wir unseren Beruf ernst und bilden wir uns fachlich und persönlich weiter?
- Haben wir für uns persönlich unser Helferverständnis geklärt?

Überlegen Sie für sich selbst ehrlich Ihre ganz persönliche Antwort auf jede einzelne Frage. Sprechen Sie diese Fragen an in Ihrer nächsten Supervision, in Ihrer nächsten Intervision oder einfach mit Ihrer besten Kollegin oder Freundin. In diesen Fragen liegen viele Hinweise auf blinde Flecken auf wichtigen Feldern persönlicher Entwicklungs- und Fortbildungsmöglichkeiten.

4.1.10.3 Selbstfürsorge

Nun zum Thema Selbstfürsorge: Was meines Erachtens in der Liste der Fragen an uns von Horlacher noch fehlt, sind die Fragen an uns selbst, die ausdrücklich auf die Notwendigkeit zur Selbstfürsorge hinweisen. Fragen, die jeder Helfer sich und seinen Patienten schuldig ist. Fragen, die helfen, Selbstfürsorge als unabdingbare Grundlage einer hilfreichen Begegnung zwischen Helfer und Patient erkennen zu können.

Wir kommen zwangsläufig zu dem Aspekt der Selbstfürsorge, wenn wir einsehen, dass wir als Helfer Bewusstheit, Verständnis und hilfreiches Handeln nur auf der Basis eines eigenen körperlichen und geistigen Wohlbefindens auf Dauer aufrecht zu erhalten in der Lage sind.

Am 12. Juni 1997 formulierte es Ulrich Sachsse auf einem Symposium über den schwierigen Patienten in Paderborn wissenschaftlich-nüchtern so: »Die Behandelnden müssen auf ihre Selbstfürsorge ebenso achten wie die Behandelten. Zeitmanagement, eine reflektierte Beziehungs- und Freizeitgestaltung und eine gute körperliche Selbstfürsorge sind unabdingbar« (Sachsse, Schilling & Tunami, 1998, S. 65).

Denny Yuson-Sánchez drückt die Notwendigkeit zur konstanten Selbstfürsorge eines jeden Helfers auf seine eigene kreative Art und Weise so aus:
»Wenn Du mit Menschen arbeiten möchtest, brauchst Du drei grundlegende Dinge:

- Du musst mit Deinem eigenen Leben zufrieden sein, so dass Du Dich wirklich gut mit Dir selbst fühlst, wenn Du morgens aufwachst.
- Du brauchst eine Arbeit, die kreativ ist.
- Du brauchst selbst liebende Beziehungen.

Wenn Du diese drei Ebenen in Deinem Leben verwirklicht hast, dann kannst Du mit Menschen arbeiten« (Yuson-Sánchez, 1997, S. 54, Übersetzung des Autors).

Schauen wir uns diese so unbeschwert klingenden Selbstfürsorgeforderungen von Denny Yuson-Sánchez genauer an:

- Du musst mit Deinem eigenen Leben zufrieden sein, so dass Du Dich wirklich gut mit Dir selbst fühlst, wenn Du morgens aufwachst.
  Bin ich mir bewusst, was ich für mich selbst brauche? Gestehe ich mir selbst zu, das, was ich für mich brauche, auch tatsächlich in mein Leben einzuladen oder das, was mir nicht mehr guttut, aus meinem Leben zu verabschieden? Bin ich bereit, dafür aktiv zu werden? Lebe ich tatsächlich das Leben, das ich leben will? Was hindert mich daran, so zu leben, wie ich leben will? Was wäre der erste

praktische Schritt, der auf das Leben zuführt, das ich leben will, so dass ich mich wirklich gut mit mir selbst fühlen kann, wenn ich morgens aufwache?
- Du brauchst eine Arbeit, die kreativ ist.

Im ungünstigsten Fall stellt sich tatsächlich die Frage, ob der Arbeitsplatz, an dem ich zurzeit arbeite, wirklich das »Schmerzensgeld« wert ist, welches ich als monatliches Gehalt ausbezahlt bekomme. Ingeborg Bachmann fällt mir hier ein mit ihrer düsteren Beschreibung: »Und Monat für Monat sammeln sich die Lohnstreifen in meiner Brieftasche, ausgestellt auf meinen Namen, wie Totenscheine.« Kann ich es mir leisten, mit einer Arbeit fortzufahren, die meinen Geist stumpf und meinen Körper schwer macht? In den meisten Fällen geht es jedoch mehr darum, aus meinem beruflichen Winterschlaf zu erwachen und wieder mit Anfängergeist auf die täglichen Abläufe zu schauen. Was fühlt sich lebendiger an? Der kratzende Kuli mit abgewetzter Werbeaufschrift oder mein Lieblingsschreiber, den ich nur zu Hause benütze? Was hilft mir mehr, mich besser zu fühlen: Immer wieder innerlich über ein blödes Patientenformular zu meckern oder mich tatsächlich hinzusetzen und es neu zu erstellen, so wie es mir sinnvoll erscheint? Dies ist in einer kleinen Praxis natürlich leichter zu ändern als in großen Institutionen, manchmal aber auch umgekehrt.

Ablaufstrukturen – *wie man es halt macht*, sind sie wirklich unveränderbar? Sind Sie bereit, Ihre Kreativität einzubringen und sich selbst damit lebendiger werden zu lassen, oder haben Sie bereits abgeschaltet, innerlich gekündigt? Wenn tagein, tagaus der Arbeitsablauf gleich ist, ist es unwahrscheinlich, dass Sie sich noch sehr lebendig und kreativ fühlen.

Nein, es ist nicht egal, ob wir unsere Arbeit – wenn auch gut – irgendwie erledigen oder aber mit Engagement, Leidenschaft, innerer Beteiligung und damit lebendig, kreativ und befriedigend. Verzichten Sie nicht darauf, Ihrer Arbeit Ihre Handschrift zu geben. Auch Ihre Arbeitszeit ist Ihre Lebenszeit! Der Maßstab ist eindeutig: Freuen Sie sich morgens auf den vor Ihnen liegenden Arbeitstag – oder bedrückt Sie der Gedanke daran bereits am frühen Morgen?

Wir brauchen eine Arbeit, die kreativ ist – also gestalten wir sie uns im Rahmen unserer Möglichkeiten kreativer, als sie jetzt ist. Und denken Sie auch hierbei daran: Es gibt mehr als ein Alles oder Nichts. Auch hier gibt es ein relatives Mehr an Kreativität. Mehr als das, was bisher war, auf jeden Fall. Nutzen Sie Ihre Kreativität auch an Ihrem Arbeitsplatz, um sich Ihre Arbeit kreativer zu gestalten. Sie kennen ja den Werbeslogan: »Nicht immer – aber immer öfter.«

- **Du brauchst selbst liebende Beziehungen**

Wenn die Kontakte zu unseren Patienten die einzigen intensiven menschlichen Kontakte sind, die wir in unserem Leben haben, dann kann das auf Dauer nicht gut gehen. Helfer, die sich aus der Situation des Helfens heraus in sexuelle Interaktionen mit Patienten begeben, sind ein warnendes Negativbeispiel dafür. Das Patientenwohl kann nur dann uneingeschränkt im Brennpunkt der Begegnung zwischen Helfer und Patient stehen, wenn Sie sich als Helfer selbst in Ihrem eigenen privaten Leben sozial genährt und zufrieden fühlen.

Irvin D. Yalom merkt hierzu kritisch an:

»Manche Therapeuten bekommen Probleme, weil sie ein unerfülltes Liebesleben haben oder zu isoliert sind, um die angemessenen und notwendigen sexuellen Kontakte herzustellen. Natürlich ist es ein schwerer Fehler, in der eigenen Praxis eine Gelegenheit für solche Kontakte zu suchen. Es ist wichtig, dass diese Therapeuten alles tun, um ihre Lage zu verbessern – sei es durch Einzeltherapie, Ehetherapie, Partnervermittlungen. Wenn ich ihnen in der Therapie oder in der Supervision begegne, würde ich ihnen am liebsten sagen – und tue es oft auch –, dass jede Option, einschließlich des Besuchs einer Prostituierten, dem katastrophalen Entschluss vorzuziehen ist, sexuell mit Patienten zu verkehren; ich würde ihnen am liebsten raten – und tue es oft auch –, eine Möglichkeit zu finden, wie sie ihre sexuellen Bedürfnisse mit einer der Milliarden potenziellen Partnerinnen auf der Welt ausleben können: mit allen, außer ihren Patientinnen – letzteres ist aus professionellen und moralischen Gründen einfach völlig unmöglich« (Yalom, 2002, S. 209).

An anderer Stelle führt er weiter aus, dass seiner Erfahrung nach all die Helfer, denen liebevolle Beziehungen in ihrem eigenen Leben fehlen, dazu neigen, auch in ihrer Arbeit mit Patienten Kühle und Strenge zu verbreiten.

Ich erinnere mich noch gut an einen eigenen Krankenhausaufenthalt, als ich fünf Jahre alt war. Eine strenge Ordensschwester – die Schwestern und Schwesternschülerinnen nannten sie ehrfürchtig »Mutter Oberin« – sorgte mit ihrer bloßen Präsenz oft für ein eisiges Schweigen bei uns kleinen Patienten und den Schwestern, wenn sie plötzlich und unerwartet das Krankenzimmer betrat.

Ganz anders die Tage, an denen sie frei hatte und nicht auf Station war. Ein Scherzen und Lachen, Unbeschwertheit bei den Schwestern und vor allem den Schwesternschülerinnen auf Station. Wir kleinen Patienten freuten uns schon auf ihren nächsten freien Tag. Warum sie mir in diesem Zusammenhang einfällt? Weil ich von meinem damaligen Stationsarzt eine strenge Rüge erhielt, als ich nach dem Grund meiner heutigen aufgedreht guten Stimmung befragt, freimütig herausplapperte: »Na, weil doch heut die ›Mutter Oberin‹ nicht da ist und dann Schwester Helga und Schwester Heidi wieder schön Faxen mit uns machen können.«

Sein Kommentar: »Das darfst Du aber so nicht sagen, die ›Mutter Oberin‹ tut alles für Euch. Sie lebt nur für ihre Arbeit hier auf Eurer Station. Sie hat sonst niemanden. Alles was sie tut, tut sie nur für Euch.«

Schuldig habe ich mich gefühlt damals, weil ich ja schon geahnt hatte, dass sie in ihrer Tracht so etwas wie eine Heilige sein musste. Aber gedacht habe ich damals trotzdem – und ich weiß es so genau, als wäre es erst gestern passiert: »Mir wäre lieber, sie würde mehr Zeit mit ihren Freunden verbringen und danach mehr Faxen mit uns machen.«

Die Top Ten der Selbstfürsorge

Wenn wir die ganze Bandbreite der Selbstfürsorge systematisch einkreisen, kommen wir auf zehn relevante Bereiche, denen wir unsere Aufmerksamkeit nun zuwenden wollen.

- Tägliche Entspannung – Zeiten der Stille, Selbstrückbezug
- Zeitplanung – persönliches Zeitmanagement

- Was ich mir heute Gutes tue (Kunst, Kultur, Erotik, Experimente)
- Meinen eigenen Körper pflegen und trainieren
- Mein eigenes soziales Netzwerk pflegen
- Andere um Rat fragen
- Über eigene Sorgen und Probleme mit Vertrauten sprechen
- Sich professionelle Hilfe rechtzeitig holen
- Sich regelmäßig fortbilden
- Neugier und Offenheit für neue Erfahrungen beibehalten

Betrachten wir diese zehn Bereiche der Selbstfürsorge im Einzelnen:

1. Tägliche Entspannung – Zeiten der Stille, Selbstrückbezug, Erfahrung der Transzendenz
Nehmen Sie sich jeden Tag Zeit für Stille. Es ist egal, ob Sie dabei auf strukturierte Art und Weise vorgehen oder nicht. Wenn Sie mögen, üben Sie 20 Minuten täglich autogenes Training, die Transzendentale Meditation oder die Tiefenmuskel-Entspannung. Oder machen Sie es sich einfach zur Gewohnheit, 20 Minuten bei einer Tasse Tee am Fenster zu sitzen und den Blick ins Freie schweifen zu lassen – seien Sie achtsam mit dieser Zeit und lassen Sie sich diese Zeit nicht nehmen! Sagen Sie zu sich selbst: »Ja, jetzt nehme ich mir diese Zeit. Das ist jetzt meine Zeit; Zeit, die mir guttut.«

Es ist wichtig, immer wieder bei sich selbst anzukommen. Selbstrückbezug zu erfahren. Die stille Ebene des eigenen Innersten genießen zu können, oder wie es Bernhard Trenkle in seiner Löwengeschichte schön formuliert: »Einfach nur da sein. In sich sein. Ganz in sich sein. In Sicherheit in sich sein« (Trenkle, 2002, S. 40).

In seinem Büchlein: »Beginning to see – Anleitung zur Meditation« gibt Sujata in einfachen Worten eine schöne Beschreibung der Vipassana- Meditationsübung:

> »Ein guter Weg, unsere Aufmerksamkeit, Konzentration und Einsicht zu entwickeln, besteht darin, sorgfältig das Heben und Senken der Bauchdecke zu beobachten. In dieser Übung beginnen wir mit der Beobachtung der offensichtlichen Bewegungen unseres Körpers. Wenn diese uns deutlich sind, werden wir auch fähig sein, die subtileren Bewegungen unseres Geistes wahrzunehmen.
>
> Geh an einen ruhigen Ort und setze Dich in eine bequeme Position, mit geschlossenen Augen und einem geraden, aber nicht verkrampften Rücken. Die Bewegung der Bauchdecke ist immer gegenwärtig. Richte Deine Aufmerksamkeit auf ihre natürliche Auf- und Abbewegung und registriere jeden Teil des Prozesses. Es ist nicht notwendig, die Worte ›heben‹ und ›senken‹ verbal zu wiederholen, oder gar an ›heben‹ und ›senken‹ in Form von Worten zu denken. Stattdessen sei Dir nur des gegenwärtigen Prozesses von Heben und Senken bewusst. Sowie Du zunehmend wacher wirst und den Bewegungen achtsamer folgen kannst, wird Dir bewusst werden, dass Dein Atmen manchmal flach, manchmal tief, manchmal schnell, manchmal langsam und ruhig ist.
>
> Diese Unterschiede solltest Du bemerken, aber ganz gleich wie sie sind, solltest Du in keiner Weise das Atmen beeinflussen und kontrollieren. Beobachte lediglich die Bewegungen, wie sie kommen und gehen, wenn Du wie gewohnt atmest. Während Du das Auf und Ab Deiner Bauchdecke beobachtest, kann es sein, dass Dein Verstand ganz von alleine sich anderen Dingen zuwendet wie z. B. Gedanken, Gefühlen, körperlichen Empfindungen. Diese sollten, sobald sie auftauchen, bemerkt werden: Wenn ein Gedanke Dir in den Sinn kommt, sei Dir des ›Denkens‹ bewusst. Wenn ein Laut in Deine Aufmerksamkeit tritt, registriere das ›Hören‹. Richte dann Deine Aufmerksamkeit wieder bestimmt und ruhig auf

den ursprünglichen Gegenstand Deiner Meditation, die Bewegungen der Bauchdecke. Je mehr Konzentration Du für diese ursprüngliche Bewegung entwickelst, desto schneller wirst Du jeden anderen Inhalt Deiner Aufmerksamkeit erkennen, sobald er auftaucht. Bis Dein Geist jedoch wachsam genug ist, diese anderen Inhalte sofort zu erkennen, wird er dazu neigen, unachtsam hinter diesen Gedanken, Gefühlen und Empfindungen hinterherzuwandern. Einige Zeit später wirst Du Dir dann bewusst, dass Du tagträumst. Sobald Du Dir bewusst wirst, dass die Aufmerksamkeit von dem gegenwärtigen Moment abgeschweift ist, solltest Du geduldig ›abschweifen‹ registrieren und dass Du nun ›versuchst achtsam zu sein‹. Dann solltest Du liebevoll Deine Aufmerksamkeit auf die Beobachtung des Hebens und Senkens zurückführen.« (Sujata, 1998, S. 46–48)

Der Philosoph Dr. Wilhelm Schmid aus Berlin mahnt die zur Lebenskunst notwendige regelmäßige Erfahrung der Transzendenz sehr pragmatisch an. In seinem Kurs »Sinn als Quelle des Lebens«, den er am 22. November 2003 in Karlsruhe abhielt, berichtete er, dass sehr viele Menschen die gefühlte oder selbst nur gedachte Ebene der Transzendenz als sehr sinngebend und damit regenerierend erleben. »Transzendenz«, sagte er, »erfahren wir immer dann, wenn wir etwas überschreiten. Immer dann, wenn man eine Schwelle überschreitet, transzendiert man. Im tieferen Sinn bedeutet Transzendenz das Überschreiten der Endlichkeit. Dieses Überschreiten der Endlichkeit kann Sinnerfahrung stiften.« Er führte in diesem philosophischen Seminar weiter aus: »Die Erfahrung zeigt, dass es für viele Menschen sinnstiftend ist, Erfahrungen zu machen oder Gedanken zu haben, die über das Endliche hinausgehen.«

Als praktische Übungen zur Transzendenzerfahrung empfiehlt er: »Schauen Sie nachts mal nach oben in den Sternenhimmel. Nehmen Sie die Entfernungen wahr – und Sie befinden sich denkerisch und gefühlt in der Unendlichkeit. Sterne sind in unvorstellbarer Entfernung über alles Denkbare hinaus ...«

Den mathematisch interessierten Kursteilnehmern empfahl er die Infinitesimal-Rechnung als Tür zur Eröffnung der Unendlichkeitsdimension. Die Anzahl geschriebener Romane oder die Kontemplation über die Anzahl der Sandkörner am Meer mögen für andere eine Ahnung des Darüberhinaus, der Transzendenz, eröffnen.

Der Begründer der Transzendentalen Meditation, Maharishi Mahesh Yogi, in den 1960er-Jahren Meditationslehrer der Beatles, meint zum Thema der Entspannung, des Selbstrückbezugs, der Erfahrung der Transzendenz:

»Es ist dargelegt worden, dass das Sein im transzendentalen Feld absoluter Existenz liegt, jenseits der subtilsten Schicht der Schöpfung. Damit diese transzendentale Wirklichkeit erfahren werden kann, ist es notwendig, unsere Aufmerksamkeit durch alle subtilen Schichten der Schöpfung hindurchzuleiten. Nachdem sie die subtilste Ebene erreicht hat, wird sie diese Erfahrung überschreiten (transzendieren) und in das Feld transzendentalen Seins gelangen.

Was finden wir in den groben Schichten der Schöpfung vor? Den Augen sind grobe Dinge sichtbar, den Ohren grobe Geräusche oder Worte hörbar, der Nase grobe Gerüche riechbar, dem Tastsinn eine Vielfalt von Wahrnehmungen fühlbar und der Zunge alle Variationen des Geschmackes schmeckbar. Wir denken, und normalerweise scheint der Denkprozess keine Verbindung mit diesen Wahrnehmungssinnen zu haben. Jedoch schließt der Denkvorgang stets einen oder mehrere der Sinne ein.

Unsere Erfahrung im Feld der Wahrnehmung beweist, dass wir gröbere und subtilere Dinge wahrnehmen. Wir benutzen unsere Augen, um zu sehen, unsere Ohren, um zu hören usw.; aber wir wissen, dass es eine Grenze gibt, bis zu der die Augen sehen, die Ohren hören können und die Zunge zu schmecken vermag. Diese Erfahrungsgrenze umreißt den Bereich der groben Schöpfung. Die Augen vermögen solange Formen zu erkennen, als diese eine bestimmte Feinheit nicht übersteigen. Die Ohren können Schall nur in einem bestimmten Frequenzbereich wahrnehmen. Die Nase kann Gerüche nur solange riechen, wie diese stark genug sind. So ist es mit allen Sinnen der Wahrnehmung – sie können nur grobe Objekte erfassen.

So versteht man, dass unsere Erfahrung gewöhnlich auf das grobe Feld der Schöpfung begrenzt ist. Die subtileren Bereiche liegen jenseits unserer gewöhnlichen Erfahrungsmöglichkeit. Wir wissen, dass es Formen gibt, die viel feiner sind, als unsere Augen zu sehen vermögen. Man kann sie durch ein Mikroskop beobachten. Wir wissen, dass es Geräusche gibt, die unsere Ohren nicht zu hören vermögen, die sich aber mithilfe eines Verstärkers hörbar machen lassen. Dies zeigt, dass es subtile Schöpfungsbereiche gibt, mit denen wir nicht vertraut sind, weil unsere gewöhnliche Wahrnehmungsfähigkeit auf das Grobe beschränkt ist. Will man das transzendentale Sein erfahren, muss unsere Erfahrungsfähigkeit verbessert werden.

Könnten wir unsere Fähigkeit der Erfahrung mittels irgendeines Sinnes entwickeln oder die Fähigkeit einen bestimmten Gedanken wahrzunehmen, bevor er die bewusste Ebene des Geistes erreicht, und könnten wir diese Fähigkeit der Gedankenwahrnehmungen so steigern, dass sie den Ursprung des Denkens erreicht, so würde es möglich, nachdem der Ursprung der Gedanken überschritten (transzendiert) ist, den transzendentalen Zustand reinen Seins zu erreichen. Auf diese Weise wird – durch die fortschreitende Erfahrung feinerer Schöpfungszustände mithilfe irgendeines Sinnes bis zum Überschreiten (Transzendieren) der allerfeinsten Wahrnehmung – der Zustand des Seins erreicht.

Da das Sein seiner Natur nach transzendent ist, fällt es nicht in den Bereich irgendeines der Wahrnehmungssinne. Erst wenn die Sinneswahrnehmung ihr Ende erreicht hat, kann man in das transzendentale Feld des Seins gelangen. Solange wir durch die Sinne wahrnehmen, befinden wir uns im relativen Feld. Deshalb kann Sein durch keinen der Sinne erfahren werden. Ferner macht dies deutlich, dass, welchen der Sinne wir auch immer verwenden, zunächst dessen äußerste Erfahrungsgrenze erreicht werden muss. Wird diese dann überschritten, erreichen wir einen Zustand des Bewusstseins, in dem der Erfahrende nicht länger erfährt …

… Ist der subtilste objektive Erfahrungszustand überschritten, verschmilzt die Subjektivität des Individuums mit der Transzendenz. Diesen Bewusstseinszustand kennt man als reine Existenz, den Zustand absoluten Seins. Indem man so die Aufmerksamkeit zum Feld der Transzendenz leitet, ist es möglich, das Sein zu berühren und es dabei zu erfahren.

Auf der Ebene des Denkens kann man es nicht erfahren, weil Denken sich stets im Bereich der relativen Existenz vollzieht und das ganze Feld sinnlicher Wahrnehmung in den Grenzen relativer Existenz liegt.

Der transzendentale Zustand reinen Seins befindet sich jenseits allen Sehens, Hörens, Tastens, Riechens und Schmeckens – jenseits allen Denkens und allen Fühlens. Dieser Zustand des unmanifestierten absoluten, reinen Bewusstseins im Sein ist der höchste Zustand im Leben. Ihn zu erfahren, ist durch das Programm der Transzendentalen Meditation leicht möglich.

Der Vorgang, welcher die Aufmerksamkeit zur Ebene des transzendentalen Seins bringt, ist als das System Transzendentaler Meditation bekannt. Dabei wird ein geeigneter Gedanke ausgewählt und die Technik, diesen in seinem anfänglichen Entwicklungsstadium zu erfahren, erlaubt es dem bewussten Geist, systematisch zum Ursprung der Gedanken, zum Feld des Seins, zu gelangen.« (Maharishi, 2000, S. 75–78)

Was immer Ihr bevorzugter Weg in die tiefen Bereiche der Stille Ihres Bewusstseins auch sein mag: Versäumen Sie es nicht, sich jeden Tag diese Zeit für sich zu nehmen, diese Zeit der Stille, diese Zeit des Selbstrückbezugs, diese Zeit des Eintauchens in die Transzendenz.

Ken Wilber, der bekannte amerikanische Psychologe und Bewusstseinsforscher, fasst die heutige Möglichkeit, Meditation wissenschaftlich erfassen zu können, folgendermaßen zusammen:

> »Im Jahre 1970 veröffentliche R. K. Wallace in der angesehenen Zeitschrift Science einen Beitrag mit dem Titel Physiological Effects of Transcendental Meditation. Wallaces Untersuchungen, die später von anderen bestätigt wurden, zeigten, dass im meditativen Zustand in der Physiologie des Körpers vom Stoffwechsel bis zu den Gehirnwellen sehr reale und manchmal sehr dramatische Veränderungen auftreten. Auf der Grundlage dieser reproduzierbaren Daten kam Wallace zu dem Schluss, dass der meditative Zustand ein vierter Bewusstseinszustand und ebenso wirklich ist wie der Wach-, der Traum- und der Tiefschlafzustand (weil z. B. bei allen vier Zuständen das EEG charakteristische Kurvenbilder liefert). Diese Forschungsarbeit bewirkte möglicherweise mehr für die Legitimierung des meditativen Zustandes (jedenfalls im Westen) als alle vedischen Upanishaden zusammengenommen, denn sie zeigte klar, dass Meditation, was auch immer sie sonst noch sein mag, nicht bloß subjektive Phantasie, wirkungslose Tagträumerei oder eine lethargische Trance ist. Sie ruft dramatische und wiederholbare Veränderungen im ganzen Organismus hervor, vor allem in den elektrischen Potenzialen des Gehirns, das als der Sitz des Bewusstseins gilt.« (Wilber, 1999, S. 62)

2. Zeitplanung – persönliches Zeitmanagement

Die besten Vorsätze zur Selbstfürsorge bleiben auf der Strecke, wenn *Sie selbst* in Ihrem Tagesplan nicht vorkommen. Treffen Sie Verabredungen mit sich selbst. Gewöhnen Sie es sich an, einen Wochenplan zu erstellen, in dem Sie die Zeiten eintragen, die Sie für sich selbst brauchen. L. Seiwert hat in seinem Buch »Das Bumerangprinzip – mehr Zeit fürs Glück« eine detaillierte Beschreibung dessen gegeben, was an Zeitmanagementstrategien im Alltag nützlich ist. Besonders hilfreich ist sicherlich der Hinweis, sich die Zeit zu nehmen, um sich darüber bewusst zu werden, was Ihnen persönlich in Ihrem Leben wichtig ist. Planung verdient nur dann diesen Namen, wenn Sie sich tatsächlich hinsetzen und systematisch und ganz konkret aufschreiben: Was möchte ich tun in den Bereichen Gesundheit, Familie, Freunde, Beruf, Finanzen? Was möchte ich tun, um genügend viele Zufriedenheitserlebnisse zu haben? Was macht mir wirklich Spaß? Was sind die sonstigen mir in meinem Leben wichtigen Bereiche? Wann genau will ich es tun?

Aus diesen Anregungen von Seiwert habe ich für Sie Arbeitsmaterialien für Ihre persönliche Zeitplanung erstellt.

Übung 23

Was mir wichtig ist

Die Checkliste „Was mir wichtig ist" befindet sich ebenso wie der Jahresplaner, Monatsplaner und Wochenplaner im Anhang und auch im Zusatzmaterial im Internet (unter https://dl.kohlhammer.de/978-3-17-045560-3).

Sie können sie sich im DIN-A4-Format ausdrucken lassen. Erstellen Sie sich Ihre ganz individuelle Liste. Überlegen Sie sich, was Ihnen wirklich wichtig ist. Damit können Sie Ihren Wunsch, mehr für sich zu sorgen, auf praktische Art und Weise optimal vorbereiten.

Wenn Sie die Checkliste ausgefüllt haben, tragen Sie in Ihrem Jahresplaner zuerst die Termine ein, die Ihnen dieses Jahr wichtig sind. In die Monatsplaner können Sie all die Termine eintragen, die Sie dieses Jahr für sich wenigstens einmal pro Monat für wichtig erachten. Der Wochenplan hilft Ihnen dabei, ganz konkret zu werden: Wann genau diese Woche möchten Sie das tun, was Ihnen aus den einzelnen Bereichen wenigstens einmal die Woche zu tun wichtig ist. Die Stundeneinteilung der einzelnen Tage hilft Ihnen festzulegen, wann genau Sie sich Zeit nehmen wollen für sich selbst, um das zu tun, was Ihnen heute wichtig ist.

Lassen Sie mich diese Notwendigkeit zur konkreten Zeitplanung mit den Worten des Philosophen Wilhelm Schmid zusammenfassen: »Die individuelle Einteilung der Stunden ist ein Kunstgriff der Lebenskunst, um die Zeit zu gebrauchen und nicht eines Tages, viel zu spät zu bemerken, dass sie ungenutzt verstrichen ist« (Schmid, 2000, S. 74).

Werfen wir nun einen gemeinsamen Blick auf diese Checkliste.

Erläuterungen zur Checkliste: »Was mir wichtig ist«

Gesundheit

Was möchte ich jeden Tag für meine Gesundheit tun? Was darüber hinaus einmal die Woche? Was zusätzlich einmal im Monat? Was darüber hinaus einmal im Jahr? Habe ich bisher etwas vor mir hergeschoben, was gesundheitliche Not vermeiden oder wenden würde, also **»Not«-wendig** ist?

In diese Spalte hat zum Beispiel Schwester Katja für sich eingetragen: Ich möchte mir jeden Tag morgens eine Trockenbürstenmassage geben, täglich zweimal 20 Minuten meditieren, zehn Minuten Yoga-Übungen machen und mir jeden Tag eine halbe Stunde Zeit lassen, in aller Ruhe mein warmes Mittagessen zu essen. Einmal die Woche möchte ich schwimmen gehen. Wenigstens einmal im Monat werde ich mir einen Saunatag mit anschließender Massage gönnen. Na ja, okay, und mindestens einmal im Jahr möchte ich zum Zahnarzt und zum Frauenarzt gehen.

Familie, Freunde

Was ist mir wichtig in Bezug auf den täglichen Kontakt zu meiner Familie, zu meinem Mann, zu meiner Frau, zu meinen Kindern, zu meinen Freunden? Was brauche ich für mein eigenes Wohlbefinden an täglichen Kontakten mit Menschen, die mir guttun und die mir wichtig sind? Wie oft pro Woche will ich zusätzlich das genießen, was Denny Yuson-Sánchez so schön formuliert mit »hanging out with friends«, also einfach eine gute Zeit mit Freunden haben, ohne irgendetwas zwanghaft Besonderes dabei tun zu müssen, einfach nur zusammenzusitzen, zu reden oder zu schweigen, einfach zusammen sein. Was darüber hinaus will ich zusätzlich wenigstens einmal im Monat mit meiner Familie, meinen Verwandten, meinen Freunden gemeinsam erleben? Welche Feste mit wem in diesem Jahr feiern?

Im Hogrefe-Verlag Göttingen veröffentlichten 1989 Schwarzer und Leppin ihre Forschungen unter dem Titel »Sozialer Rückhalt und Gesundheit«. Sie unterscheiden fünf Formen des sozialen Rückhalts:

- emotionale Unterstützung, z. B. das Äußern von Wertschätzung und Sympathie, das Trostspenden in Problemsituationen;
- Zusammensein, positiver sozialer Kontakt, z. B. gemeinsame Aktivitäten wie Sport, Kino, Theater, Feste, Essen, aber auch die bloße Anwesenheit von vertrauten und geliebten Personen;
- instrumentelle Unterstützung, d. h. verschiedene Formen konkreter Hilfe bei der Lebensbewältigung, wie z. B. Geld leihen, beim Umzug helfen, im Krankheits-

falle zur Verfügung stehen, oder sich gegenseitig beschenken, Baby- oder Hundesitting;
- informationelle Unterstützung, d. h. Hinweise oder Ratschläge, die einer Person bei der Lösung eines Problems nützlich sind,
- und Bewertungs- oder Einschätzungsunterstützung, als Spezialfall informationeller Hilfe, d. h. Informationen erteilen, die einer Person dabei helfen, die eigenen Fähigkeiten, Interessen und Bedürfnisse realistischer zu beurteilen (Schwarzer & Leppin, 1989, in Dick, 2003, S. 75).

Beruf
Was neben der Arbeitszeit ist mir wichtig zusätzlich täglich zu tun in Bezug auf meinen Beruf? Welche Fachzeitschriften möchte ich lesen, welche Seiten im Internet besuchen? Was darüber hinaus einmal die Woche? Was wenigstens einmal im Monat? Was darüber hinaus einmal im Jahr?

Welche Fortbildung beabsichtige ich dieses Jahr zu besuchen? Welche beruflich wichtigen sozialen Kontakte mit anderen Kollegen möchte ich pflegen? Wie viel Zeit möchte ich einem Expertennetzwerk zukommen lassen? Wie groß ist meine Bereitschaft, in meiner Freizeit berufliche Fragen mit anderen Experten meines Fachgebietes zu erörtern, Kontakt mit ihnen zu halten, kollegiale Qualitätszirkel aus eigenem Bedürfnis heraus zu gründen und zu pflegen? Kurzum, wie wichtig ist mir das gute Gefühl, beruflich tatsächlich kompetent zu sein und kompetent zu bleiben?

Finanzen
Was ist mir wichtig in Bezug auf meine persönliche Finanzverwaltung? Was möchte ich jeden Tag, einmal die Woche, einmal im Monat, einmal im Jahr tun, um meine Finanzen zu regeln und den Überblick zu behalten? Zinsen ändern sich, gesetzliche Regelungen ändern sich. Lohnt es sich für mich, mir neben dem Girokonto ein Tagesgeldkonto einzurichten? Ist es im Moment für mich sinnvoll, einen Teil meines Geldes für eine gewisse Zeit fest anzulegen? Wie viel mehr Zinsen kann ich erwirtschaften, wenn ich Geld für ein, fünf oder zehn Jahre anlege? Bin ich bereit, mich damit zu beschäftigen, welche Chancen und Risiken darin liegen, einen Teil meines Geldes, das ich erübrigen kann, in Aktien, Wertpapieren oder Edelmetallen anzulegen?

Habe ich mich bereits mit einer angemessenen zusätzlichen finanziellen Alterssicherung beschäftigt?

Nehme ich mir in regelmäßigen Abständen Zeit, meine bereits abgeschlossenen Versicherungen zu aktualisieren? Habe ich ein gutes System der Ausgabenkontrolle? Pflege ich ein gutes System der Ablage von Rechnungen, Quittungen und sonstigen wichtigen Steuerunterlagen?

Stehen in meinem Jahresplaner regelmäßige Treffen mit kompetenten Beratern in Finanz-, Versicherungs- und Steuerfragen?

All diese Fragen für sich selbst zu beantworten, ihre Wichtigkeit für sich selbst bewusst festzulegen, hilft Ihnen dabei, in dem Bereich Finanzen den Überblick zu bewahren und auch in finanzieller Hinsicht gut für sich selbst zu sorgen.

Was mir Spaß macht
Zufriedenheitserlebnisse, genießen, mir Gutes tun, mich wohl fühlen. All das, was ich im folgenden Punkt drei der Top Ten der Selbstfürsorge bezeichnet habe mit »Was ich mir heute Gutes tue – Kunst, Kultur, Erotik, Experimente«. Was möchte ich gerne jeden Tag in meinem Leben haben von dem, was mir guttut, wovon ich weiß, dass ich mich dabei wohl fühle? Was will ich mir heute nicht nur zum Ausgleich für die Arbeit, sondern als bewusste Gestaltung meines Lebens gönnen? Was darüber hinaus soll mich wenigstens einmal die Woche erfreuen? Was will ich mir zusätzlich einmal im Monat gönnen? Was wenigstens einmal im Jahr? Was überhaupt einmal im Leben?

Sonstiges
Die Rubrik »Sonstiges« auf der Checkliste habe ich bewusst mit diesem inhaltsoffenen Wort bezeichnet, damit Sie hier die Bereiche eintragen können, die in Ihrem Leben eine besondere Bedeutung für Sie haben. Das, was Ihnen zu leben wichtig ist, wofür Sie Zeit verwenden möchten. Vielleicht sind Sie politisch engagiert oder in einem Verein tätig. Vielleicht finden Sie Erfüllung in der freiwilligen Arbeit für Ihre Kirchengemeinde, für soziale Projekte, für den Umweltschutz oder den Tierschutz, bei kulturellen oder künstlerischen Projekten. Also alle sonstigen Bereiche, die Ihnen in Ihrem Leben wichtig sind.

Der Schweizer Psychologe Andreas Dick fand in seinen Forschungen über menschliches Glück Folgendes: »Studien in westlichen Ländern stellten außerdem fest, dass Leute, welche sich in ehrenamtlichen Tätigkeiten im Rahmen von Kirchen, Vereinigungen, politischen Organisationen usw. engagieren, glücklicher sind als Leute, die sich nicht ehrenamtlich betätigen« (Dick, 2003, S. 69). Was möchten Sie in diesen Bereichen tun? Was möchten Sie jeden Tag tun, was einmal die Woche, einmal im Monat, einmal im Jahr oder wenigstens ein einziges Mal in Ihrem Leben? Nehmen Sie sich Zeit, Ihre persönliche Checkliste zu bearbeiten. Es lohnt sich herauszufinden, was Ihnen wirklich wichtig ist. Es lohnt sich für Sie, sich Klarheit darüber zu verschaffen, was es für Sie bedeutet, Ihr Leben so zu leben, dass Sie am Ende Ihres Lebens tatsächlich sagen können: »Ja, ich bin zufrieden, mein Leben genauso gelebt zu haben, wie ich es gelebt habe.«

Bodo Schäfer, der bekannte Vermögensberater, hat meiner Meinung nach Recht, wenn er darauf hinweist, dass Sie, wenn Sie etwas vorhaben, dies innerhalb von 72 Stunden auch tatsächlich angehen sollten. Damit haben Sie die beste Chance, Ihr Vorhaben wirklich in die Tat umzusetzen.

Bei einer Fortbildungsveranstaltung mit Matthias Hartmann, einem Kollegen aus Münster, der sehr viel mit an Krebs erkrankten Patienten arbeitet, wurde uns Seminarteilnehmern folgende Aufgabe gestellt: »Stellen Sie sich vor, dass Sie jetzt die Diagnose Krebs erhielten und noch genau ein Jahr zu leben hätten. Sie könnten schmerzfrei alles tun, wozu Sie sich entscheiden. Danach aber müssten Sie unabwendbar sterben. Was genau würden Sie noch in Ihrem verbleibenden Lebensjahr tun wollen? Wen würden Sie gerne noch einmal treffen, was noch unbedingt erleben wollen, bevor Sie sterben müssten? Was würden Sie noch gesehen haben wollen – kurzum, was sollte noch in Ihrem Leben stattfinden, in Ihrem verbleibenden Lebensjahr?«

Wir bekamen Zeit, damit sich jeder von uns mit seinem Notizblock in eine ruhige Ecke zurückziehen konnte, und ich begann zu schreiben und schrieb und schrieb. Heute, 20 Jahre später, habe ich viel von dem gelebt, was mir damals als besonders lebenswert erschien. Und ich bin froh darum. Froh darüber, dass mich diese Seminaraufgabe dazu gezwungen hat, genau hinzuschauen, was an unausgesprochenen Wünschen in mir zur Erfüllung ansonsten auf den Sankt-Nimmerleinstag gewartet hätte.

Im Juni 2003, einen Tag, nachdem ich aus St. Petersburg anlässlich der Wiedereröffnung des Bernsteinzimmers im Rahmen der 300-Jahr-Feier der Stadt zurückgekommen war, musste ich meinem 75-jährigen Patienten Recht geben, der sagte: »Ich bin froh um jede weite Reise, die ich in jüngeren Jahren gemacht habe. Heute würde es mir körperlich zu mühsam sein und auch zu viele Schmerzen bereiten.«

Und nicht zuletzt gewinnt das Lied der Gruppe »Geier Sturzflug« aus dem Jahr 1983 anlässlich der jüngsten Ereignisse der Weltgeschichte wieder hohe Aktualität, wenn es um das Thema aufgeschobener Lebensträume geht: »Besuchen Sie Europa, solange es noch steht.« Das World Trade Center in New York jedenfalls steht seit dem 11. September 2001 schon nicht mehr und viele Südsee-Inseln sind durch den steigenden Meeresspiegel vom Untergang bedroht.

Oder lassen Sie sich von Mark Twain ermutigen, Ihre Träume zu verwirklichen: »In 20 Jahren wirst Du größere Enttäuschung spüren über das, was Du versäumt hast, als über das, was Du getan hast. Mach die Leinen los. Verlasse den sicheren Hafen. Fang den Passatwind in Deinen Segeln. Erforsche. Träume. Entdecke.«

3. Was ich mir heute Gutes tue (**Kunst, Kultur, Erotik, Experimente**)
Dieser Punkt drei aus den Top Ten der Selbstfürsorge kann jenseits unserer Überlegungen, die wir in den vorangegangenen Ausführungen zum Zeitmanagement bereits angestellt haben, gar nicht genügend betont werden.

Selbstfürsorge bedeutet vor allem, sich auf liebevolle Art und Weise alles erdenklich Gute zu tun: Singen Sie in der Dusche. Vielleicht haben Sie auf der Fahrt nach Hause nach einer Biegung auf der Landstraße einen unerwarteten Blick auf die untergehende Sonne. Genießen Sie den Sonnenuntergang, der sich Ihnen als Feierabendgeschenk anbietet. Nehmen Sie sich einige Minuten, diese friedvolle Stimmung in sich aufzunehmen. Genießen Sie das gute Gefühl, die Zeit anzuhalten.

- Gönnen Sie sich das Gefühl, der Bedienung ein großzügiges Trinkgeld gegeben zu haben.
- Lernen Sie neue Freunde kennen und pflegen Sie den Kontakt zu Ihren alten Freunden.
- Benutzen Sie ab und zu das gute Geschirr und das Tafelsilber, einfach so während der Woche.
- Spielen Sie mit Ihrem Hund oder Ihrer Katze.
- Gehen Sie mit Ihrer besten Freundin ins Kino.
- Besuchen Sie mal wieder ein Fußballspiel Ihrer Lieblingsmannschaft.
- Gehen Sie einfach heute Abend mal wieder in die Disco.
- Lachen Sie Psychostress ab, so oft es Ihnen möglich ist.

- Thomas Syndenham, der englische Hippokrates des 17. Jahrhunderts (1624–1689), ließ jedenfalls keine Gelegenheit aus, sich von den Clowns seiner Zeit zum Lachen bringen zu lassen. Sein legendärer Ausspruch: »Die Ankunft eines guten Clowns ist für die Gesundheit einer ganzen Stadt segensreicher als dreißig mit Medikamenten beladene Esel.«
- Singen Sie in einem Chor Ihrer Wahl.
- Besuchen Sie ein Konzert.
- Stöbern Sie im Antiquariat.
- Schlendern Sie über den Flohmarkt.
- Gehen Sie zu einer Vernissage.
- Besuchen Sie einen Kurs an der Volkshochschule.
- Oder wenn Sie es noch spannender haben wollen, buchen Sie ein Seminar zum Thema Lebenskunst, Vision und Bewusstsein, bei dem es Ihnen schon bei der Anmeldung im Bauch kribbelt. Seminare, die Ihnen nicht Erleuchtung, Liebe und den immerwährenden Orgasmus versprechen, aber sehr wohl Zunahme an Lebensfreude, Sinnlichkeit und Weisheit in den täglichen Entscheidungen.
- Wenn Sie bereits dreimal im Urlaub auf Mallorca waren, Teneriffa, Rhodos, Ibiza und die Strände von Portugal schon kennen, lohnt es sich Ausschau zu halten nach Angeboten zur Verführung zur Lebenskunst, etwa nach Anbietern von ganzheitlichen Reisen und essenziellen Seminaren an besonderen Orten.
Doch bedenken Sie: »Wenn man die Nase voll hat von Kategorien wie schneller, höher, weiter, reicher im *Weltlichen*, kann es passieren, dass man diesen Ehrgeiz auf im weitesten Sinne *spirituelle* Dimensionen überträgt. Dann will man plötzlich nicht mehr unbedingt reich und mächtig, sondern vielleicht mindestens erleuchtet oder eben ein besonders guter Mensch *werden*. Doch alles, was wir versuchen zu *werden*, liegt außerhalb von uns und entfernt uns von dem, was in jedem einzelnen von uns angelegt ist und was wir als unser authentisches Selbst bezeichnen könnten« (ZIST-Newsletter, 5.11.2017, S. 1). Letztendlich geht es jedoch genau um dieses authentische Selbst. Ihre Aufmerksamkeit bei der Auswahl von Angeboten sollte deshalb darauf gerichtet sein, Erfahrungsräume und Angebote zu finden, die es Ihnen erlauben, sich selbst anzunehmen, und Ihnen Gelegenheit geben, Zeit und Raum zu haben, um die Entfaltung Ihres ureigenen Potenzials zu erkunden und zu unterstützen.
- Genießen Sie Ihre Sinnlichkeit: sehen, hören, riechen, schmecken, tasten, spüren.
- Machen Sie einmal im Monat etwas, was Sie noch nie zuvor gemacht haben.
- Pflanzen Sie einen Baum an Ihrem Geburtstag.

Jean Paul beschreibt diese Fähigkeit, sich jeden Tag etwas Gutes zu tun, liebevoll in seinem Roman »Leben des vergnügten Schulmeisterlein Maria Wutz in Auenthal«:

> »Und, wenn er nach einem schweren Tag die ausgetretenen Stufen zu seiner Kammer nach oben stieg, zog er seinen Gehrock aus, legte sein Nachthemd an, zog die Schlafmütze auf, kuschelte sich in sein Bett und sagte zu sich selbst: ›Siehste, nun ist es doch vorbei.‹ Eine andere Art, mit dem Leben gut umzugehen, bestand darin, sich etwas besonders Gutes für den nächsten Morgen aufzubewahren, seien es ein paar besonders spannende Seiten aus Robinson Crusoe oder ein Stück Marmorkuchen.«

So jedenfalls glaubte ich es aus meiner Schulzeit in Erinnerung zu haben. Da mich nun aber in den Tagen, nach denen ich diese Zeilen mutig in absoluter innerer Überzeugung geschrieben hatte, doch der Zweifel heimsuchte, schaute ich noch einmal direkt bei Jean Paul nach ... – und siehe da, das Original lautet noch schöner:

> »Bloß dem Schulmeisterlein hatte diese Kreuzschule wenig an; den ganzen Tag freute er sich auf oder über etwas. ›Vor dem Aufstehen‹, sagt er, ›freu ich mich auf das Frühstück, den ganzen Vormittag aufs Mittagessen, zur Vesperzeit aufs Vesperbrot und abends aufs Nachtbrot – und so hat der Alumnus Wutz sich stets auf etwas zu spitzen.‹ ...
>
> ›Abends‹, dacht er' lieg ich auf alle Fälle, sie mögen mich den ganzen Tag zwicken und hetzen, wie sie wollen, unter meiner warmen Zudeck und drücke die Nase ruhig ans Kopfkissen, acht Stunden lang.' – Und kroch er endlich in der letzten Stunde eines solchen Leidenstages unter sein Oberbett: so schüttelte er sich darin, krempte sich mit den Knien bis an den Nabel zusammen und sagte zu sich: ›Siehst du, Wutz, es ist doch vorbei‹.
>
> Ein anderer Paragraph aus der Wutzischen Kunst, stets fröhlich zu sein, war sein zweiter Pfiff, stets fröhlich aufzuwachen – und um dies zu können, bedient' er sich eines dritten und hob immer vom Tage vorher etwas Angenehmes für den Morgen auf, entweder gebackene Klöße oder ebensoviel äußerst gefährliche Blätter aus dem Robinson – der war ihm lieber als Homer – oder auch junge Vögel oder junge Pflanzen, an denen er am Morgen nachzusehen hatte, wie nachts Federn und Blätter gewachsen.
>
> Den dritten und vielleicht durchdachtesten Paragraphen seiner Kunst fröhlich zu sein, arbeitete er erst aus, da er Sekundaner ward: er wurde verliebt.« (Jean Paul, 1763–1825, zitiert aus dem insel taschenbuch 1685, 1995, S. 21–22)

Das alte Sprichwort »Erst die Arbeit, dann das Spiel« scheint wirklich nicht sehr sinnvoll zu sein. Wenn die Arbeit immer mehr wird, bleibt zum Spielen meist keine Zeit mehr. Doch wer nicht genießt, wird ungenießbar – hier gebe ich Konstantin Wecker uneingeschränkt recht. Sie selbst müssen sich die Erlaubnis geben zum Genießen. Je mehr Sie hart arbeiten, für Ihre Patienten das Beste zu geben bemüht sind, umso mehr wird es zu einer *Not-Wendigkeit,* sich selbst Gutes zu tun.

Burnout entsteht, wenn Helfer und Patient am Ende einer Interaktion den »Telefonhörer« nicht auflegen. Meiner Meinung nach ist dies ein wichtiger Punkt der Selbstfürsorge. Bemühen Sie sich, jede hilfreiche Begegnung mit dem Patienten so zu beenden, dass beide ohne »Energiehäkchen« von dannen gehen können. So vermeiden Sie auch jede ungesunde Form der Infantilisierung des Patienten, wenn Sie ihn nach jeder angemessenen Intervention wieder in seine Eigenverantwortlichkeit entlassen und auch selbst innerlich völlig loslassen können.

Nach Burisch (2010) ist aus der Fülle aller bekannten Burnout-Symptome die Unfähigkeit, nach der Arbeit nicht mehr abschalten zu können, ein Warnsignal allererster Güte.

Wenn Sie berufliches Burnout als Helfer vermeiden wollen, ist es unabdingbar, dass Sie sich in dieser professionellen Gelassenheit zusätzlich ein ausreichendes Maß an täglichen, unbeschwerten Zufriedenheitserlebnissen gönnen.

Kunst, Kultur, Erotik, Experimente!

Lassen Sie den Homo Ludens, den sinnlich spielerischen Anteil in sich, nicht zu kurz kommen. Ihr eigenes inneres Kind braucht Ihre liebevolle Zuwendung. Auch heute.

Übung 24

Ihre persönlichen Zufriedenheitserlebnisse

Erstellen Sie sich hier Ihre ganz persönliche Wohlfühl-Liste, Ihre ganz persönliche Top-Ten-Genussliste. Vergessen Sie dabei nicht die ganz kleinen Dinge des alltäglichen Lebens.

(z. B. etwas mit Freunden unternehmen; Zärtlichkeiten austauschen; gemütlich faulenzen ...)

Dies ist meine ganz persönliche Was-mir-richtig-gut-tut-Liste
Woran ich Spaß habe, was mir gut tut, was mir Zufriedenheitserlebnisse gibt, ist:

1 _____

2 _____

3 _____

4 _____

5 _____

6 _____

7 _____

8 _____

9 _____

10 _____

4. Meinen Körper pflegen und trainieren

Wir haben nicht nur einen Körper, zuallererst sind wir unser Körper. Sicherlich sind wir weit mehr, aber zuallererst sind wir unser Körper. Wenn Sie auf nicht liebevolle Art und Weise mit Ihrem Körper umgehen, ist das gleichbedeutend damit, nicht sehr liebevoll sich selbst gegenüber zu sein. Experimentieren Sie. Finden Sie heraus, was Ihnen wirklich Spaß macht. Sei es nun Joggen, Fahrradfahren, Schwimmen, Nordic-Walking, lange Spaziergänge, Wandern, Klettern, Übungen an Geräten, Fußballspielen, Handballspielen, Volleyballspielen, Basketballspielen, Reiten, Yoga, Tai-Chi, Tanzen, Sauna, Massage, Kosmetik, das genüssliche Entspannungsbad oder, oder, oder.

Was immer Ihnen hilft, sich in Ihrem Körper und mit Ihrem Körper wohlzufühlen, vertieft die Grundlage entspannter Interaktionen mit Ihren Patienten.

In den Worten des Philosophen W. Schmid klingt das so: »... sich selbst die Aufmerksamkeit zu widmen, derer man bedarf; achtsam zu sein, ein pflegliches Verhältnis zu sich selbst zu begründen und die Selbstfreundschaft zu suchen, um so den inneren Zusammenhalt zu stärken, der auch äußerlich das Selbst zu tragen vermag« (Schmid, 2000, S. 145).

Ein paar Seiten später führt er weiter aus: »Die Körperkultur, mit deren Hilfe die Pflege der Seele möglich ist, könnte eine Kunst der Berührung umfassen. Die Berührung dient dazu, körperliche und, zugleich damit, seelische Energie zu aktivieren und in Bewegung zu halten, ein Element der Gesundheit und des Wohlbefindens, das demjenigen der fünf Sinne zu verdanken ist, der durch die Haut geht« (Schmid, 2000, S. 149).

Auf empirischer wissenschaftlicher Ebene lieferten Turner und seine Kollegen 1999 den Nachweis darüber, dass bei Frauen nach einer angenehmen Massage der Plasmaoxytocin-Spiegel deutlich erhöht war. Oxytocin wird in neuesten psychobiologischen Forschungen in direkten Zusammenhang gebracht mit einer Zunahme an sozial-fürsorglichem Verhalten und einer Abnahme von Angst und Stress (Heinrichs, Baumgärtner, Kirschbaum & Ehlert, 2003; Heinrichs, Dawans & Domes, 2009).

Vielleicht sind es genau diese Auswirkungen, die das zunehmend große Interesse erklären, das in den letzten Jahren für ayurvedische Massagen zu beobachten ist. Mit warmem Öl massieren hier traditionell zwei Therapeuten gleichzeitig den Patienten. Vierhändige Synchronmassage mit speziell ausgewählten Ölen zur Aktivierung der fünf Millionen Nervenenden der Haut – für viele die Möglichkeit der Erfahrung von Wellness pur.

5. Eigenes soziales Netzwerk pflegen

Die klassischen Gesundheitsrisikofaktoren sind bekannt: Übergewicht, Bewegungsmangel und Alltagsdrogen. In mehreren Studien wurde jedoch der Faktor der sozialen Isolation als ein weiterer, äußerst bedeutsamer Risikofaktor für körperliche und seelische Gesundheit beschrieben. In einer dieser Studien wurde zum Beispiel an der Universität Göteborg festgestellt, dass in einem sieben Jahre umfassenden

Beobachtungszeitraum beruflich stark belastete Führungskräfte, die über ein gut funktionierendes soziales Netzwerk verfügten, zwei Drittel weniger Herzinfarkte, Bluthochdruckkrisen und Gefäßerkrankungen erlitten im Vergleich zu ihren sozial isolierten Kollegen.

Der Kollege Konrad Reschke aus Leipzig beschreibt liebevoll, wie es zu dem Begriff des sozialen Netzwerks gekommen ist. Er schreibt:

> »Wenn wir die Spuren der Geschichte des Netzwerkbegriffes zurückverfolgen, werden wir in den kleinen norwegischen Kirchensprengel Bremnes geführt, in dem der Anthropologe John Barnes mit einer Gemeindestudie befasst war.
>
> Es ist in den frühen 50er Jahren. John Barnes möchte als Anthropologe die innere soziale Struktur dieses kleinen Fischerdorfes herausfinden. Wie soll er das, was er gefunden hat, begrifflich abbilden? Man erzählt sich folgende Geschichte:
>
> In der Nachmittagssonne sitzt Barnes auf einem Dock, um ihn herum kleine Fischerboote, aus denen der Tagesfang ausgeladen wird. Ein Fischernetz wird ausgebreitet und aufgehängt. Als die Sonne durch die Muster von Knoten und Schnüren scheint, hatte der Anthropologe seine Metapher für die Symbolisierung der Beziehungsmuster, in die die Menschen in einer lokalen, kleinen Gemeinde eingebunden sind.
>
> Die Vorstellung, Menschen und ihre sozialen Beziehungen zueinander als netzähnlich zu betrachten, ist von bemerkenswerter Schlichtheit: Menschen werden mit Knoten gleichgesetzt, die durch Linien oder Bänder mit anderen Menschen, die ihrerseits Knoten darstellen, in Verbindung stehen.« (Reschke & Schröder, 1994, S. 106)

Ausgehend von dieser Grundüberlegung zum sozialen Netzwerk hat Reschke eine Matrix erstellt, in der es jedem möglich ist, sich einen schnellen Überblick zu verschaffen, wie sein derzeitiges soziales Netzwerk aussieht (nach Reschke et al., 1994, S. 107).

Übung 25

Ihr persönliches soziales Netzwerk

Soziale Unterstützung mindert Belastung und Stress. Ihr soziales Netzwerk bedarf aber auch immer wieder der aktiven Pflege, um für alle Beteiligten nährend zu bleiben.

Nehmen Sie sich deshalb jetzt das Arbeitsblatt auf der nächsten Seite und gönnen Sie sich die Zeit, sich Ihres eigenen sozialen Netzwerks bewusst zu werden. Tragen Sie von all den Menschen, die Ihnen lieb und wert sind, am besten jeweils die Namen mit der dazugehörigen Telefonnummer in die entsprechenden Quadranten ein.

Betrachten Sie in aller Ruhe Ihr eigenes soziales Netzwerk, damit Sie sehen können, wo Sie Erweiterungen oder Veränderungen vornehmen möchten.

Mit wem wünschen Sie sich in der nächsten Zeit mehr Kontakt?

In der nächsten Zeit wünsche ich mir mehr Kontakt mit:

1 _____

2 _____

3 _____

Wen möchten Sie heute noch anrufen?

Ich möchte heute noch anrufen:

1 _____

2 _____

3 _____

4 Rezeptsammlung – das Beste aus Theorie und Praxis

In dieser Darstellung sehen wir, dass unser soziales Netzwerk grundlegend aus Kontakten mit Freunden, Kollegen, Nachbarn und Verwandten besteht. In diesen vier Basisbereichen sozialer Interaktionen lassen sich wiederum leicht drei Ebenen festlegen: Rand, Mitte, Kernbereich.

Freunde im äußeren Bereich würde man eher Bekannte nennen. Auch eher lose Bekanntschaften können in dieses Feld eingetragen werden, z. B. der vertraute Kellner, der unser Lieblingsgetränk und unsere Lieblingsspeise innerlich gespeichert hat und unsere Bestellung schon beim Eintritt mit einem herzlich strahlenden »Wie immer?« aufnimmt.

Im mittleren Bereich finden wir dann die Menschen, die wir als gute Freunde bezeichnen, während der Kernbereich dem Busenfreund, der Busenfreundin vorbehalten ist. Die Freunde, von denen wir wissen, dass wir sie nachts um drei Uhr anrufen können, wenn sich irgendetwas Wichtiges in unserem Leben ereignet hat, sind in diesem Kernbereich angesiedelt.

Betrachten wir den Bereich der Kollegen, so haben wir auch hier die Dreiteilung: der Bereich der Kollegen, mit denen Sie zusammen am Arbeitsplatz Ihre Arbeitszeit verbringen. Im mittleren Bereich diejenigen, mit denen Sie es genießen, in der Kaffeepause zu entspannen. Im innersten Bereich schließlich diejenigen, mit denen Sie gemeinsam Sport treiben, möglicherweise in Urlaub fahren, kurz, zu denen eine Freundschaft besteht.

Für den Bereich der Nachbarn gilt Vergleichbares: Diejenigen, die in Ihrer Nachbarschaft wohnen, denen Sie freundlich zugewandt sind, sind im äußeren Bereich angesiedelt. Nachbarn, bei denen Sie öfters mal zum Gartenfest eingeladen sind und die bei Ihnen zur Grillparty vorbeikommen, gehören dem mittleren Bereich an. Und letztlich die Nachbarn, von deren Wohnung Sie die Schlüssel haben, die Ihren Hund in Pflege nehmen, gehören Ihrem innersten Bereich nachbarschaftlicher Kontakte an. Diese Ebene von Nachbarschaft verdient wiederum bereits den Namen Freundschaft.

Richten wir zum Schluss dieser Analyse unseren Blick auf den Bereich der Verwandtschaft. Diejenigen, die Sie bei familiären Großveranstaltungen treffen, also bei Hochzeit, Taufe, Konfirmation oder Kommunion, gehören zu Ihrem Verwandtschaftsaußenbereich. Tante Frieda und Onkel Leonhard, die Sie ganz gerne an Wochenenden besuchen, finden sich in der Mitte Ihres Verwandtschaftsfeldes. Ihr Mann, Ihre Frau, Ihr Kind, Ihre Eltern, Ihre Geschwister, also all diejenigen, die Sie nachts um drei Uhr anrufen können, wenn es notwendig ist, könnten den Kern Ihres familiären Netzwerks bilden.

Ich persönlich kenne niemanden, der in allen vier Bereichen alle drei Felder gleich dicht belegt hat. In manchen Familien gab es nach den Erbstreitigkeiten ein so tiefes Zerwürfnis, dass ein Verlust aller verwandtschaftlichen Beziehungen in diesem Arbeitsblatt sichtbar wird. Manch einer von Ihnen lebt vielleicht in einem Hochhaus, in dem kaum einer weiß, wie der nächste Nachbar heißt. Andere haben Arbeitsplatzsituationen, in denen Kampf und Mobbing das Alltagsleben bestimmen und jeder mit jedem auf Kriegsfuß steht. Und wiederum andere haben es im Bereich der Freundschaft durch berufliches Überengagement fertiggebracht, dass keiner der früheren Freunde mehr anruft, weil die stereotype Antwort auf Einladungen zu gemeinsamen Unternehmungen war: »Oh, ich kann leider nicht.« In kürzester Zeit kann es so zu sozialer Isolation kommen.

Doch auch vorhandene, dicht geknüpfte soziale Netzwerke sind ein lebendiges Gewebe, das ständiger Pflege bedarf. Das Tragische liegt oftmals darin, dass wir von unserem besten Freund annehmen, ihn nicht anrufen zu müssen, weil er ja am besten versteht, dass wir keine Zeit haben. Stattdessen verbringen wir unsere Zeit mit Menschen, die uns weniger nahestehen, weil wir glauben, dazu verpflichtet zu sein. Das Bild vom »Beziehungskonto« kann uns hier helfen, wach zu bleiben. Soziale Beziehungen bedürfen immer wieder erneuter »Einzahlungen« in Form von Gesprächen, gemeinsamen Unternehmungen, gegenseitigen Hilfestellungen. Auf der anderen Seite sind Abbuchungen von diesem Beziehungskonto nahezu unvermeidbar: längere Zeit nichts von sich hören zu lassen, ein vergessener Geburtstag, ein nicht eingehaltenes Versprechen oder einfach nur eine achtlose Bemerkung.

Beherzigen Sie den Rat von Denny Yuson-Sánchez: »Make love visible« – zeigen Sie den Menschen, die Sie mögen, Ihre Zuneigung. Teilen Sie Ihnen mit, was Sie beschäftigt, hören Sie zu, was den anderen beschäftigt. Verbringen Sie Zeit miteinander. »Hanging out with friends …«– das Bild von gemütlich auf der Wäscheleine nebeneinander hängenden Wäschestücken, die genüsslich im warmen Wind baumeln.

Die Forschungsgruppe um die Professorin Ulrike Ehlert von der Universität Zürich, Abteilung klinische Psychologie, hat im September 2003 beeindruckende Forschungsergebnisse zum Thema soziale Unterstützung vorgelegt. Auf der Verhaltenstherapiewoche in Freiburg berichtete aus dieser Forschungsgruppe Markus Heinrichs darüber, wie soziale Unterstützung psychosozialen Stress nachweislich reduzieren kann. 37 gesunde Männer wurden dem Trierer Sozialen Stresstest (TSST) ausgesetzt. Ein Teil der Versuchspersonen war vor dieser experimentell ausgelösten Stresssituation ohne soziale Unterstützung. Die Stresssituation bestand darin, einen öffentlichen Vortrag zu halten und vor einem Publikum öffentlich Kopfrechenaufgaben zu lösen. Nach der Stresssituation zeigten sie einen deutlichen Anstieg des freien Cortisols im Speichel. Freies Cortisol im Speichel gilt als direkter biologischer Indikator für Stress. Eine besonders hohe Konzentration weist auf eine besonders intensive Stressreaktion hin.

Die Versuchspersonen, die Gelegenheit hatten, zehn Minuten vor dem stressauslösenden Experiment soziale Unterstützung zu erfahren, zeigten einen signifikant niedrigeren Anstieg dieser körperlichen Stressreaktion. Bei den Personen ohne soziale Unterstützung stieg das Cortisol im Speichel um 15,1 nmol/l an. Die Personen, die zehn Minuten vor der Stresssituation mit einem für sie wichtigen Menschen zusammen sein konnten, also mit ihrem besten Freund oder ihrer besten Freundin die Vorbereitungszeit verbrachten und somit gestärkt durch die soziale Unterstützung in die Stresssituation hineingehen konnten, hatten nur einen Anstieg von 3,6 nmol/l (Heinrichs, 2003). Also viermal weniger Stress in der gleichen belastenden Situation mit einem guten Freund an der Seite!

John Lennon und Paul McCartney hatten es bereits intuitiv vollkommen richtig erfasst, als sie den Titel für die Beatles schrieben, den Joe Cocker Jahre später noch einmal um die Welt gehen ließ:

With A Little Help From My Friends

»I get by with a little help from my friends.
I get high with a little help from my friends.
Going to try with a little help from my friends.«
(Ich schaffe es mit ein bisschen Hilfe meiner Freunde.
Ich werde high, komme also richtig gut drauf,
mit ein bisschen Hilfe meiner Freunde.
Ich werde es versuchen mit ein bisschen Hilfe meiner Freunde)
– Übers. des Autors.

Aktuell verfügbare, instrumentelle und emotionelle soziale Unterstützung wurde neben der eingangs schon erwähnten Göteborg-Studie auch noch in einer Vielzahl weiterer Studien als machtvoller Anti-Stressfaktor bestätigt. Uchino und Garvey berichten 1997 über nachweisbar verringerte Herzkreislauf-Reaktionen in akuten psychologischen Stresssituationen, sobald soziale Unterstützung zur Verfügung steht (Uchino & Garvey, 1997).

Evans und Steptoe wiesen 2001 den positiven Einfluss von sozialer Unterstützung am Arbeitsplatz auf Herzschlag und Cortisolausschüttung nach (Evans & Steptoe, 2001).

Guten Kontakt mit Ihren Kollegen zu haben, hilft Ihnen ganz wesentlich dabei, Ihren eigenen Stresspegel so gering wie möglich halten zu können. Pflegen Sie Ihr soziales Netzwerk zu Ihrem eigenen Nutzen und zum Nutzen all Ihrer Freunde und der Menschen, die Ihnen lieb und wert sind.

Ein guter Freund, der sich intensiv mit vedischer Literatur beschäftigt hat, berichtete mir, dass er sein Arbeitsblatt auf das Format Din A3 hochkopiert hatte, um all die Namen der Menschen aufzuschreiben, denen er sich verbunden fühlt. Er sagte: »Als ich all diese vielen Namen vor mir auf dem Blatt sah, kam mir wieder eine Formulierung in den Sinn, die ich vor langer Zeit einmal in den Veden gelesen hatte: Vasudhaiva Kutumbakam – und ich hatte das Gefühl, ja, es stimmt: Die Welt ist meine Familie.«

6. Andere um Rat fragen

Sind Sie sich Ihres sozialen Netzwerks bewusst, sollten Sie nicht zögern, sich mit den Menschen, die Ihnen sehr nahestehen, auszutauschen über das, was Sie beschäftigt. Fragen Sie diese Menschen um Rat.

Sie wissen: Wir alle sind die besten Problemlöser, wenn es um die Probleme anderer Leute geht.

Storch und Tschacher (2016, S. 153–158) haben hierzu noch einen ganz besonders pragmatischen Rat, der den Kreis der Ratgeber beträchtlich erweitern kann. Diese Technik des Um-Rat-Bittens wird von ihnen »Ideenkorb« genannt und geht auf die Arbeiten von Storch und Krause (2014) zurück.

Wenn Sie also an einem für Sie im Moment nicht leicht lösbaren persönlichen Problem arbeiten, sich selbst aber nicht als die »Problem besitzende Person« outen möchten, können Sie den Kreis der Ratgebenden folgendermaßen erweitern:

Sie können die von Ihnen ausgewählten Ideengeber um Ideenvorschläge zur Lösung bitten, indem Sie etwa sagen: »Ein guter Freund/Bekannter/Kollege von mir hat zurzeit folgende Situation: ... und hat keine Ahnung, wie er damit umgehen soll ...«

Die Wahrscheinlichkeit ist nun hoch, dass der oder die Angesprochene antwortet: »An seiner Stelle würde ich Folgendes probieren ...«

Voilá ...

Die erste gute Idee ist somit im Ideenkorb gelandet.

Auf diese oder eben auch die direkte Weise »Ich tue mich schwer mit ... und sammle gerade Lösungsideen für meinen Ideenkorb, was wäre Deine Idee für ...?«

Der Vorteil der Metapher »Ideenkorb« liegt auf der Hand:

Ich habe zusätzlich zu meinem Problem nicht auch noch das Problem, dass Ideengeber mir böse sind, wenn ich ihre gute Idee nicht sofort annehme und umsetze: »Was fragst Du mich dann überhaupt, wenn Du es doch nicht umsetzen willst?«

Ideen können einfach gesammelt und hinterher nach der eigenen Stimmigkeit unter Beachtung der somatischen Marker ausgewählt werden. In den Originalworten von Storch und Tschacher hört sich das so an:

> »Drittens erfolgt die Auswahl aus dem Ideenkorb unter dem Embodiment-Aspekt, und zwar mit Hilfe der somato-affektiven Signale des unbewussten Selbst. Ausgewählt werden die Ideen aus dem Korb von der Zielperson selbst, indem sie jede einzelne Idee anhand des Kriteriums der Affektbilanz von 0 minus und mindestens 70 plus bewertet. Die Auswertung erfolgt in einem getrennten Arbeitsschritt ohne die am Ideenkorb beteiligten Personen.« (Storch & Tschacher, 2016, S. 156)

Unter Affektbilanz wird dabei Folgendes verstanden: Jeder Lösungsvorschlag löst in einigen Aspekten eher ein negatives Gefühl aus. Auf einer gedanklichen Negativ-Skala, die von 0 bis 100 reicht, kann also etwa der Wert 30 erreicht werden. Andere Aspekte des gleichen Lösungsvorschlags lösen jedoch auf einer gedanklichen Positiv-Skala, die ebenfalls von 0 bis 100 reicht, einen positiven Affekt von 100 aus. Die Affektbilanz dieses Vorschlags wäre somit 100 minus 30 ergibt 70. Vorschläge, die abzüglich der negativen Gefühle ihm gegenüber bei oder über 70 liegen, sind demnach umsetzungswürdige Vorschläge.

7. Über eigene Sorgen und Probleme mit Vertrauten sprechen

Für alle Menschen, die als Helfer tätig sind, ist es geradezu eine Selbstverpflichtung, Menschen zu haben, mit denen sie offenherzig über alles sprechen können, was sie belastet. Sprechen Sie über Ihre eigenen Sorgen und Probleme mit diesen Ihnen vertrauten Menschen aus dem Kernbereich Ihres sozialen Netzwerks.

With a little help from my friends ...

Anagarika Sujata formuliert es einfach und liebevoll: »Ein wahrer Segen ist ein Freund, mit dem wir uns offen und ehrlich austauschen können« (Sujata, 1998, S. 32).

8. Sich professionelle Hilfe rechtzeitig holen

Wenn Sie feststellen, dass Sie in einzelnen Situationen in Ihrem Leben auch mit der Hilfe von Freunden nicht weiterkommen, dann macht es Sinn, sich rechtzeitig professionelle Hilfe zu holen, beruflich und privat. Jeder Helfer, der seine Arbeit ernst nimmt, sollte auf den Vorteil regelmäßiger eigener Therapie und Selbsterfahrung sowie auf regelmäßige berufliche Supervision nicht verzichten.

Ein Seminarteilnehmer meinte einst kurz und bündig: »Ein Helfer, der sich nicht helfen lässt, dem ist nicht zu helfen und früher oder später wird er niemandem mehr helfen!«

Dem ist nichts hinzuzufügen.

9. Sich regelmäßig fortbilden

Die Erfahrung zeigt, dass diejenigen Helfer, die sich regelmäßig fortbilden, mit höherer Lebendigkeit, höherer Ausgeglichenheit und höherer Kompetenz in die tägliche Interaktion mit ihren Patienten gehen, mehr Spaß und Freude haben und sich weniger ausgebrannt fühlen. Regelmäßige berufliche Fortbildung hilft Ihnen dabei, den Spaß bei der Arbeit nicht zu verlieren und erfolgreicher zu arbeiten.

Während der Verhaltenstherapiewoche im September 2004 formulierte es eine Kollegin in der Pause am Büchertisch sehr sprühend für jeden, der es hören wollte, so: »Ich fühle mich gerade wie frisch gebadet in einem herrlich klaren Gebirgsbach neuer Erkenntnisse. Es tut mir so gut, den Praxisalltag ab und zu für ein paar Tage hinter mir zu lassen und zu erleben, dass sich die Psychotherapie weiterentwickelt. Ich glaube, ohne immer wieder neue Anregungen zu erhalten, würde es mir ansonsten bald aus den Ohren stauben. Das morphogenetische Feld, die Probleme, die Patienten ändern sich. Das, was gestern noch als unverzichtbarer Bestandteil der Therapie angesehen wurde, erweist sich heute als eher hinderlich, und vieles von dem, was gestern noch als nebensächlich galt, liegt heute im Zentrum der professionellen Aufmerksamkeit. Ja, ich genieße es hier zu sein und mich fortzubilden – obwohl ich inzwischen gesetzlich dazu verpflichtet bin ...[9]« (lacht schallend und ansteckend).

---

9 Psychotherapeuten und Ärzte, die über eine Kassenzulassung verfügen, sind in Deutschland gesetzlich dazu verpflichtet, mindestens 50 Stunden Fortbildung pro Jahr zu erbringen. Der Nachweis der 250 Stunden Fortbildung ist alle fünf Jahre für den zurückliegenden Fünfjahreszeitraum der Kassenärztlichen Vereinigung gegenüber zu erbringen.

4 Rezeptsammlung – das Beste aus Theorie und Praxis

Übung 26

Ihr persönlicher Fortbildungsplan

Welche Fortbildungen möchten Sie sich in den nächsten Wochen, Monaten, auf jeden Fall in diesem Jahr noch gönnen?

Erstellen Sie sich Ihren persönlichen Fortbildungsplan für dieses Jahr. Ihr Jahresplaner wartet im Anhang geduldig auf die verbindlichen Eintragungen Ihrer Fortbildungsplanung.

Meine Fortbildungen

1. Datum: _____ Uhrzeit: _____ Ort: _____

   Thema: _____

2. Datum: _____ Uhrzeit: _____ Ort: _____

   Thema: _____

3. Datum: _____ Uhrzeit: _____ Ort: _____

   Thema: _____

Folgende Fachliteratur werde ich als Nächstes lesen:
(z. B. 1. Manfred Prior: MiniMax-Interventionen; 2. …)

1. Autor: _____ Titel: _____

2. Autor: _____ Titel: _____

3. Autor: _____ Titel: _____

10. Neugier und Offenheit für neue Erfahrungen beibehalten
Wenn Sie das Ziel haben, ein hohes Alter in körperlicher und geistiger Gesundheit zu erreichen, dann lohnt es sich, Neugier und Offenheit für neue Erfahrungen beizubehalten oder wieder neu zu entwickeln. Neotenie, wie der Fachbegriff heißt, also genau diese Neugier und Offenheit für neue Erfahrungen, hat sich als ein wesentlicher Faktor für Langlebigkeit und Gesundheit bis ins hohe Lebensalter erwiesen. Wenn Sie also wirklich gut für sich selbst sorgen möchten, um anderen ein guter Helfer sein zu können, bewahren Sie sich Ihre kindliche Neugier und die Offenheit, sich immer wieder auf den Fluss des Lebens einzulassen, um, wie es Hermann Hesse schön formuliert, »heiter Raum um Raum durchschreitend« neue Lebensräume zu betreten. Ein Leben, entspannt im Hier und Jetzt, getragen von Bewusstheit, Verständnis und Selbstfürsorge.

Zum Abschluss

So gerne ich Bücher lese, mich Seite um Seite voranzuarbeiten bereit bin, am Ende eines jeden Buches bleibt mir oft ein Gefühl des Bedauerns zurück, die Welt der Gedanken und Anleitungen des Autors wieder verlassen zu müssen, die ich für mehr oder weniger viele Seiten lang betreten durfte.

Gleichzeitig freue ich mich aber auch jedes Mal darauf, das neu erworbene Wissen, die neuen Sichtweisen, im Alltag zur Anwendung zu bringen.

Auch Auch Auch

Ich wünsche Ihnen und Ihrem inneren Team in Ihrem beruflichen Alltag als Helfer viele erfüllende, hilfreiche Interaktionen mit der Vielfalt der Personen, die jeder Patient in die Begegnungen mit Ihnen mitbringt.

Mögen Ihre tiefsten Wünsche in Erfüllung gehen:

Working with people for a better world!

Zugabe – Fragebogen zur Selbstsupervision

Kein gutes Konzert ohne Zugabe!

Als Zugabe von mir an all diejenigen von Ihnen, die es gerne ganz konkret und direkt für die Praxis anwendbar haben möchten, um sich den größtmöglichen Nutzen aus diesem Buch zu erschließen, hier zum Abschluss des Abschlusses noch einen Fragebogen zur Selbstsupervision.

Wenn Sie Ihren nächsten Patienten als schwirig erleben, hilft Ihnen dieser Fragebogen dabei, schnell Klarheit zu bekommen und wieder leichter mit diesem Patienten arbeiten zu können.

In diesem Selbst-Supervisions-Fragebogen habe ich für Sie die wichtigsten Faktoren zusammengefasst, um so schnell wie möglich aus einem »schwierigen Patienten« wieder einen Menschen zu machen, dem Sie achtsam und mit erneuter Leichtigkeit des Herzens begegnen können.

Ihnen das Beste
aus der Stille des herbstgoldenen Kurparks in Bad Steben im Oktober 2024
Gert Kowarowsky

Selbst-Supervisions-Fragebogen (SSF)*

Name des Patienten _____

Teil I: Der Patient im Brennpunkt

1. Für mich problematische Teilpersönlichkeit(en) des Patienten:
   (z. B. P1: der Arrogante, P2: der alte Stinker, P3: ...)

   P1: _____

   P2: _____

   P3: _____

2. Für mich problematische konkrete Verhaltensweisen des Patienten:
   (z. B. Handlung H1: Er jammert, H2: Er putzt sich nicht die Zähne, H3:...)

   H1: _____

   H2: _____

   H3: _____

3. Für mich sympathische Persönlichkeitsanteile des Patienten:
   (z. B. P1: der PC-Freak, P2: der Spaßvogel, P3: ...)

   P1: _____

   P2: _____

   P3: _____

4. Für mich angenehme konkrete Verhaltensweisen des Patienten:
   (z. B. Handlung H1: Er grüßt freundlich, H2: Er wartet, ohne zu murren, H3:...)

   H1: _____

   H2: _____

   H3: _____

---

* Vgl. Auswertungshilfen und Kommentare zum SSF, S. 209–212

5. Meine Hypothesen über die problematischen Motive des Patienten:
   (z. B. Motiv M1: Er will Rente, M2: Er will mich ärgern, M3: ...)

   M1: _____

   M2: _____

   M3: _____

6. Ist es wahr, dass dieses Motiv tatsächlich hinter seinem Verhalten steht? Welche anderen Beweggründe für sein Verhalten wären denkbar?
   (z. B. Motiv M1: Er will seine Angst nicht zeigen, M2: Er will alles richtig machen, M3: ...)

   M1 alternativ: _____

   M2 alternativ: _____

   M3 alternativ: _____

7. Für mich wahrnehmbare oder mir bekannte problematische situative Faktoren des Patienten:
   (z. B. situativer Faktor S1: Er hat noch keinen Besuch bekommen, S2: Er ist arbeitslos, S3: ...)

   S1: _____

   S2: _____

   S3: _____

8. Ist mir bekannt, an welche bedeutsame Person in seinem Leben ich den Patienten erinnere?

   ○ Nein   ○ Ja, und zwar an _____

9. Ich glaube, der Patient empfindet mir gegenüber am stärksten das Gefühl:
   (z. B. Angst, Wut, Neid, Scham, ...)

   _____

10. Welches Gefühl empfinde ich dem Patienten gegenüber am stärksten, ohne dafür einen unmittelbaren Auslöser erkennen zu können?
    (z. B. Zuneigung, Ärger, Ungeduld, ...)

    Ich empfinde dem Patienten gegenüber besonders stark das Gefühl:

    _____

Teil II: Meine eigene Person im Brennpunkt

1. Welche meiner Persönlichkeitsanteile sind für den Patienten schwierig?
   (z. B. Persönlichkeitsanteil P1: die Autorität im weißen Kittel, P2: der jugendliche Sportler, P3: ...)

   Ich glaube, für den Patienten ist an mir schwierig:

   P1: _____

   P2: _____

   P3: _____

2. Welche meiner konkreten Verhaltensweisen sind für den Patienten schwierig?
   (z. B. Handlung H1: Ich öffne die Patientenzimmertür ohne anzuklopfen, H2: Ich rede zu laut, H3: ...)

   Ich glaube, für den Patienten ist folgendes konkrete Verhalten von mir schwierig:

   H1: _____

   H2: _____

   H3: _____

3. Welche meiner vermeintlichen Motive sind für den Patienten schwierig?
   (z. B. Motiv M1: Ich möchte ihm seine Rente ablehnen, M2: Ich denke nur an meinen Feierabend, M3: ...)

   Ich glaube, der Patient unterstellt mir die für ihn schwierigen Motive:

   M1: _____

   M2: _____

   M3: _____

4. Welche Motive habe ich diesem Patienten gegenüber tatsächlich?
   (z. B. Motiv M1: Ich möchte mehr Eigeninitiative von ihm sehen, M2: Ich möchte von ihm mehr Anerkennung, M3: ...)

   M1: _____

   M2: _____

   M3: _____

5. Welche situativen Aspekte sind für mich in der Begegnung mit dem Patienten schwierig?
   (z. B. Situationsfaktor S1: Ich habe heute sehr wenig Zeit für ihn, S2: Ich habe heute Nacht wenig geschlafen, S3: ...)

   S1: _____

   S2: _____

   S3: _____

6. An welche emotional bedeutsame, für mich problematische Person in meinem Leben erinnert mich der Patient?
   (z. B. Vater, Mutter, Lehrer, Geliebter, Unfallgegner, ...)

   Der Patient erinnert mich an:_____

7. Welches Gefühl empfinde ich ihm gegenüber am stärksten?
   (z. B. Ablehnung, Mitleid, Wut, ...)

   Am stärksten empfinde ich ihm gegenüber das Gefühl:

   _____

8. Sind mir Komplementärgefühle des Patienten zu meinem Hauptgefühl ihm gegenüber wahrnehmbar? *(z. B. Trauer, Furcht, Scham, ...)*

   Als Reaktion auf mein Gefühl ihm gegenüber beobachte ich am stärksten bei ihm das Gefühl:

   _____

9. Mein negativster Gedanke diesem Patienten gegenüber ist:
   (z. B. „So ein arroganter Affe, hält mich wohl für seinen Leibeigenen", ...)

   _____

10. Ist es wahr, was ich bei Punkt 9 denke?

    ○ Ja   ○ Nein

    (falls nein) Welcher Gedanke entspricht mehr der Wirklichkeit?
    Der Wirklichkeit entspricht mehr, dass _____

11. Ist der Gedanke aus Punkt 9 hilfreich, um ihn als weniger schwierigen Patienten zu erleben und die zwischen uns bestmögliche Interaktion und Kommunikation zu haben?

    ○ Ja   ○ Nein

    (falls nein) Welcher Gedanke ist hilfreicher?
    Hilfreicher zu denken ist _____

12. Meine rationale Alternative zu dem Gedanken aus Punkt 9 lautet:

13. Welchen zusätzlichen, rationalen, hilfreichen Gedanken möchte ich mir diesem Patienten gegenüber besonders ins Bewusstsein rufen?

    Diesem Patienten gegenüber möchte ich mir folgender Grundeinstellung ganz besonders bewusst sein:

    ○ Ich biete dem Patienten meine Hilfe an, der Patient muss diese Hilfe nicht annehmen.
    ○ Ich achte ihn als Person.
    ○ Er darf ängstlich, misstrauisch, ärgerlich, hoffnungslos, abweisend und uneinsichtig sein.
    ○ Ich erwarte nicht die Einsicht des Patienten in seine eigene Unzulänglichkeit.
    ○ Ich bin bereit, meine eigenen Grenzen und Unzulänglichkeiten zu erkennen und offen darüber zu kommunizieren.
    ○ Ich bin bereit, gangbare Wege zu gehen.
    ○ Ich bin bereit, relative Fortschritte anzuerkennen, weit entfernt vom Alles oder Nichts.
    ○ Ich bin bereit, mich auch zu erfreuen an: „Es ist besser als das letzte Mal."
    ○ Ich kann nicht allen widersprüchlichen Erwartungen gleichzeitig gerecht werden.
    ○ Ich beziehe klar Position: Ich will und werde die Antwort auf die folgenden Fragen für mich selbst entscheiden:

       1. Ich komme dem Patienten entgegen:
       2. Ich ziehe eine Grenze:
       3. Ich erwarte:

Manchmal kann es auch hilfreich sein, die Antwort auf diese letzten drei Fragen auszuformulieren:

1. Ich komme dem Patienten entgegen bei: *(z. B. seinem Wunsch nach mehr Information)*

   _____

2. Ich ziehe eine Grenze bei: *(z. B. seinem Anspruch, mich jederzeit sprechen zu können)*

   _____

3. Ich erwarte von ihm, dass er: *(z. B. sich an die Therapievereinbarungen hält)*

   _____

14. Welchen Aspekt der Selbstfürsorge muss ich verbessern, um mich selbst wieder wohler und zufriedener zu fühlen?

    Folgendem Bereich der Top Ten der Selbstfürsorge gebe ich ab jetzt mehr Aufmerksamkeit:

    - Tägliche Entspannung – Zeiten der Stille, Selbstrückbezug
    - Zeitplanung, persönliches Zeitmanagement
    - Was ich mir heute Gutes tue (Kunst, Kultur, Erotik, Experimente)
    - Meinen eigenen Körper pflegen und trainieren
    - Eigenes soziales Netzwerk pflegen
    - Andere um Rat fragen
    - Über eigene Sorgen und Probleme mit Vertrauten sprechen
    - Mir professionelle Hilfe rechtzeitig holen
    - Mich regelmäßig fortbilden
    - Neugier und Offenheit für neue Erfahrungen beibehalten

Ganz konkret mache ich heute für mich:

1. _____

2. _____

3. _____

Auswertungshilfen und Kommentare zum SSF

Teil I

Zu 1. und 2.
Handelt es sich bei diesen Persönlichkeitsaspekten und Verhaltensweisen um meine eigenen Disowned-Self-Anteile, Persönlichkeitsaspekte und Verhaltensweisen, die ich an mir selbst ablehne oder als nicht zu mir gehörig weit von mir weise?

Zu 3. und 4.
Ist es mir möglich, im Kontakt mit diesem Patienten meine Aufmerksamkeit vor allem auf diese Aspekte zu richten? Bin ich bereit, Detektiv zu spielen und den Patienten so oft wie möglich dabei zu »erwischen«, wie er das für mich angenehme Verhalten äußert und die mir angenehmen Teilpersönlichkeiten ans Steuer lässt (vgl. Schindler & Hahlweg, 1998)?

Zu 5. und 6.
Sie erinnern sich: »In der Begegnung mit dem Patienten reagieren wir natürlicherweise nicht nur auf seine offensichtlichen, wahrnehmbaren Äußerungen und Verhaltensweisen, sondern sehr oft viel intensiver auf die ihm dabei zu Recht oder Unrecht unterstellten Motive. Bleiben Sie sich jedoch bewusst, dass Sie zuallererst nur die Handlung des Patienten beobachten können.
Das Motiv, der Beweggrund des Handelns, ist bereits eine von uns eingeführte Annahme, die ihre Wirklichkeit erst beweisen muss« (▶ Kap. 1.3, S. 55).

Zu 7.
Das Denken an diese für den Patienten problematischen Situationsaspekte kann als Moderatorvariable wirken, sozusagen als Weichspüler für unsere eigene verhärtete Sicht auf diesen Patienten.

Zu 8. und 9.
Diese Fragen dienen als Erinnerung an die Tatsache der allgegenwärtigen Übertragung, also an die einfache Grundtatsache, »dass Gefühle, die in der therapeutischen Situation zu Tage treten, meistens mehr der Rolle als dem Menschen gelten« (▶ Kap. 3.2, S. 101).

Zu 10.
Diese Frage bezieht sich auf den Aspekt der Gegenübertragung, auf die Gefühlsreaktion, die im Helfer durch die Übertragung des Patienten ausgelöst wurde.

Teil II

Zu 1. und 2.
Möglicherweise kommt der Patient durch mich in Kontakt mit von ihm bei sich selbst abgelehnten Teilaspekten seiner Persönlichkeit und in seinem Verhalten, die

er bei mir wahrnimmt. Er wehrt sich mir gegenüber u. U. stellvertretend, wobei er sich in Wahrheit gegen seine eigenen Schattenseiten wehrt, wie es C. G. Jung formuliert hat. Manchmal jedoch hilft mir der Patient durch seine Reaktion auf mich, meine eigenen blinden Flecken zu erkennen. Die Lösung liegt dann auf der Hand: Das nächste Mal klopfe ich z. B. einfach an, bevor ich die Patientenzimmertür öffne.

Zu 3. und 4.

Hier bewegen wir uns bereits in »Laing'schen Knoten«: »Ich denke, dass der Patient denkt, mein Motiv ihm gegenüber wäre …« Die Frage ist hier: **Welche Motive habe ich diesem Patienten gegenüber tatsächlich?** Ist es ein negatives Motiv, so klärt sich dies möglicherweise nachfolgend bei der Bearbeitung von Punkt 9 und 10 des SSF. Ist es ein positives Motiv, lohnt es sich, bewusst darauf zu achten, wie Sie dieses Motiv dem Patienten gegenüber – auch für ihn wahrnehmbar! – kommunizieren können.

Zu 5.

Wenn Sie sich Ihrer eigenen situativen Aspekte bewusst werden, die Sie in der Begegnung mit diesem Patienten erleben, so wirkt diese Bewusstheit auch hier als Moderatorvariable, als Weichmacher für möglicherweise bereits verhärtete Fronten zwischen Ihnen und Ihrem Patienten. Eine Zeile aus einem Lied von Joan Baez fällt mir hierzu ein: »Be not too hard …« – nicht zu ihm und nicht zu mir selbst möchte ich hart sein – wir haben beide unser Päckchen zu tragen …

Zu 6. und 7.

Hier geht es um die Frage meiner eigenen Übertragung auf den Patienten. Auch die Rolle als Helfer schützt nicht automatisch vor Übertragungen! Vor allem im Kontakt mit unseren schwierigen Patienten bedarf genau dieser Punkt immer wieder besonderer Aufmerksamkeit. Erinnern Sie sich daran: Er sieht zwar möglicherweise aus und verhält sich z. B. wie Ihr Bruder – aber er ist es nicht! Suchen Sie nach den *Unterschieden!* Die Unterschiede in all den Verhaltensweisen, Denkgewohnheiten, Zielen, Überzeugungen und Empfindungen, in denen sich dieser Patient von Ihrem Bruder unterscheidet.

Zu 8.

Hier geht es um die Gegenübertragung des Patienten auf meine Übertragung auf ihn. Können Sie an diesem für Sie schwierigen Patienten Gegenübertragungsgefühle wahrnehmen? Wenn ja, hilft auch hier die Bewusstheit weiter, dass diese Gefühle nicht direkt Ihnen als Person gelten, sondern nur eine Reaktion auf Ihre Übertragungsgefühle ihm gegenüber sind.

Zu 9.

Hier geht es um Ihre eigenen irrationalen Gedanken, Grundeinstellungen und Überzeugungen diesem Patienten gegenüber. Mein Ausbilder in Rational Emotiver Therapie, Professor René Diekstra, pflegte während unserer Selbsterfahrungsseminare häufig zu sagen: »Put your shit on the table!« und »Es ist schwer, an einer irrationalen Einstellung zu arbeiten, wenn ich mir nicht zugestehe, sie zu haben!«

Schreiben Sie hier also in aller »Brutalität« unzensiert auf, was Sie an ablehnenden Gedanken diesem Patienten gegenüber in sich tragen. Dies hilft Ihnen, nicht nur sich selbst darüber bewusster zu sein – was schon mehr als genug ist! – sondern hilft Ihnen auch, sich eine rationale Alternative zu diesen inneren Überzeugungen und Einstellungen erarbeiten zu können.

Zu 10.–12.
Hier geht es um die rationale Alternative zu der unter 9. ausformulierten problematischen Grundeinstellung. Die angegebenen Schritte entsprechen einer »Blitz-Mini Rationalen Selbstanalyse«. Für die ausführliche Version empfehle ich Ihnen die Anleitung von Professor Norbert Lotz (1994): »Die Rationale Selbstanalyse« als hervorragenden Leitfaden oder meine eigene ausführliche Darstellung in Kowarowsky (2017, S. 177–197).

Wenn Sie es dagegen noch kürzer bevorzugen, können Sie die alternative rationale Sichtweise diesem Patienten gegenüber auch dadurch finden, indem Sie sich die Frage stellen: »Wenn mir jetzt mein bester Freund erzählen würde, dass dieser Patient deshalb für ihn schwierig sei, weil er ihm gegenüber genau diese Gedanken habe, die Sie unter Punkt 9 aufgeschrieben haben – was würden Sie Ihrem besten Freund darauf antworten? Welche Ermutigungen zur rationalen Relativierung würden Sie ihm gegenüber ausformulieren können. Die Wahrscheinlichkeit ist groß, dass Sie in dieser fiktiven Beratung Ihres besten Freundes blitzschnell eine realistischere Sichtweise auf diesen Patienten finden können. Schreiben Sie diesen Satz auf, den Sie Ihrem besten Freund sagen würden, und Sie haben bereits die rationale Alternative zu Ihrer eigenen irrationalen Grundannahme diesem Patienten gegenüber.

Zu 13.
Die bei diesem Patienten besonders wichtige, Schwierigkeit reduzierende Grundeinstellung sollten Sie sich auf ein extra Blatt Papier aufschreiben. Es ist hilfreich, diese von Ihnen ausgewählte Grundeinstellung in den nächsten Tagen gut sichtbar vor Augen zu haben, damit Sie sich vor jedem direkten Kontakt mit diesem Patienten noch einmal besonders daran erinnern, ihm mit eben dieser Grundeinstellung zu begegnen.

Zu 14.
Die Erfahrung zeigt: »The world is as we are« – die Welt erscheint uns so, wie wir uns selbst fühlen. Je wohler wir uns in uns und mit uns fühlen, umso leichter fühlen wir uns auch mit der Welt um uns herum. Dies schließt den Kontakt mit unserem für uns ansonsten schwierigen Patienten mit ein.

Die Ergebnisse der Ressourcenforschung legen sogar die Hypothese nahe, dass Probleme jenseits der Problemebene gelöst werden können, einfach dadurch, dass wir vorliegende Stärken stärken. Personale und soziale Ressourcen zu erkennen und zu aktivieren sind nach Aaron Antonovsky (1988, 1997) die wichtigsten protektiven Faktoren bei der Auseinandersetzung mit Belastungen.

Im positiven Sinne bedenkenswert erscheint hier auch der Spruch im Poesiealbum einer Patientin, den sie mir voll Stolz zeigte, weil er ihr von einem indischen Heiligen gewidmet wurde, als sie diesen mit ihren Eltern als kleines Mädchen besuchte: »We don't analyse the darkness, we just bring light.«

Sicherlich machen viele von Ihnen immer wieder diese Erfahrung: Interaktionelle Probleme mit Patienten sind einfach nicht mehr da an Tagen, an denen Sie selbst mit einem inneren Lied der Lebensfreude erwacht sind.

Literatur

Adler, A. (1966). *Menschenkenntnis*. Frankfurt: Fischer.
American Psychiatric Association (2013)*: Diagnostic and Statistical Manual of Mental Disorders*. Fifth Edition. American Psychiatric Association, Arlington, VA.
American Psychiatric Association (2018): *Diagnostisches und Statistisches Manual Psychischer Störungen DSM-5®*. Dt. Ausgabe, P. Falkai & H.-U. Wittwchen (Hrsg.). Göttingen: Hogrefe.
Antonovsky, A. (1997). *Salutogenese: Zur Entmystifizierung der Gesundheit*. Franke, A. (Hrsg.). Tübingen: dgtv.
Antonovsky, A. (1988). *Unraveling the Mystery of Health: How People Manage Stress and Stay Well*. San Francisco: Jose-Bass.
Arntz, A. & von Genderen, H. (2010). *Schematherapie bei Borderline-Persönlichkeitsstörung*. Weinheim: Beltz.
Berg, G. (2001). Subjektive Krankheitskonzepte – eine kommunikative Voraussetzung für die Arzt-Patientin-Interaktion? In: Borde, D. & Kentenich, H. (Hrsg.), *Migration und Gesundheit: Zustandsbeschreibung und Zukunftsmodelle*. Frankfurt: Mabuse.
Bingel, E. (1977). Probleme der Übertragung und Gegenübertragung in der Therapie mit sexuell missbrauchten Kindern. In: Amann, G. & Wipplinger, R. (Hrsg.), *Sexueller Missbrauch: Überblick zu Forschung, Beratung und Therapie, ein Handbuch* (S. 558–572). Tübingen: dgtv.
Brocher, T. (1977). *Von der Schwierigkeit zu lieben*. Stuttgart: Kreuz.
Bühring, P. (2010). *Vergütung: Psychotherapeuten verdienen weniger als somatisch tätige Ärzte* (S. 433–438). Deutsches Ärzteblatt für Psychologische Psychotherapeuten und Kinder- und Jugendlichenpsychotherapeuten.
Calnan, M. (1988). Images of general practice: the perceptions of the doctor. In: Kawachi, I. & Subramanian, S. V. (Hrsg.), *Social Science and Medicine* (S. 579–589). Elsevier.
Carrivick, A. D. (2001). *Bliss Beyond Fear*. Egmond: Humaniversity Press.
Cecchin, G., Lane, G. & Ray, W. A. (1996). *Respektlosigkeit*. Heidelberg: Carl Auer.
Chiellino, C. (2000). *Interkulturelle Literatur in Deutschland*. Stuttgart: Metzler.
David, M. & Borde, D. (2001). *Kranksein in der Fremde? Türkische Migrantinnen im Krankenhaus*. Frankfurt: Mabuse.
De Shazer, S. (1993). *Der Dreh: überraschende Wendungen und Lösungen in der Kurzzeittherapie*. Heidelberg: Carl Auer.
Devantier, L. *Interkulturelle Krankheitswahrnehmung und die Folgen für das Arzt-Patienten-Verhältnis*. Verfügbar unter: www.zis-tdi.de/de merhaba_2010_02_05.php (Zugriff am 05.02.2010).
Dick, A. (2003). *Psychotherapie und Glück*. Bern: Huber.
Diekstra, R. F. W. & Dannen, W. F. M. (1982). *Rational-Emotive Therapie*. Lisse: Swets & Zeitlinger.
Doser, S. (2012). *30 Minuten interkulturelle Kompetenz*. Offenbach: GABAL.
Egger, I. (2010). Grenzenlose Liebe. Bikulturelle Paare und ihre Identitätskonflikte. In: Brandl-Nebehay, A. & Hinsch, J. (Hrsg.), *Paartherapie und Identität: Denkansätze für die Praxis* (S. 118–119). Heidelberg: Carl Auer.
Ehlers, S. (2003). *Psychosoziale Beratungsgespräche: Ältere Menschen in Krisensituationen begleiten*. München, Jena: Urban & Fischer.
Ehlert, U. (1998). *Psychologie im Krankenhaus*. Bern: Huber.
Ellis, A. & Crawford, T. (2003). *Training der Gefühle in der Partnerschaft*. Frankfurt: mvg.

Erim, Y. (2024). *Klinische Interkulturelle Psychotherapie: ein Lehr- und Praxisbuch*. 2., erw. u. überarb. Aufl., Stuttgart: Kohlhammer.

Ete, E. (1995). Ethnomedizinische Aspekte der Interaktion mit türkischen Patienten. In: Pfeiffer, W. M., Koch, E. & Özek, M. (Hrsg.), *Psychologie und Pathologie der Migration: Deutsch-türkische Perspektiven*. Freiburg: Lambertus.

Evans, O. & Steptoe, A. (2001). Social support at work, heart rate and cortisol: a self-monitoring study. In: Chen, P. Y. (Hrsg.), *Journal of Occupational Health Psychology* (S. 361–370). American Psychological Association.

Farabough, A., Mischoulon, D., Fava, M., Guyker, W. & Alpert, J. (2004). The overlap between personality disorders and major depressive disorder (MDD). In: Black, D. W. (Hrsg.), *Annals of Clinical Psychiatry* (S. 217–224). American Academy of Clinical Psychiatrists.

Fava, M., Farabough, A. H., Sickinger, A. H., Wright, E., Alpert, J. E., Sonawalla, S., Nierenberg, A. A. & Worthingon III, J. J. (2002). Personality disorders and depression. In Kendler, K. S. & Robin, M. M. (Hrsg), *Psychological Medicine* (S. 1049–1057). Cambridge University Press.

Federn, P. (2017). *Ichpsychologie und die Psychosen*. Berlin: Suhrkamp.

Ferenczi, S. (1999). *Ohne Sympathie keine Heilung: ein Tagebuch von 1932*. Frankfurt: Fischer.

Fiedler, P. (2003). *Integrative Psychotherapie bei Persönlichkeitsstörungen*. Göttingen: Hogrefe.

Fiedler, P. (2007). *Persönlichkeitsstörungen*. Weinheim: Beltz.

Fiedler, P. & Herpertz, S. C. (2016). *Persönlichkeitsstörungen*. 7. Aufl. Weinheim: Beltz-PVU.

Fisch, R., Weakland, J. H. & Segal, L. (1987). *Strategien der Veränderung*. Stuttgart: Klett-Cotta.

Flade, A. (2008). *Architektur – psychologisch betrachtet*. Bern: Huber.

Frankl, V. E. (1981). *Die Sinnfrage in der Psychotherapie*. München: Piper.

Freud, S. (1971). *Vorlesungen zur Einführung in die Psychoanalyse*. Frankfurt: Fischer.

Freud, S. & Jung, C. G. (1974). *Briefwechsel*. Frankfurt: Fischer.

Friedman, R. C., Aronoff, G., Clarkin, J. F., Corn, R. & Hurt, S. W. (1983). Primary and secondary affective disorders in adolescents and young adults. In Munk-Jörgensen, P. (Hrsg.), *Acta Psychiatrica Scandinavica* (S. 226–235). Wiley-Blackwell.

Frisch, M. (1968). Du sollst Dir kein Bildnis machen. In: Jeismann, K.-E. & Muthman, G. (Hrsg.), *Wort und Sinn* (S. 488–489). Paderborn: Ferdinand Schöningh.

Frisch, M. (1972). *Tagebuch 1966–1971*. Frankfurt: Suhrkamp.

Gelso, C. & Hayes, J. A. (2002). The management of countertransference. In: Norcross, J. C. (Hrsg.), *Psychotherapy Relationships That Work: Evidence-Based Responsiveness* (S. 267–283). New York: Oxford University Press.

Glier, B. & Erim, Y. (2007). Schmerz bei Migranten aus der Türkei. In: Kröner-Herwig, B., Frettlöh, J., Klinger, R. & Nilges, P. (Hrsg.), *Schmerzpsychotherapie*. Berlin: Springer.

Gogol, N. (2003). *Die toten Seelen*. Frankfurt: Insel.

Granello, D. H. & Gibbs, T. A. (2016). The Power of Language and Labels: »the Mentally Ill« Versus »People with Mental Illnesses«. *Journal of Counseling & Development* (S. 31–40).; 31 DOI: 10.1002/jcad.12059 (Stand 07.11.2017) Wiley Online Library.

Grawe, K. (1998). *Psychologische Therapie*. Göttingen: Hogrefe.

Grawe, K. (2004). *Neuropsychotherapie*. Göttingen, Bern: Hogrefe.

Gray, J. (2009). *Männer sind anders, Frauen auch*. Berlin: Mosaik.

Grundmann, H.-J. & Meng, K. (2002). *Coaching in der Diabetesberatung*. Seminarscript, Viva Sozietät, Münsterstraße 12, Bochholt.

Hardy, G. E., Barkham, M., Shapiro, D. A., Stiles, W. B., Rees, A. & Reynolds, S. (1995). Impact of Cluster C personality disorders on outcomes of contrasting brief psychotherapies for depression. In: *Journal of Consulting and Clinical Psychology* (S. 997–1003). American Psychological Association.

Hartkemeyer, M., Hartemeyer, J. & Dhority, L. F. (2001). *Miteinander Denken – Das Geheimnis des Dialogs*. Stuttgart: Klett-Cotta.

Heinrichs, M., Baumgärtner, T., Kirschbaum, C. & Ehlert, U. (2003). Social support and oxytocin interact to suppress cortisol and subjective responses to psychological stress. In: Krystal, J. H. (Hrsg.), *Biological Psychiatry* (S. 1389–1398). Elsevier.

Heinrichs, M., Dawans, B. v. & Domes, G. (2009). Oxytocin, vasopressin, and human social behavior. In: Galea, L. (Hrsg.), *Frontiers in Neuroendocrinology*. Elsevier.

Hoffmann, N. & Hofmann, B. (2008). *Selbstfürsorge für Therapeuten und Berater.* Weinheim: Beltz.
Höfner, E. (2004). *Begleittext, DIP-Programm 2/04.* München, Bastian-Schmid-Platz 11a: DIP.
Horlacher, M. (1999). Der schwierige Patient. In: Mürner J. & Ettlin T. M. (Hrsg.), *HWS-Distorsion u. leichte traumatische Hirnverletzung: Behandlungskonzepte.* Basel: Kongressband.
Hundertwasser, F. (1983). *Schöne Wege: Gedanken über Kunst und Leben.* München: dtv.
Jain, A. & Ogden, J. (1999). General practitioners' experience of patients' complaints: qualitative study. In: Godlee, F. (Hrsg.), *British Medical Journal* (S. 1596–1599). BMJ.
Kaluza, G. (2004). *Stressbewältigung: Trainingsmanual zur psychologischen Gesundheitsförderung.* Berlin: Springer.
Kanfer, F., Reinecker, H. & Schmelzer, D. (2006). *Selbstmanagement-Therapie: ein Lehrbuch für die klinische Praxis.* Heidelberg: Springer.
Keuk, E. V., Ghaderi, C., Joksimovic, L. & David, D. M. (Hrsg.) (2010). *Diversity: Transkulturelle Kompetenz in klinischen und sozialen Arbeitsfeldern.* Stuttgart: Kohlhammer.
Kiesler, D. J. (1971). Experimental designs in psychotherapy research. In: Bergin, A. E. & Garfield, S. L. (Hrsg.), *Handbook of Psychotherapy and Behavior Change: Empirical Analysis* (S. 36–74). New York: Wiley.
Kiesler, D. J. (1977). Die Mythen der Psychotherapieforschung und ein Ansatz für ein neues Forschungsparadigma. In: Petermann, F. (Hrsg.), *Psychotherapieforschung.* Weinheim: Beltz.
Kilcher, A. & Spiess, R. (2003). Die hausärztliche Betreuung von Migranten mit chronischem Schmerzsyndrom. In: *Schweizerische Ärztezeitung 2003/48/10.* Basel: Schweizerischer Ärzteverlag EMH.
Kindl-Beilfuß, C. (2015). *Fragen können wie Küsse schmecken: Systemische Fragetechniken für Anfänger und Fortgeschrittene.* Heidelberg: Carl-Auer.
Klein, G. N. (1999). Depressive personality: reliability, validity, and relation to dysthymia. In: McDonald, A. (Hrsg.), *Journal of Abnormal Psychology* (S. 412–421). American Psychological Association.
Kopp, S. B. & Eggert, J. (2002). *Triffst Du Buddha unterwegs …: Psychotherapie und Selbsterfahrung.* Frankfurt: Fischer.
Korzybski, A. (1921). *Manhood of Humanity.* New York: Dutton.
Korzybski, A. (1933). *Science and Sanity.* New York: Dutton.
Korzybski, A. (1940). General Semantics. In: *First American Congress for General Semantics.* New York: Arrow Editions.
Kowarowsky, G. (2017). *Individualisierte Burnout-Therapie (IBT): ein multimodaler Behandlungsleitfaden.* Stuttgart: Kohlhammer.
Kraft, P. B. (2003). *NLP-Handbuch für Anwender: NLP aus der Praxis für die Praxis.* Paderborn: Junfermann.
Kuhl, J. & Kazèn, M. (1997). *Persönlichkeits-Stil- und Störungs-Inventar (PSSI).* Göttingen: Hogrefe.
Laing, R. (1987). *Knoten.* Hamburg: Rowohlt.
Lammers, C.-H. (2017). *Therapeutische Beziehung und Gesprächsführung: Techniken der Verhaltenstherapie.* Weinheim: Beltz.
Laotse (1979). *Tao Te King.* München: Barth, München.
Laplanche, J. & Pontalis, J.-B. (2002). *Das Vokabular der Psychoanalyse.* Frankfurt: Suhrkamp.
Linden, M. (Hrsg.) (2017). *Das stationäre Setting in der Behandlung psychischer Störungen: Healing Environment und therapeutisches Milieu.* Berlin: MWV, Berlin.
Linkemer, B. (2000). *Der professionelle Umgang mit schwierigen Menschen.* Landsberg: mvg.
Lister, R. & Veth, K. (2011). *Idioms im Griff: Über 2000 Redewendungen und Begriffe nach Situationen.* Köln: Anaconda.
Lotz, N. W. (1994). *Die Rationale Selbstanalyse – RSA – ein Faltblatt zur erfolgreichen Selbstveränderung.* Eschborn: Dietmar Klotz.
Lotz, N.W. (2002). *Das innere Selbstgespräch oder wie Sie Ihre Gefühle und Verhaltensweisen wirksam beeinflussen können.* Eschborn: Dietmar Klotz.
Lotz, N. W. (2011). *Rhetorik im Alltag: Schlagfertigkeit kann man lernen.* Frankfurt: First.
Maharishi, M.Y. (2000). *Die Wissenschaft vom Sein und die Kunst des Lebens – Transzendentale Meditation (TM).* Bielefeld: Kamphausen.

Mehrabian, A. & Ferris, S. (1967). Inference of attitude from nonverbal communication in two channels. In: Davila, J. (Hrsg.), *The Journal of Consulting and Clinical Psychology* (S. 248–252). American Psychological Association.
Mitscherlich, A. (1999). *Die Unwirtlichkeit unserer Städte.* Frankfurt: Suhrkamp.
Monz, A. & Monz, J. (2001). *Design als Therapie.* Leinfelden-Echterdingen: Alexander Koch.
Muthny, F. A. & Bermejo, I. (Hrsg.) (2009). *Interkulturelle Medizin, Laientheorie, Psychosomatik und Migrationsfolgen.* Köln: Deutscher Ärzte Verlag.
Noyon, A. & Heidenreich, T. (2013). *Schwierige Situationen in Therapie und Beratung.* Weinheim: Beltz.
Paul, J. (1995). *Leben des vergnügten Schulmeisterleins Maria Wutz in Auenthal.* Frankfurt: Insel.
Pease, A. & Pease, B. (2002). *Warum Männer nicht zuhören und Frauen schlecht einparken.* München: Ullstein.
Petzold, H. (1973). *Kreativität und Konflikte.* Paderborn: Junfermann.
Pilkonis, P. A. & Frank, E. (1988). Personality pathology in recurrent depression: nature, prevalence, and relationship to treatment response. In: Freedman, R. (Hrsg.), *American Journal of Psychiatry* (S. 435–441). American Psychiatric Association.
Prior, M. (2007). *Beratung und Therapie optimal vorbereiten.* Heidelberg: Carl Auer.
Prior, M. (2017). *Minimax-Interventionen.* Heidelberg: Carl-Auer.
Reimer, C. (1991). Probleme beim Umgang mit schwierigen Patienten. In: *Schweizerische Rundschau für Medizin PRAXIS* (S. 157–162). Bern: Hallwag.
Reschke, K., Schröder, H. & Vornoff, H. (1994). *Identitäts- und Zukunftsorientierung für Arbeitslose.* Frankfurt: Deutsches Institut für Erwachsenenbildung.
Rinser, L. (1984). *Mit wem reden?* Frankfurt: Suhrkamp.
Rogers, C. R. (1958). The characteristics of a helping relationship. In: *Personnel and Guidance Journal* (S. 6–16). American Counseling Association.
Rössler, W. (Hrsg.) (2005). *Die therapeutische Beziehung.* Heidelberg: Springer.
Rosenberg, M. B. (2007). *Gewaltfreie Kommunikation: eine Sprache des Lebens.* Paderborn: Junfermann.
Rumi, D. M. & Schimmel, A. (1998). *Sieh! Das ist Liebe: Gedichte.* Basel: Sphinx.
Rumi, D. M. & Ghazanfari, A. (2009). *Gipfel der Liebe – Ausgewählte Vierzeiler von Rumi.* Leipzig: Engelsdorfer.
Sabbioni, M. (2005). Die migrationsspezifische Anamnese. In: *Primary Care. Schweizer Zeitschrift für Hausarztmedizin Nr. 6.*
Sachse, R. (2003). *Klärungsorientierte Psychotherapie.* Göttingen: Hogrefe.
Sachse, R. (2003). *Schwarz ärgern – aber richtig.* Stuttgart: Klett-Cotta.
Sachse, R. (2004). *Persönlichkeitsstörungen: Leitfaden für die Psychologische Psychotherapie.* Göttingen: Hogrefe.
Sachse, R. (2006a). *Psychologische Psychotherapie bei chronisch entzündlichen Darmerkrankungen.* Göttingen: Hogrefe.
Sachse, R. (2006b). *Persönlichkeitsstörungen verstehen.* Bonn: Psychiatrie-Verlag.
Sachse, R. (2006c). *Therapeutische Beziehungsgestaltung.* Göttingen: Hogrefe.
Sachse, R., Langens, T. A. & Sachse, M. (2012). *Klienten motivieren.* Bonn: Psychiatrie-Verlag.
Sachse, R., Sachse, M. & Fasbender, J. (2011). *Klärungsorientierte Psychotherapie von Persönlichkeitsstörungen.* Göttingen: Hogrefe.
Sachsse, U., Schilling, L. & Tumani, V. (1998). Stationäre Psychotherapie von traumatisierten Patientinnen mit selbstverletzendem Verhalten auf einer Spezialstation. In: Weig, W. & Cording, C. (Hrsg.): *Der schwierige Patient im psychiatrischen Krankenhaus.* Regensburg: S. Roderer.
Satir, V. (2001). *Meine vielen Gesichter.* München: Kösel.
Schillinger, D., Piette, J., Grumbach, K., Wang, F., Wilson, C., Daher, C., Leong-Grotz, K., Castro, C. & Bindman, A. B. (2003). Closing the loop: physician communication with diabetic patients who have low health literacy. In: *Archives of Internal Medicine* (S. 83–90). American Medical Association.
Schindler, L., Hahlweg, K. & Revenstorf, D. (1998). *Partnerschaftsprobleme: Diagnose und Therapie: Therapiemanual.* Berlin: Springer.
Schmid, W. (2000). *Schönes Leben? Einführung in die Lebenskunst.* Frankfurt: Suhrkamp.

Schmid, W. (2007). *Mit sich selbst befreundet sein: Von der Lebenskunst im Umgang mit sich selbst.* Berlin: Suhrkamp.
Schmidt, G. (2015). *Liebesaffären zwischen Problem und Lösung: Hypnosystemisches Arbeiten in schwierigen Kontexten.* Heidelberg: Carl-Auer
Schmidt-Traub, S. (2003). Therapeutische Beziehung – ein Überblick. In: *Forum Psychotherapeutische Praxis* (S. 111–129). Göttingen.
Schmieke, M. (2003). *Vastu für Einsteiger: Gesund und harmonisch wohnen.* Freiburg: Nietsch.
Schulz von Thun, F. (1994). *Miteinander reden 1. Störungen und Klärungen: Allgemeine Psychologie der Kommunikation.* Reinbek bei Hamburg: Rowohlt.
Schulz von Thun, F. (1998). *Miteinander reden 3. Das »Innere Team« und situationsgerechte Kommunikation.* Reinbek bei Hamburg: Rowohlt.
Schulz von Thun, F. (2014). *Miteinander reden 1–4: Störungen und Klärungen/Stile, Werte und Persönlichkeitsentwicklung/Das »innere Team« und situationsgerechte Kommunikation/Fragen und Antworten.* Reinbek bei Hamburg: Rowohlt.
Schulz von Thun, F., Ruppel, J. & Stratmann, R. (2004). *Miteinander reden: Kommunikationspsychologie für Führungskräfte.* Reinbek bei Hamburg: Rowohlt.
Schwarzer, R. & Leppin, A. (1998). *Sozialer Rückhalt und Gesundheit: eine Meta-Analyse.* Göttingen: Hogrefe.
Scobel, W. A. (2002). *Supervision im Krankenhaus: Kommunikation ist das Rezept.* Bern: Huber.
Seiwert, L. (2002). *Das Bumerang-Prinzip: Mehr Zeit fürs Glück.* München: Graefe & Unzer.
Seiwert, L. (2006). *Noch mehr Zeit für das Wesentliche.* München: Ariston.
Sloterdijk, P. (2009). *Du musst dein Leben ändern: Über Anthropotechnik.* Frankfurt: Suhrkamp.
Sobanski, H. (2012). *Der Problemlöser für Trainings und Workshops: Profitipps für den Umgang mit kritischen Situationen und fordernden Teilnehmern.* Berlin: Cornelsen.
Statistisches Bundesamt: *Bevölkerung in Deutschland voraussichtlich auf 82,8 Millionen gestiegen.* Pressemitteilung Nr. 033 vom 27.01.2017, Wiesbaden 2017a, (https://www.destatis.de/DE/PresseService/Presse/Pressemitteilungen/2017/01/PD17_033_12411.html; Stand 06.10.2017)
Statistisches Bundesamt: *Bevölkerung mit Migrationshintergrund um 8,5% gestiegen.* Pressemitteilung Nr. 261 vom 01.08.2017, Wiesbaden 2017b (https://www.destatis.de/DE/PresseService/Presse/Pressemitteilungen/2017/08/PD17_261_12511.html; Stand 06.10.2017)
Stone, H. & Stone, S. (1994). *Du bist viele.* Stuttgart: Heine.
Storch, M. & Krause, F. (2014). *Selbstmanagement – ressourcenorientiert: Grundlagen und Trainingsmaterial für die Arbeit mit dem Züricher Ressourcenmodell ZRM.* Bern: Huber.
Storch, M. & Tschacher, W. (2016). *Embodied Communication: Kommunikation beginnt im Körper und nicht im Kopf.* Bern: Hogrefe.
Sujata, A. (1998). *Beginning to see: Anleitung zur Meditation.* Braunfels: Barbara Rausch.
Taschen, A. (Hrsg.) (2018). *Hundertwasser Architektur – für ein natur- und menschengerechteres Bauen.* Köln: Taschen.
Tausch, R. & Tausch, A.-M. (1990). *Gesprächspsychotherapie: Hilfreiche Gruppen- und Einzelgespräche in Psychotherapie und alltäglichem Leben.* Göttingen: Hogrefe.
Trenkle, B. (2002). *Die Löwengeschichte.* Heidelberg: Carl-Auer.
Turner, R. A., Altemus, M., Enos, T., Cooper, B. & McGuinness, T. (1999). Preliminary research on plasma oxytocin in normal cycling woman: investigating emotion and interpersonal distress. In: *Psychiatry* (S. 97–113).
Uchino B. & Garvey, T. (1997). The availability of social support reduces cardiovascular reactivity to acute psychological stress. In: *Journal of Behavioral Medicine* (S. 15–27). Berlin: Springer.
Volker, F. C. (2015). *LEIDEN auf Ausländisch: Geschichten mit Migrationshintergrund.* Berlin: epubli, Berlin.
Watkins, J. G. & Watkins, H. H. (2008). *Ego-States: Theorie und Therapie.* Heidelberg: Carl Auer.
Watzlawick, P. (1986). *Vom Schlechten des Guten.* München: Piper.
Watzlawick, P. (1991). *Die Möglichkeit des Andersseins: Zur Technik der therapeutischen Kommunikation.* Bern: Huber.
Watzlawick, P., Beavin, J. H. & Jackson, D. D. (1990). *Menschliche Kommunikation: Formen, Störungen, Paradoxien.* Bern: Huber.

Watzlawick, P., Weakland, J. H. & Fisch, R. (1988). *Lösungen.* Bern: Huber.
Weig, W. & Cording, C. (Hrsg.) (1998). *Der schwierige Patient im psychiatrischen Krankenhaus.* Regensburg: S. Roderer.
Wilber, K. (1999). Über die Meditationsforschung von Dr. Keith Wallace. In: Schachinger, W. & Schrott, E.: *Gesundheit aus dem Selbst.* Bielefeld: Kamphausen.
Winnicott, D. W. (1987). Hate in the countertransference. In: *Through Paediatrics to Psychoanalysis: Collected Papers.* London: Hogarth Press.
Yalom, I. D. (2001). *Die Liebe und ihr Henker und andere Geschichten aus der Psychotherapie.* München: Goldmann.
Yalom, I. D. (2002). *Der Panama-Hut: Oder was einen guten Therapeuten ausmacht.* München: Goldmann. Originalausgabe: Yalom, I. D. (2002). *The Gift of Therapy. An Open Letter to a New Generation of Therapists and their Patients.* New York: HarperCollins.
Yalom, I. D. (2010). *Der Panama-Hut: Oder was einen guten Therapeuten ausmacht.* München: btb.
Young, J. E., Klosko, J. S. & Weishaar, M. G. (2008). *Schematherapie: ein praxisorientiertes Handbuch.* Paderborn: Junfermann.
Yuson-Sánchez, D. V. (1997). *The poetic concepts.* Egmond: Humaniversity Press.
Zimmermann, E. (2000). *Kulturelle Missverständnisse in der Medizin: Ausländische Patienten besser versorgen.* Bern: Huber.
Zimmerman, M., Pfohl, B., Coryell, W. H., Corenthal, C. & Stangl, D. (1991). Major depression and personality disorder. In: Katona, C. (Hrsg.), *Journal of Affective Disorders* (S. 199–210). Elsevier.

Weiterführende Literatur

Adams, J. & Murray, R. (1998). The general approach to the difficult patient. In: *Emergency Medicine Clinics of North America* (S. 689–699). Philadephia: Elsevier.
Adorno, T. W. (2003). *Gesammelte Schriften.* Frankfurt: Suhrkamp.
Behary, W. T. (2009). *Der Feind an Ihrer Seite: Wie Sie im Umgang mit Egozentrikern überleben und wachsen.* Paderborn: Junfermann.
Benien, K. (2005). *Beratung in Aktion.* Hamburg: Windmühle.
Benien, K. (2003). *Schwierige Gespräche führen.* Hamburg: Rowohlt.
Berckhan, B. (2008). *Judo mit Worten: Wie Sie gelassen Kontra geben.* München: Kösel.
Berckhan, B. (2017). *Ach was? Witzige Strategien gegen Seitenhiebe und andere Bissigkeiten.* München: Kösel.
Bergner, T. M. H. (2010). *Burnout-Prävention: sich selbst helfen. Das 12-Stufen-Programm.* Stuttgart: Schattauer.
Berking, M. (2017). *Training emotionaler Kompetenzen.* Heidelberg: Springer.
Bornstein, R. F. (1993). *The Dependent Personality.* New York: Guilford.
Breil, J. & Sachse, R. (2018). *Klärungsorientierte Psychotherapie der Borderline-Persönlichkeitsstörung.* Göttingen: Hogrefe.
Burish, M. (2013). *Das Burnout-Syndrom: Theorie der inneren Erschöpfung.* Berlin: Springer.
Chökyi Rinpoche, N., Shlim, D. R. & Pitzenbauer, E. (2006). *Medizin und Mitgefühl.* Freiamt: Arbor.
Cording, C. (1968). Der schwierige Patient im Spiegel der BADO. In: Weig, W. & Cording, C. (Hrsg.), *Der schwierige Patient im psychiatrischen Krankenhaus.* Regensburg: Roderer.
Dragpa, C. (2006). *Die Einheit von Weisheit und Mitgefühl.* Freiamt: Arbor.
Federn, P. & Meng, H. (2017). *Ich, Psychologie und die Psychosen.* Frankfurt: Suhrkamp.
Fiedler, P. & Herpertz, S. (2016). *Persönlichkeitsstörungen.* Weinheim: Beltz.
Fritzsche, K. & Hartmann, W. (2016). *Einführung in die Ego-State Therapie.* Heidelberg: Carl Auer.
Fröhling, T. & Martin, K. (2008). *Feng Shui heute: das umfassende Handbuch zur praktischen Anwendung.* München: Bassermann.
Grahmann, R. & Gutwetter, A. (2002). *Konflikte im Krankenhaus.* Bern: Huber.
Greenberg, L. S. (2006). *Emotionsfokussierte Therapie.* Tübingen: dgvt.
Hahn, S. (2002). Physical symptoms and physician-experienced difficulty in the physician-patient relationship. In: Partonen, T. (Hrsg.), *Annals of Medicine* (S. 897–904). Taylor & Francis.
Hayes, S, C., Strosahl, K. D. & Wilson, K. G. (2014). *Akzeptanz- und Commitment-Therapie.* Paderborn: Junfermann.
Huber, D. & Kraemer, S. (Hrsg.) (2010). *Psychotherapie für die Praxis: Schwierige Patienten in der Psychotherapie.* München: CIP Medien.
Illhardt, F. J. & Effelsberg, W. (1994). *Medizin in multikultureller Herausforderung.* Stuttgart: Fischer
Jacob, G., Lieb, K. & Beyer, M (2016). *Schwierige Gesprächssituationen in Psychiatrie und Psychotherapie.* München: Elsevier.
Klein, G. N. (1999). Depressive personality: reliability, validity, and relation to dysthymia. In: McDonald, A. (Hrsg.), *Journal of Abnormal Psychology* (S. 412–421). American Psychological Association.

Klein, G. N. (1999). Depressive personality: reliability, validity, and relation to dysthymia. In: McDonald, A. (Hrsg.), *Journal of Abnormal Psychology* (S. 412–421). American Psychological Association.

Kingston, K. (2014). *Feng Shui gegen das Gerümpel des Alltags: Richtig ausmisten – Gerümpelfrei bleiben.* Hamburg: Rowohlt.

Kowarowsky, G. & von Puttkamer, C. (2018). *Impact-Techniken: 75 Therapiekarten.* Weinheim: Beltz.

Langer, I. & Schulz von Thun, F. (2015). *Sich verständlich ausdrücken.* München: Reinhardt.

Lelord, F. & André, C. (2009). *Der ganz normale Wahnsinn: Vom Umgang mit schwierigen Menschen.* Berlin: Aufbau.

Lin, C., Albertson, G. A., Schilling, L. M., Cyran, E. M. Anderson, S. N., Ware, L. & Anderson, R. J. (2001). Is patients' perception of time spent with the physician a determinant of ambulatory patient satisfaction? In: *Archives of Internal Medicine* (S. 1437–1442). American Medical Association.

Little, P., Everitt, H., Williamson, I., Warner, G., Moore, M., Gould, C., Ferrier, K. & Payne, S. (2001). Preferences of patients for patient centered approach to consultation in primary care: observational study. In: Godlee, F. (Hrsg.), *British Medical Journal* (S. 468–482). BMJ.

Louden, J. (2001). *Tu Dir gut.* Freiburg: Bauer.

Louden, J. (1998). *Tut Euch gut.* Freiburg: Bauer.

Maroon, I. (2017). *Burnout bei Sozialarbeitern.* Hildesheim: Olms.

Martens, J.-U. & Kuhl, J. (2013). *Die Kunst der Selbstmotivierung: Neue Erkenntnisse der Motivationsforschung praktisch nutzen.* Stuttgart: Kohlhammer.

Miller, W. R. & Rollnick, S. (2015). *Motivierende Gesprächsführung.* Freiburg: Lambertus.

Mommert-Jauch, P. (2000). *Körperwahrnehmung und Schmerzbewältigung im Alltag.* Berlin: Springer.

Potreck-Rose, F. & Jacob, G. (2016). *Selbstzuwendung, Selbstakzeptanz, Selbstvertrauen: Psychotherapeutische Interventionen zum Aufbau von Selbstwertgefühl.* Stuttgart: Pfeiffer.

Ripper, K. & Ripper, J. (2018). *Therapie-Tools. Kommunikation.* Weinheim: Beltz.

Sachse, R. (2015). *Therapeutische Beziehungsgestaltung.* Göttingen: Hogrefe.

Sachse, R. & Kiszkenow-Bäker, S. (2015). *Klärungsorientierte Psychotherapie der zwanghaften Persönlichkeitsstörung.* Göttingen: Hogrefe.

Sachse, R. (2018). *Persönlichkeitsstörungen: Leitfaden für die Psychologische Psychotherapie.* Göttingen: Hogrefe.

Salmon, P., Peters, S. & Stanley, I. (1999). Patient's perceptions of medical explanations for somatization disorders: a qualitative analysis. In: Godlee, J. (Hrsg.), *British Medical Journal* (S. 372–376). BMJ.

Saß, H. (1988). Angst und Angstfreiheit bei Persönlichkeitsstörungen. In: Hippius, H., Ackenheil, M. & Engel, R. R. (Hrsg.), *Angst: Leitsymptom psychiatrischer Krankheiten* (S. 87–93). Berlin: Springer.

Schindler, L., Hahlweg, K. & Revenstorf, D. (2016). *Partnerschaftsprobleme?: So gelingt Ihre Beziehung – Handbuch für Paare.* Berlin: Springer.

Siever, L. J. (1985). Biological markers in schizotypical personality disorder. In: Carpenter, W. T. (Hrsg.), *Schizophrenia Bulletin* (S. 564–575). Oxford University Press.

Stavemann, H. H. (2015). *Sokratische Gesprächsführung in Therapie und Beratung:* Eine Anleitung für Psychotherapeuten, Berater und Seelsorger. Weinheim: Beltz.

Tannen, D. (1994). *Das hab ich nicht gesagt.* Hamburg: Kabel.

Tellenbach, H. (2011). *Melancholie: Problemgeschichte, Endogenität, Typologie, Pathogenese Klinik.* Berlin: Springer.

Thomann, C. & Schulz von Thun, F. (2011). *Klärungshilfe: Handbuch für Therapeuten, Gesprächshelfer und Moderatoren in schwierigen Gesprächen.* Hamburg: Rowohlt.

Wagner-Link, A. (2001). *Verhaltenstraining zur Stressbewältigung: Arbeitsbuch für Therapeuten und Trainer.* Stuttgart: Pfeiffer bei Klett-Cotta.

Anhang

Adressen für qualifizierte Selbsterfahrungsangebote

DGVT
Deutsche Gesellschaft für Verhaltenstherapie e. V.
Corrensstraße 44–46
D-72076 Tübingen
Tel.: 0 70 71–9 43 40, Fax: 0 70 71–94 34 35
E-Mail: fortbildung@dgvt.de
www.dgvt.de

FIRST
Frankfurter Institut für Rational Emotive und Kognitive Verhaltenstherapie
Supervision und Training
Sandweg 53
D-60316 Frankfurt
Tel.: 069–498943, Fax: 069–490070
E-Mail: norbert.lotz@first-institut.de
www.first-institut.de

Humaniversity
Dr. Wiardi Beckmanlaan 4
NL-1931 BW Egmond aan Zee
Tel.: 0031–72–5064114, Fax: 0031–72–5061844
E-Mail: info@humaniversity.nl
www.humaniversity.nl

IFT
Institut für Therapieforschung
Leopoldstraße 175
D-80804 München
Tel.: 089–36080490, Fax: 089–36080498
E-Mail: runau@ift.de
www.ift.de

Selbsterfahrung
Dr. Maren Langlotz-Weis
Psychologische Psychotherapeutin

Hinterer Rindweg 5
D-68526 Ladenburg
Tel.: 06203–5569, Fax: 06203–923304
E-Mail: maren.langlotz@t-online.de
www.vtselbsterfahrung.homepage.t-online.de

Schachtner-Seminare
Dipl.-Psychologe Ulrich Schachtner
Psychologischer Psychotherapeut
Fehn am Bach 38, Gutshof Fehn
D-83734 Agatharied
Tel.: 08026–8747, Fax: 08026–8747-557443
Mobil: +49152533920
E-Mail: info@magst.info
www.huschachtner.com

Therapiezentrum Mitte
Burghäuser Straße 12
D-97450 Arnstein-Altbessingen
Tel.: 09728–633, Fax: 09728–1425
E-Mail: zentrum.mitte@t-online.de
www.zentrum-mitte.de

ZIST
Zentrum für Individual- und Sozialtherapie
Zist 1
D-82377 Penzberg
Tel.: 08856–93690, Fax: 08856–936970
E-Mail: info@zist.de
www.zist.de

Kontaktadressen

Adresse des Autors
Dipl.-Psychologe Gert Kowarowsky
Psychologischer Psychotherapeut
Lehrpraxis für Psychotherapie
Wenzstraße 11
95138 Bad Steben
Tel.: 09288–1882, Fax: 09288–9259120
E-Mail: praxis@kowarowsky.de
www.kowarowsky.de

Illustrationen
Dipl.-Kunsttherapeutin Iris Schörner
Dipl.-Designerin

c/o Lehrpraxis für Psychotherapie
Wenzstraße 11
95138 Bad Steben
Tel.: 09288–1882, Fax: 09288–9259120
E-Mail: schörner@kowarowsky.de

Was mir wichtig ist

Was möchte ich wie oft tun?	Gesundheit	Familie, Freunde	Beruf	Finanzen	Was mir Spaß macht	Sonstiges
Jeden Tag						
Einmal pro Woche						
Einmal im Monat						
Einmal im Jahr						
Einmalig					Einmal im Leben	

Anhang

	Januar	Februar	März	April	Mai	Juni	Juli	August	September	Oktober	November	Dezember
1												
2												
3												
4												
5												
6												
7												
8												
9												
10												
11												
12												
13												
14												
15												
16												
17												
18												
19												
20												
21												
22												
23												
24												
25												
26												
27												
28												
29												
30												
31												

Monat:

1
2
3
4
5
6
7
8
9
10
11
12
13
14
15
16
17
18
19
20
21
22
23
24
25
26
27
28
29
30
31

Anhang

Woche vom .... bis ....

	Montag	Dienstag	Mittwoch	Donnerstag	Freitag	Samstag	Sonntag
07-08							
08-09							
09-10							
10-11							
11-12							
12-13							
13-14							
14-15							
15-16							
16-17							
17-18							
18-19							
19-20							
20-21							

Verzeichnis der Online-Zusatzmaterialien

> **Hinweis zu den Online-Zusatzmaterialien[10]:**
>
> Die Zusatzmaterialien können Sie unter folgendem Link herunterladen:
> https://dl.kohlhammer.de/978-3-17-45560-3
> Hier können Sie die Unterlagen im direkt für die Praxis benutzbaren DIN-A4-Format ausdrucken.

Übungen

Übung 1: Für Sie persönlich schwierige Patienten – Persönlichkeitsaspekte (Buchseite 43)
Übung 2: Für Sie persönlich angenehme Patienten – Persönlichkeitsaspekte (Buchseite 44)
Übung 3: Für Sie persönlich angenehme Persönlichkeitsaspekte bei Ihren schwierigen Patienten (Buchseite 45)
Übung 4: Für Sie persönlich schwierige Verhaltensweisen bei Ihren schwierigen Patienten (Buchseite 52)
Übung 5: Für Sie persönlich schwierige Motive bei Ihren schwierigen Patienten (Buchseite 62)
Übung 6: Für Sie persönlich nachvollziehbare und Ihnen bekannte schwierige situative Faktoren bei Ihren schwierigen Patienten (Buchseite 72)
Übung 7: Für Sie persönlich schwierige eigene Persönlichkeitsaspekte (Buchseite 78)
Übung 8: Für Sie persönlich angenehme eigene Persönlichkeitsaspekte (Buchseite 79)
Übung 9: Für Sie persönlich schwierige eigene Verhaltensweisen Ihren Patienten gegenüber (Buchseite 84)
Übung 10: Ihre eigenen problematischen Motive (Buchseite 90)

---

10 Wichtiger urheberrechtlicher Hinweis: Alle zusätzlichen Materialien, die im Download-Bereich zur Verfügung gestellt werden, sind urheberrechtlich geschützt. Ihre Verwendung ist nur zum persönlichen und nichtgewerblichen Gebrauch erlaubt. Jede Verwendung außerhalb der engen Grenzen des Urheberrechts ist ohne Zustimmung des Verlags unzulässig und strafbar. Das gilt insbesondere auch für Vervielfältigungen, Übersetzungen, Mikroverfilmungen und für die Einspeicherung und Verarbeitung in elektronischen Systemen.

Übung 11: Ihre persönlichen schwierigen situativen Aspekte im Kontakt mit Ihren Patienten (Buchseite 95)
Übung 12: Die Projektionen Ihrer Patienten entdecken lernen (Buchseite 103)
Übung 13: Die Übertragungen Ihrer Patienten entdecken lernen (Buchseite 104)
Übung 14: Die Gegenübertragungen Ihrer Patienten entdecken lernen (Buchseite 105)
Übung 15: Ihre eigenen Projektionen entdecken lernen (Buchseite 106)
Übung 16: Ihre eigenen Übertragungen entdecken lernen (Buchseite 107)
Übung 17: Ihre eigenen Gegenübertragungen entdecken lernen (Buchseite 108)
Übung 18: Ihre schwierigen Patienten schnell mit Bewusstheit wahrnehmen lernen (Buchseite 109)
Übung 19: Mit »vier Schnäbeln« sprechen (Buchseite 142)
Übung 20: Mit »vier Ohren« hören (Buchseite 143)
Übung 21: Ihre persönlichen irrationalen Helfer-Überzeugungen (Buchseite 171)
Übung 22: Ihre persönlichen rationalen Alternativen (Buchseite 172)
Übung 23: Was mir wichtig ist (Buchseite 182)
Übung 24: Ihre persönlichen Zufriedenheitserlebnisse (Buchseite 190)
Übung 25: Ihr persönliches soziales Netzwerk (Buchseite 193)
Übung 26: Ihr persönlicher Fortbildungsplan (Buchseite 200)

Weitere Materialien

Selbst-Supervisions-Fragebogen (SSF) (Buchseite 203)
Checkliste: Was mir wichtig ist (Buchseite 224)
Mein soziales Netzwerk (Buchseite 194)
Jahresplaner (Buchseite 225)
Monatsplaner (Buchseite 226)
Wochenplaner (Buchseite 227)

Poster[11] für die Teeküche

Abb. 1.1: Wir sind viele, in Farbe (Buchseite 19)
Abb. 1.1: Wir sind viele, schwarz-weiß (Buchseite 19)
Abb. 1.2: Omnibus, in Farbe (Buchseite 20)
Abb. 1.2: Omnibus, schwarz-weiß (Buchseite 20)
»Auch« (Buchseite 76)
Hippokrates
Gogol
Rumi

---

11 Der Ausdruck auf DIN A4 kann in jedem Copyshop auf jedes beliebige Posterformat hochkopiert werden. Ich habe für meine Patienten immer einen kleinen Vorrat an A3-Postern auf gelbem Papier. Besonders beliebt sind die Poster »Auch« und »Omnibus, schwarz-weiß«.

Stichwortverzeichnis

A

AAO-Geschenk 148
Achten 112
Achtsamkeit 173
Affektbilanz 198
Aggressionen 39
Akzeptanz 112
ältere Patienten 159
Appellaussage 139
Arbeitsfähigkeit 67
Arbeitsklima 94
Arbeitsunfähigkeit 67
Ärger 100
ars agapatike 58
ars iatrike 58
Auch 76
Aufmerksamkeit 178
Authentizität 116
– maximale 116
– optimale 116
– selektive 116
Autopoiese 150
awareness 173

B

Beatles 58
Befindlichkeitsschwankungen 60
Besserungserwartung 116
Bewertung 55, 110
Bewertungsabstinenz 113
Bewusstheit 74, 146, 173
– doppelte 134
– innere 139
– oszillierende 133
Bewusstsein 75, 180
Beziehungen 115
– liebende 175
– liebevolle 177
– reale 115
Beziehungsaussage 139
Beziehungskredit 112, 115
blinde Flecken 81, 88

Botschaft 139
Burnout 188

C

Cortisol 196

D

Diagnose 27
Differenzen
– interindividuell 129
digital 136
disowned self 99
Diversity 118
Dolmetscher 124
doppelte Bewusstheit 134
Drohungen 164
Druck
– institutioneller 94
DSM 25
dysfunktionale Strukturen 87

E

Embodied Communication 146
Empathie 110
Empfänger 140, 146
Erfolgserwartungen 117
Erstkontakt 98
Erwartungshaltung 97
Erwerbsfähigkeit 67
Erwerbsunfähigkeit 67
Experiment 160

F

Familie 183
Feedback 41, 82
Fitne 123
Flexibilität 41, 162
Fortbildung 123
Fragen 152

Fremdsprachenliste 127
Freunde 183, 195, 197

G

Gedanken 180
- irrationale 210
- rationale 169
Gedankenknoten 55
Gedankenwahrnehmungen 180
Gefahr 162
- vermeiden 162
Gefühle 48, 61, 83
Gefühlsausbrüche 164
Gehirnwellen 181
General Semantics 22
Genießen 186
Gesamtpersönlichkeit. 19
Grundeinstellungen 169, 210

H

Hanging out 183, 196
Hausaufgaben 160
Heilung 58
Heyam dukham anagatam 162
Homo Ludens 189

I

ICD 25
Ideenkorb 198
Informationsmaterial
- muttersprachliches 127
Informationsverarbeitung 159
Informationsverlust 160
innere Bewusstheit 139
Inneres Team 18, 138, 144
Interaktionsphänomen 40
Interaktionsprozess 13
interkulturell 117
irrationale Gedanken 210

J

Jammern 49
Johari-Fenster 81

K

Kanaltheorie 146
Klagen 49
Knoten 53, 192

Kohärenz 41
Kommentar 98
Kommunikation 135–139, 141, 144, 146–150, 154, 157, 158
- analog 137
- digital 137
- energetisch 137
- interkulturell 118
- interreligiös 118
- nonverbal 124
- stimmig 145
- verbal 137
Kommunikationsebene 141, 144
Kommunikationstechniken 152
Kompetenz 93
- transkulturelle 118
Kongruenz 114
Körper 191
Körperempfindungen 60
Körpersignale 133
Krankheitsvorstellung 119, 120
Kreativität 176
kulturelle Sensibilität 121
Kultursensibilität 123
Kurzzeittherapie 161

L

Laing 53
Laing'scher Knoten 210
Langzeitgedächtnis 159
Lebensfreude 187, 212
Lebenskunst 179, 183, 187
Lebensträume 186
Liebe 23
Logorrhoe 155
lösungsorientiert 161, 167

M

Maskenträger 17
Massage 191
- ayurverdische 191
Meditation 178, 179
- Transzendentale Meditation 178, 179
- Vipassana-Meditation 178
- wissenschaftlich erfassen 181
Meta-Statements 115
Metakommunikation 137
Methoden
- wirksame 117
Migrationshintergrund 117
Mimik 110, 124, 127
Minimal Cue 133
MiniMax-Interventionen 153

Mitarbeit   50, 117
Mitgefühl   111, 113
Moderatorvariable   209, 210
Morgenmeditation   76

N

Nachfragen   151
Namus   122
Narzissmus   100
Neotenie   201
Netzwerk
– soziales   70, 191
NLP   152
nonverbal   136

O

Offenheit   116, 201
Omnibus   19, 41
Opfer   24
Orakel   24
Ort   64, 131
oszillierende Bewusstheit   133
Oxytocin   191

P

Paradies   97
Partnertherapie   42
Patient
– gewalttätig   164
Persönlichkeit   41
Persönlichkeitsanteile   42
Persönlichkeitsvielfalt   22
Professionalität   83
Prophezeiungen
– sich selbst erfüllende   40, 54
Provokationen   100
psychosoziale Situation   61

Q

Qualitätssicherung   58
Qualitätszirkel   184

R

rationale Alternative   211
rationale Gedanken   169
rationale Selbstanalyse   211
Redewendungen
– hilfreiche   153

Regeln   87
Rückmeldung   82, 158

S

Sachaussage   139
Sagen und Zeigen   159
Salutogenese   42
Schlagen   163
Schmerz   49, 162
Schweigen   50, 137, 157
schwieriger Fall   161
Selbstaussage   139
Selbstbild   40, 76, 99
Selbstdarstellung   48
Selbsterfahrung   75, 82, 132
Selbsterkenntnis   99
Selbstfreundschaft   191
Selbstgespräch   133
Selbstkontrolle   81
Selbstkonzept   75
Selbstrückbezug   132, 178
Sender   140, 146
Şeref   122
sexualisierter Sprachgebrauch   164
somatoforme Störungen   59
soziale Isolation   70, 196
soziale Unterstützung   196
sozialer Rückhalt   183
soziales Netzwerk   70, 191
Stabilität   41
Statusunterschiede   118, 122
Stimmigkeit   41
Stresssituation   196
Supervision   88, 123, 132, 199
Sympathie   58

T

Technik   131
Teilpersönlichkeiten   17–22
Transzendentale Meditation   178, 179
Transzendenz   179
Transzendenzerfahrung   179
Trierer Sozialer Stresstest (TSST)   196

U

Uneinsichtigkeit   51
unerledigte Geschäfte   100
Unterschiede   118

V

Vasudhaiva Kutumbakam 197
Veda 162
verbal 136
Verhaltensexperimente 160
Verhaltensweisen
- absonderliche 71
Verhaltensweisen des Patienten 46
- Aggression 47
- Ärger 46
- demonstrativ 49
- Jammern 49
- Klagen 49
- Kränkbarkeit 48
- Mitarbeit 50
- Rechthaberei 49
- Schweigen 50
- schwierige 46
- streitsüchtig 49
- theatralisch 47, 48
Verrat 24
Verschwiegenheit 126
Verweigerung 50
VIP 154
Vipassana-Meditation 178

W

Wahlfreiheit 135
Wahlmöglichkeit 162
Wahrnehmung 179
Wärme 112
Wechselwirkungen 130
Widerstand 152, 169
Widerwillen 161
Wiederholung 167
Wirklichkeit
- subjektive 40
Würde 57
Wut 163, 166

Z

Zeitdruck 64, 92
Zeitmanagement 181
Zufriedenheitserlebnisse 181
Zuneigung 162, 196
Zuwendung 57, 161, 162